남자가 월경을 한다면

남자가 월경을 한다면

글로리아 스타이넘 저
양이현정 옮김

Outrageous acts and everyday rebellions by Gloria Steinem

Copyright @ 1995 Gloria Steinem
Korean translation copyright @ 2000 by Hyunsil Cultural Studies

All Rights Reserved. Authorized translation from English
language edition published by Owl Book,a member of Henry Holt
and Company, Inc.

This Korean edition was published by arrangement with Owl
Book through Korea Copyright Center, Seoul.

이 책의 한국어판 저작권은 한국저작권센타(KCC)를 통한 저작권자와
의 독점계약으로 현실문화연구에 있습니다. 신저작권법에 의해 한국 내
에서 보호를 받는 저작물이므로 무단전재와 복제를 금합니다.

현실문화연구 기획위원
김수기 김진송 박영숙 엄혁 윤석남 이교동 조봉진

펴낸이 : 김수기
책임편집 : 조윤주
편집 : 박은미 강수돌
영업 : 서명표
펴낸곳 : 현실문화연구
주소 : 서울시 서초구 서초4동 1686-4 현실문화연구 연구실
등록 : 제 22-1533호 1999. 4. 23
첫번째 찍은날 : 2002년 4월 15일

남자가 월경을 한다면

글로리아 스타이넘 글 · 양이현정 옮김

현실문화연구

글로리아 스타이넘과 한국의 독자들의 만남을 축하하며

현경(玄鏡)

미국 유니온 신학대학원 교수(여성신학)

"글로리아, 당신이 내일 죽는다면 오늘 젊은 여성들에게 무슨 말을 남기고 싶어?"

"네 자신을 믿어라!(Trust yourself!)"

"겨우 그 한 마디?"

"응, 그 안에 모든 비밀이 들어 있지."

-2000년 21세기를 맞으며 글로리아와 나눈 대화 중에서-

글로리아 스타이넘의 책 『Outrageous Acts and Everyday Rebellions』의 한국어판 출판을 진심으로 축하한다. 그녀의 용기와 지혜, 그리고 사랑이 한국에도 알려질 생각이 드니 마음이 따뜻해진다. 글로리아는 내가 이 세상에서 만나본 여성운동가 중에서 가장 아름답고 우아한 여성이다.

나는 17년전 처음 글로리아를 만났다. 그 당시 나는 뉴욕에서 여성해방신학을 전공하고 있는 박사과정의 학생이었다. 그때 뉴욕에서 여성학을 전공하던 나의 친구 류숙렬씨가 스타이넘이 헌터 칼리지에서 강연을 하니 꼭 같이 그녀를 보러 가자고 나를 초대했다. 우리들은 그때 뉴욕에 한국 페미니스트 모임을 만들려하던 때라 이 세계적인 여성운동가가 무슨 말을 하나 꼭 듣고 싶었다. 특히 그 즈음 류숙렬씨는 한국에 글로리아 스타이넘이 만든 페미니스트 잡지 『Ms.』같은 여성해방 잡지를 만드는 꿈을 꾸고 있었고,

나는 "아시아의 여성해방신학"이라는 존재하지도 않았던 학문적 담론을 만들고 싶어 했던 때라 영감을 받기 위해 그녀의 강연을 들으러 갔다.

그때 만난 글로리아는 "충격적"이었다. 그날이 그녀의 50세가 되는 생일이라고 말했는데, 날씬한 몸매의 그녀는 거의 삼십대 중반처럼 보였다. 짧은 까만 미니스커트 원피스에 까만 긴 부츠를 신고 큰 은색의 벨트를 허리 밑에 걸친 긴 금발 머리의 미녀. 그녀는 환호하는 청중들에게 이렇게 말했다.

"이런 모습이 여성운동가가 쉰살 생일을 맞는 모습이지요."

그녀에게는 세상을 바꿔보려는 혁명정신, 예리한 지적 통찰, 전략가의 실천적인 힘 그리고 무엇보다도 이 모든 것을 즐거운 놀이로 만들어버리는 유머와 신나는 기운이 있었다. 아마 그 때가 바로 『Outrageous Acts and Everyday Rebellions』가 출간된 때였던 것 같다. 그때 나는 그녀를 보면서 "나도 커서 어른이 되면" 그녀와 같은 페미니스트가 되어야지 라고 속으로 결심했었다.

그후 몇년이 지나 나는 아시아의 여성해방신학이라는 담론을 만들기 시작했고, 그것 때문에 글로리아와 세계 여러 곳에서 온 15명의 페미니스트와 〈딸들에게 주는 편지〉라는 영화를 같이 만들게 되었다. 그 영화 만드는 과정에서 글로리아와 친해져서 내가 미국에 교수로 간 때부터 다정한 자매로 지내게 되었다. 나는 내가 미국에서 겪는 모든 어려운 일을 글로리아와 의논해서 해결하면서, 또 나의 개인적인 즐거움을 그녀와 나누면서 사람으로서의 글로리아의 진면모를 보게 되었다. 세상에 나타나는 글로리아는 『Ms.』라는 미국 최초의 페미니스트 잡지를 만든 사람, 'Ms. Foundation'이라는 여자들을 도와주는 재단의 이사장, 미국 여성운동의 대변인, 미국 정치문화의 오피니언 메이커 등 초인적으로 뛰어나고 유능한 여성으로 보인다. 그녀의 여유있음, 뛰어난 미감, 세련된 매너. 귀족집 딸로 오해받을 만큼 그녀는 우아하다. 그러나 개인적으로 만나본 글로리아는 쥐가 득실거리는 가난한 집에서 알콜 중독자 부모님을 돌보며 자란 불우한 어린 아이였고, 자기 힘으로 고학해서 공부한 소녀였고, 장학금으로 스미스 칼리지라는 여자대학을 나와 수습기자가 된 일하는 여성이었다. 여성운동 하러 다니느라 집도 한번 제대로 꾸며놓고 산 적이 없고, 그녀 말대로 "쌓여 있는 박스와 여행가방 속에서" 살았다. 그러다 『Outrageous Acts and Everyday Rebellions』를 쓰면서 처음으로 자기집도 사고 아름답게 정돈하고 살기 시작했다고 한다. 결혼을 "노예제도" 정도로 여기며 여러 멋있는 남자들과 연애는 했지만 혼인하지 않았고 아이도 낳지 않았다. 그러면서 그녀는 이 세상을 더욱 평등하고 살기좋게 만들어보려는 사람들을 자기 가족처럼 여기며 많은 사람들을 격려했다. 그래서 사람들은 글로리아를 보고 "어디에 있든지 사막같은 세상을 '사랑방' 처럼 만들어버리는 따뜻한 여자"로 표현한다. 많은 사람들은 유명인들의 공적인 삶과 사적인 삶이 어떻게 다른지 알고 싶어한다. 내가 지난 10년 동안 만나본 글로리아는 공적인 삶과 사적인 삶에 분리가 없는 "진짜 페미니스트"이다. "개인적인 것이 정치적인 것이다!(Personal is political!)"라는 페미니스트 모토를 세포 하나하나에 체화한 여성운동가다. 그녀는 "자매애"의 질을 우주적으로 확장시키려 노력한다. 그녀의 일과 파티에 꼭 유색인종, 동성애자, 가난한 계급의 여자를 포함시키려 노력하고, 세계의 모든 억압받는 여성들과 자매애와 연대성(Sisterhood and solidarity)을 지켜나가려 노력한다. 그녀는 미국의 재벌들, 연예인들, 유명인들의 주머니들을 푸는 멋있는 기금 모금 파티를 열어 그 돈으로 전세계의 억울한 여성들을 도와주는 작업들을 해나간다. 끊임없이 글을 쓰고, 방송과 인터뷰를 하고, 강연을 하며 "여자의 선택"이 존중되고 확장되는 세계를 만들어가는 것이다.

그렇게 바쁘게 살던 페미니스트가 2년전 66세 때 6살 연하의 남성과 혼인을 했다. 글로리아의 남편 데이비드는 남아프리카 공화국 출신의 사업가로, 자신은 백인 남자임에도 불구하고 남아프리카 흑인 해방운동, 세계의 여성운동, 동물 보호운동을 위해 기금을 회사하는 사람이다. 그때 미국 언론이 글로리아가 "변절"한 것이 아니냐고 떠들어댔다. 글로리아는 그러한 언론들에 대해 아주 간단히 대답했다. "여성운동은 여성의 삶의 어느 때든 여성이 자신에게 가장 적절한 선택을 하는 자유와 권리를 보장해주는 운동입니다. 저는 그 오랜 여성운동의 노력 덕분에 이제는 세상이 많이 변했고, 남자와 평등한 혼인생활을 할 수 있다고 믿어 혼인 결정을 했을 뿐이지요."

어떤 의미에서 데이비드는 여성운동이 만들어낸 남자이기도 하다. 그는 글로리아가 좋은 글을 쓰고 좋은 강연을 하는 것이 세상을 바꾸는 데 큰 공헌을 하기 때문에 그녀가 일하기 좋은 환경을 만들어주는 파트너로 그녀를 돕고 싶어 그녀와 혼인했다고 말한다. 그들과 같이 있으면 나도 희망이 생긴다. 나도 일혼 살쯤 되었을 때 꿈에도 그리던 "평등한 사랑을 할 줄 아는 한국남자"를 만날 수 있지 않을까 하고 말이다.

글로리아 스타이넘은 지독하게 똑똑하고 용감하지만 유머 넘치며 즐겁고 아름다운 페미니스트의 이미지를 세상에 각인시켰다. 그것은 가부장적 자본주의가 만들어놓은 "못생기고 매력없는 전투적 페미니스트"와 "멍청이 금발 미녀"의 이분법을 통쾌하게 부셔버렸다. 그녀는 여신같이 따뜻한 가슴과 지혜로, 전사같은 투지와 실천력으로, 요정같은 유머와 아름다움으로 오늘도 사람들을 "홀리고," 선동하고, 격려하며 평등과 정의가 넘치는 세계를 만들기 위해 열심히 뛰고 있다. 그녀는 그녀의 아름다움을 부러워하는 우리 세대의 페미니스트에게 이렇게 말했다.

"결국 무엇이 여자를 가장 아름답게 하는 줄 알아? 그건 그 여자의 '일'이야."

그녀의 일 때문에 더욱 아름다와진 이 큰 나무 같은 페미니스트의 지혜를 읽으면서 한국의 독자들의 삶이 더욱 신나고 아름답고 살맛나게 변하기를 기도한다.

2002년 1월
글로리아 스타이넘을 사랑하는 한국의 '살림이스트'* 현경

* '살림이스트'란 모든 죽임당하고 있는 것을 살려내는 한국의 에코페미니스트를 지칭하는 말이다. 현경이 만들어낸 신조어이다.

차   례

글로리아 스타이넘과 한국의 독자들의 만남을 축하하며 5

서문 13

1부   세상이 확 뒤집어진다면

남자가 월경을 한다면 29

여성망명정부에 대한 공상 35

트랜스젠더: 신발이 맞지 않으면 발을 바꿔라? 41

성기에 가해지는 범죄 48

2부   세상의 절반은 여성

여성의 육체를 찬양하며 62

여성의 노동에 대하여 73

남성의 말 여성의 수다? 81

에로티카와 포르노그라피 100

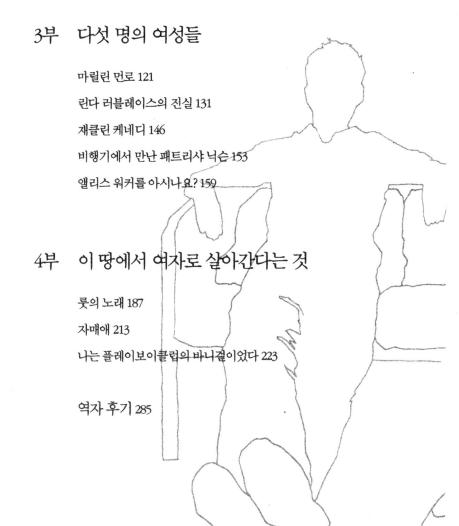

3부   다섯 명의 여성들

마릴린 먼로 121

린다 러블레이스의 진실 131

재클린 케네디 146

비행기에서 만난 패트리샤 닉슨 153

앨리스 워커를 아시나요? 159

4부   이 땅에서 여자로 살아간다는 것

룻의 노래 187

자매애 213

나는 플레이보이클럽의 바니걸이었다 223

역자 후기 285

서문

이 책이 처음 출판된 후 10년 넘게 계속 출판되고 있다는 사실에 작가로서 보람을 느낀다. 이번에 서문을 새로 쓰고 몇 개의 후기를 덧붙여서 재판을 내게 되었다. 책의 평균 수명이 우유나 달걀의 유통기한과 비슷하다는 점을 생각하면, 이 책은 내가 상상도 못했을 만큼 장수를 누리고 있다. 게다가 처음 이 책이 나온 때로부터 12년 전에 쓴 글도 포함되어 있으니 놀랄 일이다.

조금이라도 변화한 세상에 책을 다시 내놓는 것이니만큼, 여기 실린 글들이 이전에 했던 역할에 더해 다른 역할도 할 수 있기를 희망한다. 과거의 여성운동은 낡은 것이라고 생각하는 사람들과 젊은 독자들에게 이 글들은 그 당시의 사건과 생각을 생생하게 설명해줄 수 있을 것이다. 나는 그 당시의 사건들을 독자들이 직접 체험하듯 생생하게 전달하는 기록이 필요하다는 생각을 늘 하고 있었다. 그때 거기 있었던 사람들의 다양한 경험은 고려되지 않고 언론보도나 학술적 설명에만 기초해서 씌어진 책과 기사를 읽을 때마다 그런 생각을 한다. 예를 들어 그 당시 여성운동을 '남자 흉내를 내려 하는 여자들', '반남성', '피해자로서의 여성 정체성', '백인중산층 운동' 등 상호모순된 말들로 설명하는 경우가 많다. 페미니스트 학자들도 때로는 손쉬운 인터넷 검색만 한다. 그런 방법으로 옛날 신문 기사만 보고 자기 견해를 결정하는 것이다. 현재의 신문은 전혀 신뢰하지 않으면서 말이다. 과거를 연구하는 모든 학자들에게 이런 지침이 내려져야 할 것 같다. 신문보다 사람 먼저!.

또 하나 내가 바라는 것은 이 책과 같은 글 모음집이 일반적인 관행을 악화시키는 데 도움이 되었으면 하는 것이다. 일반적으로 여러 주제를 다룬 책은 하나의 주제로 씌어진 책보다 가치가 없고 수명도 짧다고 생각한다. 나도 한때 그렇게 생각하던 시절이 있었지만, 지금은 다양한 주제를 담은 책도 나름의 가치가 있다고 생각한다. 특히 성과 인종에 기반한 생각을 변화시키려 할 때 어떤 일이 벌어지는지를 보여주려면 여러 가지 주제를 다뤄야 한다.

생식 기능과 특정 질병에 대한 저항력을 제외하면 모든 면에서, 성별이나 인종이 다르다고 해서 특별한 차이가 생기는 건 아니라는 것이 밝혀졌다. 그럼에도 불구하고 성별과 인종이라는 확연한 차이점에 기초해 평생 신분이 결정되는 카스트제도가 널리 퍼져 있다. 그래서 자연적으로 그렇게 될 수밖에 없다고 믿게 만든다. 한 가지 주제만으로는 우리의 상상력을 충분히 자극할 수 없다. 이런 카스트제도가 없다면, 친밀한 사이부터 전지구적 차원까지 모두 포괄하는 그 모든 거짓 주장이 없다면, 삶이 어떻게 달라질 수 있을까를 상상하기에는 한 가지 주제로 부족한 것이다. 그런 카스트제도에 반대하는 운동에 관한 역사책은 그것 자체보다는 그것에 대한 설명들을 보여준다. 모든 사람이 존중받는 세상을 상상할 수 있게 하기 위해서는, 개인적인 이야기를 해야 함은 물론이고 계급, 인종문제와 여성문제의 유사점을 제시해야 한다. (지금은 계급문제나 인종문제가 정치적인 문제로 인식되고 있지만 옛날에는 타고난 본성의 문제로 여겨졌다.) 뭐니뭐니해도 백문이 불여일견이다. 다양한 사례를 보여줄 필요가 있는 것이다.

돌이켜보니 페미니즘 관련 필독서를 추천해달라는 요청을 받으면 나는 다양한 주제를 다룬 책들을 추천하곤 했다. 그 중에는 『자매애는 강력하다』, 『급진적 페미니즘』, 『모든 여자는 백인이고, 모든 흑인은 남자다. 하지만 우리는 용감하다』처럼 여러 사람의 글을 모은 책도 있었고, 한 사람이 여러 주제의 글을 쓴 것을 모은 책도 있었다. 후자의 경우로는 안드레아 드워킨의 『여성 혐오』, 앨리스 워커의 『어머니의 동산을 찾아서』 등이 있다. 로빈 로건의 『자매애는 강력하다』는 25년간이나 꾸준히 팔려서 페미니즘의 새물결의 성과 중 최장수 기록을 세웠다. 나머지 책들도 아직 서점에 꽂혀 있고, 모서리가 닳은 채 도서관에 꽂혀 있다. 수업 시간에 참고자료로 쓰이고 있으며 침대 머리맡에 소중히 놓여져 있기도 하다. 그 동안 발간된 다른 소중한 책들과 함께 말이다. 이 책 역시 그 가운데 하나로 포함된다면 나는 작가로서 더없이 행복할 것이다.

그러나 운동가로서의 나는 이 책이 아직도 읽히고 있는 데에 대해 안타까움을 느낀다. 독자들 대부분이 이 책의 내용이 아주 시대에 뒤떨어진 것이라 느낀다면 더 큰 보람을 느낄 것 같다. 이 책이 『루즈벨트는 왜 재선에 실패했나』 같은 책이나 남아프리카 공화국의 아파르트헤이트, 소련 공산주의 체제에 관한 책들처럼 취급된다면 더 좋겠다는 것이다. 이 책에 실린 글이 다음 세대한테도 읽히는 것을 보면 기뻐해야 할지 한탄해야 할지 모르겠다. 안타깝게도 여기 실린 주장이 아직도 유효하다는 것을 보여주는 예가 있다.

최근에 나는 여성운동에 관한 다큐멘터리를 위해 인터뷰를 해줬다. 여자 PD의 말에 의하면, 그 다큐멘터리는 "왜 젊은 페미니스트가 없는가?"에 초점을 맞춘 것이었다. 여론조사 결과를 보면 역사상 그 어느 때보다 젊은 페미니스트들이 많다는 것을 그들도 알 것이다. 자기 자신을 페미니스트라고 부르지 않더라도 페미니스트답게 살아가는 젊은 여자들은 더더욱 많다. 하지만 난 그들이 젊은 페미니스트가 없다고 말하는 것이 무슨 뜻인지 알고 있다. 그들의 질문을 정확히 표현하자면 이런 말이 될 것이다.

"왜 젊은 여자들은 늙은 여자들에 비해 덜 급진적인가? 젊은 여자들이 더 과격할 것 같은데·말이다."

그 인터뷰를 하면서 내가 17년 전『왜 젊은 여성이 더 보수적인가』에 썼던 이야기가 그대로 되풀이되고 있다는 것을 깨달았다. 남자들은 젊은 시절에 혁명을 꿈꾸지만 나이가 들수록 점점 보수화된다. 여자들은 젊을 때는 보수적인 사람이었더라도 나이가 들수록 점점 급진적인 성향을 띠게 된다. 이건 노예제도 폐지운동과 여성참정권운동 시절부터 되풀이되어온 양상이다. 남성지배 사회에서 젊은 남자는 권력을 가진 그들 아버지에게 저항하다가 그 자리를 자신이 차지하게 되면 점점 보수화되는 것이 당연해 보인다. 젊은 여자는 성적 매력과 출산 능력으로 인해 제한적인 지배력을 가질 수 있지만 결국에는 무력한 그들 어머니 자리를 차지한다. 그뿐만 아니라 젊은 여자들은 아직 임노동에서의 불평등을 경험하지 못한 상태이고, 집안일과 양육에서의 불공평한 부담도 겪어보지 않았고, 남녀에 따라 나이 들어감도 다르게 평가된다는 것도 알지 못한다. 달리 말해 젊은 여자들의 유일한 문제는 아무 문제도 없다고 생각한다는 점이다.

이런 상황은 그 글이 처음 발표될 때에도 낡은 이야기가 아니었고, 지금도 그렇다. 내가 만약 똑같은 글을 오늘 쓰고 있다면, 이런 여성의 변화가 남성의 변화보다 더 좋은 것도 아니고 더 나쁜 것도 아니라는 점을 더 분명히 할 것이다. 그냥 서로 다를 뿐이라고 말이다. 그런 변화 양상이 같은 성에 속한 모든 사람에게 적용되는 것도 아니다. 그걸 만드는 것은 신체조건이 아니라 문화이기 때문이다. 역사를 살펴보면 페미니즘의 첫 번째 물결에 비해 두 번째 물결에 참가한 여성들의 평균 연령이 열 살 가량 낮아졌다. 성역할이 사라지면 성별에 따른 저항 양상도 사라질 것이다. 그러나 남성적인 인식과 행동만을 정상이라고 생각한다면, 그와는 다른 논리의 삶을 사는 많은 여자들(그리고 일부 남자들)의 존재를 비가시화하는 결과를 낳는다. 그리고 또래의 보수적인 성역할 인식에 도전하는 용감한 젊은 여자들의 용기를 꺾는 결과를 낳을 것이다. 남성적인 것만 정상이라고 간주한다면, 무엇보다도 40대, 50대, 60대 이상의 늙은 여자들이 고정화된 성역할에 대해 강하게 저항할 수 있다는 중요한 사실을 지나치게 되는 것이다. 일반적인 사람들뿐만 아니라 여자들 자신도 그 사실을 못 보게 되는 것이다. 미국의 출생률이 급격히 감소했고 평균수명은 참정권운동 시대에 비해 30년 이상 늘었기 때문에, 나이든 여자들이 여성운동에서 중대한 역할을 하게 될 가능성이 정말 크다.

최근 우리는 왜 여자들은 나이가 들면서 보다 급진적인 성향을 갖게 되는가에 대한 이유를 더 많이 알게 되었다. 그래서 새로이 알게 된 이유를 『왜 젊은 여성이 더 보수적인가』의 후기에 덧붙여두었다. 젊은 페미니스트들은 외로움을 느낄 수밖에 없다. 그들은 이렇게 생각한다.

"모두들 어디 있는 거야?"

자기 자신을 위한 운동을 평생 할 가능성에 대해서는 남녀 모두 별로 고려하지 않는다.

나는 16년 전 『히틀러가 살아 있다면 누구 편을 들까』를 썼다. 반낙태 집단들이 태아를 나치와 동일시하고 합법적 낙태의 자유선택권을 옹호하는 사람들을 나치에 비유하고 있음을 드러내기 위한 것이었다. 이런 극단적인 수사법은 인종학살 음모론을 대신해 나타난 것이었다. 우익은 합법적 낙태가 흑인 공동체를 약화시키려는 음모라고 선전했지만 그런 주장은 별로 효과가 없었다. 그 주장이 근거도 없는 것이었음은 물론이다(백인 여성이 유색인 여성보다 낙태를 더 많이 하는 경향이 있었기 때문이다). 그런 주장을 하는 사람들은 백인 인종차별주의자들이었다. 그렇지 않았다면 인종학살 음모론이 좀더 많이 먹혀들어갔을지도 모른다. 그들은 "낙태와 피임으로 백인 서구 사회가 자살을 하고 있다."고 주장하는 인종차별주의자였던 것이다. 나는 낙태를 나치즘에 빗대어 비꼬는 반낙태 진영의 새로운 수사법을 주요 언론이 받아들이지 않을 것이라 생각했다. 그리고 히틀러와 나치가 실제로는 낙태를 금지했다는 역사적인 사실도 밝힐 것이라 기대했다. 나치는 낙태가 반국가 범죄라고 선언했으며, 낙태를 한 여성과 의사를 감옥에 보낼 수도 있었다. 가족계획 시술소를 폐쇄하고 피임에 관한 정보는 공개하지 못하게 했다. 나치가 이렇게 한 것은 모두 아리아 인구를 늘리기 위한 것이었다. 그렇게 하면서 그들은 유태인들과 다른 바람직하지 못한 사람들을 제거하고 있었다.

16년이 지난 지금도 반낙태 단체들은 여전히 낙태를 옹호하는 운동가들을 나치에 비유하고 있다.

언론도 그런 주장의 타당성을 검토하지 않는다. 그런 과격한 표현법은 산부인과 병원에 폭탄을 던지는 등의 테러 행위를 불러왔고 그것을 정당화했다. 그런 일은 이제 한 달에 한 번 꼴로 일어난다. 의사나 병원 직원을 살해하는 경우도 있었고 미수에 그친 사건도 있었다.

그러면 이런 폭력적인 결과를 낳았다고 해서 반낙태 수사법이 조금이라도 누그러졌는가? 걱정스럽게도 그렇지 않다. 오히려 그런 표현은 주류문화로 흘러들어갔다. 토크쇼 진행자인 극우파 러시 림보는 최근 여성운동에 대한 보수파들의 반격이 심해지는 동안 인기를 얻었다. 그는 페미니스트가 나치와 같다는 주장을 한 단어로 압축해서 "페미나치"라고 표현했다. 1992년, 그는 그 말의 뜻을 이렇게 설명했다.

"페미나치는 가능한 한 많은 낙태가 일어나도록 하는 것이 세상에서 제일 중요하다고 생각하는 여자, 즉 페미니스트를 말합니다."[1] 그는 나를 포함한 여러 사람들에게 페미나치란 칭호를 붙여줬지만, 나는 그가 말한 정의에 들어맞는 여자를 본 적이 한 번도 없다. 오히려 아이를 안전하게 낳을 권리, '아이를 가질 것인가 말 것인가, 언제 아이를 가질 것인가를 결정할 권리가 항상 우리의 목표였다. 그리고 여성운동 최초의 법적 투쟁 중 하나는 강제 불임시술을 금지하기 위한 것이었다. 최근에 낙태에 초점이 맞추어진 것은 낙태를 또다시 불법화하거나 낙태시술소에 테러를 가하는 데 대한 하나의 반응이었다.

그럼에도 불구하고 '페미나치'라는 말은 곧바로 언론 보도에 사용되었다. 마치 그것이 적절한 말인 것처럼, 또 심지어 훌륭한 말인 것처럼 계속해서 사용되고 있다. 나치 유태인이라는 말을 만들어낸다면, 역사의식이 결여된 그런 부당한 말이 "페미나치"의 경우와 마찬가지로 사용될 수 있겠는가? 그렇지 않을 것이다. 언론에서조차 낙태의 자유로운 선택을 인종학살과 동일시하고, 페미니스트를 나치에 비유하는 표현을 사용하면서 테러 행위를 정당화하고 있다.

내가 「에로티카와 포르노그라피」를 쓴 후 19년 동안, 포르노에 대한 새로운 인식이 사람들의 공감을 얻었고 그에 대한 전국적인 논쟁이 시작되었다. 강간은 성행위가 아니라 폭력인 것과 마찬가지로, 포르노는 섹스에 관한 것이 아니라 여성혐오와 폭력을 담고 있는 것이라는 인식이 확산된 것이었다. 그것은 좋은 소식이다. 나쁜 소식은 포르노 반대 운동가들이 오해를 받아왔다는 것이다. 그들은 포르노 산업 측의 악선전에 의해 매우 왜곡되게 알려져서 점점 우익의 검열 강화 주장과 한 덩어리로 묶이곤 한다. 그런데 검열을 강조하는 측은 페미니즘, 게이, 레스비언, 낙태, 성교육, 나체

---

1) Paul D. Coldford, *The Rush Limbaugh Story* (New York: St. Martin's Press, 1993), p 184.

등, 결혼 내의 임신으로 끝나지 않는 모든 성적인 것에 반대한다. 검열찬성론자와 페미니스트를 구별하기란 아주 쉬운 일이다. 전자는 도서관에서 책을 줄이려 하고 후자는 도서관에 더 많은 책을 넣으려 한다.

  나를 비롯한 여성운동가들이 "청교도적"인 "빅토리아 시대 사람"이고 "섹스를 싫어하는" 사람이라고 비난하는 이야기를 들으면 황당하기 그지없다. 몇 년 전까지는 지금과 똑같은 주장을 한다는 이유로 "성해방주의자," "타락한 여자들"이라는 비난을 들었기 때문이다. (우익들은 지금도 우리를 그렇게 보기도 한다.) 포르노가 폭력을 정상적인 것으로 보이게 만든다는 이유로 포르노를 반대하는 사람들은 더 열심히 싸워야 할 것이다. 참정권운동가들의 운명을 되풀이하지 않으려면 말이다. 그들은 성적 매력이 없는 따분한 블루스타킹으로 역사에 기록되었다. 그렇지만 실제로 엠마 골드만과 빅토리아 우드헐, 마가렛 생어 등은 우리와 다름없이 성 해방을 추구했다. 굴욕적이거나 위험하지 않는 성행위를 할 수 있는 권리를 주장하는 여성은 섹스를 싫어하고 쾌락을 모른다고 비난한다. 지배보다 협력을 선호하는 남성은 성적 능력이 모자란 겁장이로 만든다. 이것이 바로 남성 지배의 핵심에 도전하는 자들을 고립시키기 위한 전술이다. 폭력과 지배를 섹스와 구분하려 하는 사람들을 이런 식으로 고립시키는 것이다.

  에로티카와 포르노를 구분하는 것은 강간과 성행위를 구분하는 것보다 더 어려웠다. 성희롱이 상호적 애정과 다르다고 주장하는 것보다 어려웠고 지배와 폭력을 섹스와 구별해내는 여타의 작업들보다도 더 어려웠다. 왜 그랬을까? 그것은 다국적 포르노 산업이 벌어들이는 몇 조 달러의 돈과 관련 있다고 나는 생각한다. 다국적 포르노 산업은 영화, 비디오, 만화, 포르노 잡지, 시디롬, 컴퓨터 게임, 라이브 섹스쇼, 아동 매춘, 섹스 관광 등 온갖 것들로 돈을 벌어들이고 있다. 그들은 버려진 아이들이나 외국에서 데려온 여자들을 성노예로 사고팔고, 포르노를 찍는 데 이용하기도 한다. 이들은 조직적 범죄를 저지르면서 그것을 "합법적"인 사업으로 보이게 하는데 성공했다. 그 뿐만 아니라 표현의 자유를 옹호한다는 단체들에게 보호를 받기까지 한다. 그 동안 포르노를 만드는 과정에서 저지른 범죄에 대해서만 재판을 받게 해도, 포르노 산업은 떼돈을 벌어들이는 사업이 아니라 위험한 사업이 될 것이다. 린다 러블레이스에 관한 글에도 나오듯이, 그들은 포르노를 만들면서 구타, 감금은 예사로 하고, 어린이 납치, 강간까지 일삼는다. 포르노의 판매가 제한되기만 해도, 그렇지 않으면 최소한 사람들이 포르노를 용납하는 정도나 포르노의 인기가 좀 줄어들기만 해도, 이 번창하는 산업이 훨씬 축소될 것이다. KKK나 네오 나치 등 다른 집단 혐오 선전물은 돈이 안 되지만 포르노는 큰 돈벌이가 된다. 그래서 KKK나 네오 나치에 대한 항의에 비해 포르노 반대는 표현의 자유의 침해라고 비난받는 경우가 훨씬 많은 것이다. 범죄를 저지르고 처벌을 피하는 가장 좋은 방법이 그것을 사진으로 찍고 포르노로 파는 것이 되는 지경에 이르렀다. 포르노로 팔리고 있는 범죄가 다른 범죄와 마찬가지로 처벌되어야 한다고 주장하면 검열찬성론자라고 비난받는다.

물론 포르노가 정상적인 것으로 보이는 데에는 경제적인 이유보다는 좀 더 심층적인 이유가 있다. 두 사람 모두 쾌락을 즐기는 평등한 성행위의 묘사는 아주 드물기 때문에, 포르노 제작자들만이 섹스 표현을 독점해 왔다. 그래서 그들은 포르노 반대는 섹스에 반대하는 것이라고 주장할 수 있었던 것이다. 우리가 "섹스 마약 폭력"이라고 마치 하나의 덩어리인 것처럼 말할 때마다, 섹스는 원래 폭력적이라는 그들의 주장을 강화하는 결과를 낳는다.

그러나 우리는 한 사회 내의 아동 학대와 성인들의 새도-매저키즘의 정도가 연관성이 있다는 것을 알고 있다. 많은 사람들이 고통과 굴욕은 사랑, 친밀성의 불가피한 부분이라고 생각하며 자란다. 포르노에 대한 대응은 그

것이 여성 억압의 기제로 작용하고 있다는 것을 드러내는 데 그쳐서는 안 된다. 포르노를 좋아하지만 다른 사람을 해롭게 할 생각은 없는 개인들에게 자신이 비난받는다는 느낌을 주어서는 안 된다. 자신이 비난받는다는 이런 느낌은 몇몇 페미니스트를 포함한 일부 여자들이 포르노를 옹호하게 만든 부분적인 원인이 되었다. 인종이나 계급 제도에 너무 익숙해져서 그런 억압 속에서 편안함을 느끼는 사람들이 있듯이, 매춘과 포르노에 대해서도 그렇게 느끼는 사람들이 있다. 섹스 산업 종사자들 등 어떤 사람들은 매춘이나 포르노에 큰 매력을 느낀다.

그러나 대부분의 사람들이 포르노 반대에 참여하지 않는 가장 큰 이유는 포르노가 어떤 내용을 담고 있는지 모르기 때문이다. 페미니스트인 다이아나 러셀은 "여성은 포르노에 반대하고 검열에도 반대한다"는 구호가 새겨진 티셔츠를 입고 다니곤 하는데, 그녀의 최근 책에 가장 흔한 포르노 이미지 중 몇 개를 실었다. 『포르노그라피에 반대하여: 해악의 증거』[2]라는 제목의 그 책은 포르노를 본 적이 없는 독자들에게 우리의 극장, 비디오 가게, 신문 가판대, 케이블 텔레비전, 사이버스페이스에 있는 것이 어떤 것인지 알려 준다. 포르노의 전형적인 이미지는 이런 것들이다. 1) 엄청나게 큰 가슴을 가진 여자. 위험할 정도로 실리콘을 많이 넣는 유방확대 수술을 받은 그들은 정상적으로 눕지도 걷지도 못한다. 2) 재갈을 물리고 밧줄로 꽁꽁 묶고 가면을 씌운 채 정육점에 걸어 놓은 여자의 몸. 3) 굴욕을 겪으면서 "쾌락"을 경험한다는 여자들 얼굴에 뚜렷이 보이는 눈물 자국. 4) 여자의 다리를 벌려서 따로 묶어 두고 병이나 막대를 여자의 질에 강제로 넣는다. 5) 젖꼭지나 음순이 바늘에 꿰뚫린 채로 웃고 있는 여자아이들. 마약에 취

---

2) Diana E. H. Russell, *Against Pornography: The Evidence of Harm* (Berkeley, California: Russell Publications, 1994). 다음 책도 참조하라. Russell, *Making Violence Sexy: Feminist Views on Pornography* (New York: Teachers College Press, 1993).

한 것이 틀림없는 표정을 하고 있다. 6) 어린이의 입과 항문에 강제로 성기를 넣는 모습. 아동 성 학대 방법을 알려주는 지침서에 실려 있다. 7) 여자를 마구(馬具)에 묶어두고 동물이나 모조 남근을 삽입하면 고통스러워 소리지르는 모습. 8) 어린 남자아이를 이용하는 남자 어른. 아이에게 심한 고통을 주는 방식으로 아이의 몸을 이용한다. 9) 실제로 내장을 꺼내거나 살인을 하는 모습을 그대로 보여주기도 한다. 앞에서 이야기한 것 중 많은 경우에, 인종, 계급, 연령, 옷을 벗은 정도의 차이가 더해지면 피해자와 가해자 간의 권력의 차이는 더 커진다.

특정 인종이나 민족에 대한 집단혐오나 비하를 반대하는 사람들은 진지하게 받아들여지지만, 포르노를 반대하는 사람들은 진지하게 받아들여지지 않는다. 우리는 나치즘 이미지를 반대하는 유태인들이나 인종차별적 사진을 반대하는 흑인들처럼 정당하게 여겨지지 않는 것이다.

여기 실린 글들을 다시 읽으면서, 그 동안 큰 변화가 일어나지 않았다고 생각하고 보수주의자들의 반격을 다시 떠올리니 새삼 분노가 치민다. 그런데 분노는 행동을 위한 에너지를 일으키는 배터리와 같다. 독자 여러분도 분노를 소중히 생각하고 잘 활용하기를 바란다. 분노가 표현되지 않고 안으로 향하면 억울함이나 우울증이 된다. 정치적 행동은 그런 느낌을 치유하는 해독제이며 진보로 가는 유일한 길이다. 사실상 보수주의의 반격은 성공의 증거이기도 하다. 페미니즘이 대다수 사람들에게 평등의식을 심어줌으로써 불가피하게 생기는 결과인 것이다. 대다수 사람들이 평등의식을 갖게 되면 이전에 다수를 차지했던 반평등론자들은 성난 소수가 된다. 그런데 자신들이 합법적인 것, 정상적인 것을 규정할 수 있다고 여기는 보수주의자들의 생각은 여전히 변하지 않는다.

여자들은 다른 사람에게 인정받음으로써 자기 가치를 확인하도록 훈련

되어 있어서, 반대를 무릅쓰는 것은 여자들에게 매우 어려운 일이다. 그런데 역사학자 거다 러너가 지적했듯이, 여성 역사의 공통점은 잃어버렸다고 발견하고, 다시 잃어버렸다가 재발견하고, 또다시 잃어버렸다가 다시 재발견하는 것이다. 그것은 주변화된 모든 집단의 역사도 마찬가지다. 주변부의 집단이 중심을 변화시킬 때까지 그런 과정은 되풀이된다. 나무나 씨앗의 경우에도 그렇듯이, 성장이 이루어지는 곳은 주변부이다. 그렇다면 누가 주변부가 아닌 곳에 있고 싶겠는가?

축하해야 할 변화도 많이 이루어졌다. 그런 변화는 개인적인 것에서부터 정치적인 것에 이르기까지 매우 다양하다. 정치적인 변화는 운동 단체와 사회 전체가 공유하는 것이다. 그러나 개인적인 변화는 독자들 각자에 따라 다르게 나타날 것이다. 내 주위의 변화는 이런 것들이다.

플레이보이 클럽에서 일하고 나서 쓴 폭로기사는 아직 읽히지만 국내외의 플레이보이 클럽들은 없어졌다.

이 책에서 다룬 주제들이 다른 곳에서 더 자세히 연구되고 있다는 것을 발견할 때도 나는 보람을 느낀다. 특히 "남성의 말 여성의 수다?"에서 다룬 말하기 방식의 정치학에 대한 연구가 많이 이루어졌다. (그 중 가장 인기 있었던 것은 데보라 태넌의 책 『당신은 이해 못해You Just Don't Understand』였다.) "성기에 가해지는 범죄"에서 다룬 여성 성기 절단 문제는 마침내 주요 언론에서도 보도되고 있다. 또한 변화를 위한 가장 중요한 동력을 얻어가고 있다. 성기 절단을 경험한 여자들이 운동을 벌이기 시작하고 있는 것이다. 이들은 딸들을 구하기 위해 용감하게도 자신의 문화적 전통을 공격하고 있다.

"여성의 몸을 찬양함"을 다시 읽어보니 식이 장애가 늘어나고 심각해지는 현상 때문에 그 문제가 더 절실히 다가온다. 요즘 젊은 여성들이 살을 빼기 위해 굶어서 건강상의 문제가 생기는 것도 젠더 정치학의 문제이다.

이제 레스비언, 게이 운동의 공간이 점점 더 커지고 있다. 그래서 "트랜스젠더: 신발이 맞지 않으면 발을 바꾼다?"에서 이야기했던, 성역할을 거부하는 사람들은 (트랜스젠더 수술을 한 경우든 안 한 경우든) 자기 자신이 원하는 모습으로 살 수 있게 되었다.

아직도 여성운동을 '백인 중산층 운동'이라고 설명하는 경우가 너무나 많다. (공화당에 대해서는 그렇게 말하지 않는다. 공화당은 흰색을 구분 못하는 색맹처럼 굴어도 문제 제기를 받지 않는다.) 그렇지만 여성운동에는 점점 여러 인종이 참여하고 있는 것을 볼 수 있다. 특히 젊은 페미니스트들은 인종간의 연대에 대한 역사를 알지 못하는데도 다른 인종과 함께 운동을 벌여나가고 있다.

그리고 그 동안의 변화는 몇몇 개인들의 삶에 대한 평가도 바꾸어 놓았다. 최근 마릴린 먼로의 연기력이 진지하게 평가되는 것을 보게 되어 아주 기뻤다. 그것은 그녀가 평생 동안 갈망하던 것이었다. 또 앨리스 워커의 작품은 이제 전 세계적으로 유명해졌는데 그것도 내게는 매우 큰 기쁨이다. 그리고 내 글이 발표된 후 재클린 케네디 오나시스가 내게 했던 말이 기억난다. 그녀는 그 글 덕분에 사람들이 자신을 편집자로 받아들였고, 16년 동안 자신의 일을 계속할 수 있었다고 말했다. 그녀는 가족들과 그녀가 사랑했던 책들에 둘러싸여 죽음을 맞이했다.

내 자신의 삶에 있어서의 변화를 가장 잘 보여주는 것은 「룻의 노래」이다. 여러 해 동안 나는 그 글을 다시 읽어볼 엄두를 내지 못했다. 내 어머니의 슬픈 인생을 똑바로 마주볼 수 있었던 것은 내 안에 있는 알 수 없는 부분이 용기를 주었기 때문이었던 것 같다. 한참 후에야 나는 내가 그 글을 쓸 때 내 삶에 대해서도 쓰고 있었다는 것을 깨달았다. 바깥과는 담을 쌓고 슬픔을 끌어당기는 자석처럼 살았던 어린 시절에 대해, 어려운 시기를 겪은 여자들에게서 내 어머니를 보는 것에 대해, 나를 보호해줄 수 있는 강한 어머니를 얼마나 갈구했는지에 대해 나는 쓰고 있었던 것이다. 이제 나는 그 때는 잘 모르고 썼던 이 문장의 의미를 이해할 수 있게 되었다.

"아마도 앞으로 나는 어머니의 삶이 내게 남긴 것이 무엇인지 생각하며 살아갈 것 같다."

실제로 그랬다. 나는 계속해서 내 안에 숨겨져 있던 부분을 드러내고 있다. 아주 먼 옛날엔 어머니의 운명을 되풀이할지도 모른다는 생각에 어머니와 닮은 점은 모두 부인했다. 그런 이유 때문에 내가 인정하지 않았던 내 안의 어떤 부분들을 이제 들춰내고 있는 것이다. 그러나 그런 두려움은 이제 모두 사라졌고, 내 안에 있는 것을 새로 발견하는 것은 새로 태어나는 것과 같다.

여러분의 삶이든, 내 삶이든, 아니면 앞으로 태어날 아이들의 삶이든, 영원히 사는 것보다 온전한 자기 자신으로 사는 것이 훨씬 더 중요하다. 내 작품이 계속 읽히는 기쁨과 모든 사람이 존중받는 세상에 대한 운동가의 갈망 사이에서 내가 선택하고 싶은 것은 명확하다. 이 책을 시대에 뒤떨어진 것이 되도록 만들기 위한 여러분의 노력에 이 책이 조금이라도 도움이 되기를 바란다.

1995년
글로리아 스타이넘

1부

세상이 **확**
뒤집어진다면

남자가 월경을 한다면

통계자료들이 동원되어 월경중에 남자들이
스포츠에서 더 뛰어난 능력을 발휘하고,
올림픽에서도 더 많은 메달을 획득한다는 것이 증명된다.
장군과 우익정치인들 그리고 종교 광신자들은,
월경은 남자들만이 전투에 참가해 나라에 봉사하고 신을 섬길 수 있다는 증거라고 말한다.
또한 남자들만이 높은 정치적 지위를 차지할 수 있다고 주장한다.
그뿐만 아니라 남자만이 신부나 목사가 될 수 있고 신 자체도 남자이며,
남자만이 랍비가 될 수 있다는 증거가 바로 월경이라고 주장한다.

내가 인도에 살면서 알아낸 사실 하나는, 지구상에서 분명 소수에 속하는 백인들이 지난 수세기 동안 흰 피부가 다른 색 피부보다 더 우월하다는 관념을 만들어왔다는 것이다. 그 흰 피부란 것이 실은 자외선에 약하고 주름살이 쉽게 생기는 피부일 뿐인데 말이다.

또 나는 프로이트를 읽으면서 소위 남근선망이라는 것에도 회의를 품게 되었다. 남성이 여성의 출산 능력을 부러워해서 '자궁선망'을 갖게 된다는 것이 남근선망 이론보다 훨씬 논리적이지 않은가? 또, 밖으로 튀어나와 있어서 위험에 무방비 상태인 페니스를 가진 남성이 여성보다 약하다는 것이 오히려 더 그럴듯하지 않은가?

나는 최근 공개적인 자리에서 어느 여성에게 예기치 않게 월경이 시작되

어서 당황한 적이 있었다. 그녀는 강단에서 열정적으로 연설하고 있었는데 갑자기 옷이 빨갛게 물들기 시작했던 것이다. 마침내 누군가가 그녀에게 다가가 귓속말로 그 사실을 알려주었다. 그러자 그녀는 남자들뿐인 청중에게 이렇게 말했다.

"지금 이 자리에 월경중인 여성이 서 있다는 사실을 여러분은 자랑스러워해야 합니다. 아마도 이 사건은 지난 몇 년간 이 모임에서 일어난 일 중 가장 멋진 일일 겁니다."

모두 웃었고 또 안심했다. 그녀는 부정적인 것을 긍정적인 것으로 바꾸어놓았다. 그녀의 이야기는 인도와 프로이트와 결합되어 나로 하여금 마침내 긍정적인 사고의 힘을 이해하게 했다. '우월한' 집단이 지닌 것이라면 무엇이라도 우월한 지위를 정당화하는 데 사용될 수 있다. 마찬가지로 '열등한' 집단이 가진 것은 모두 그들이 겪는 부당함을 정당화하는 데 사용될 수 있다. 사람들은 흑인들은 백인들보다 힘이 세기 때문에 보수가 적은 직업밖에 가질 수 없다고 하고, 여성들은 힘이 없기 때문에 저임금 직종으로 밀려날 수밖에 없다고 말한다. 누군가 어떤 소년에게 네 엄마처럼 변호사가 되고 싶냐고 물어보니 그 소년은 "아뇨, 그건 여자들 일이잖아요."라고 대답했다고 한다. 논리란 것은 이렇게 사실과는 상관 없이 만들어지는 것이다.

그렇다면 어느 날 갑자기 이상하게도 남자가 월경을 하고 여자는 하지 않게 된다면 무슨 일이 벌어질까?

그렇게 되면 분명 월경이 부러움의 대상이 되고 자랑거리가 될 것이다. 남자들은 자기가 얼마나 오래 월경을 하며, 생리량이 얼마나 많은지 자랑하며 떠들어댈 것이다. 초경을 한 소년들은 이제서야 진짜 남자가 되었다고 좋아할 것이다. 처음으로 월경을 한 날을 기념하기 위해 선물과 종교 의식, 가족들의 축하 행사, 파티들이 마련될 것이다.

지체 높은 정치가들의 생리통으로 인한 손실을 막기 위해 의회는 국립 월경불순 연구소에 연구비를 지원한다. 의사들은 심장마비보다는 생리통에 대해 더 많이 연구한다.

연방정부가 생리대를 무료로 배포한다. 그렇지만 "총각들의 산뜻한 그날을 위하여"라고 광고하는 폴 뉴먼 탐폰이나 무하마드 알리 패드, 존 웨인 맥시 패드, 조나마스 조크 쉴드 패드를 사서 쓰는 남자들도 있다.

통계 자료들이 동원되어 월경중인 남자들이 스포츠에서 더 뛰어난 능력을 발휘하고, 올림픽에서도 더 많은 메달을 획득한다는 것이 증명된다.

군장성들, 우파 정치인, 종교적 근본주의자들은 월경은 남자들만이 전투에 참가해 나라에 봉사하고 신을 섬길 수 있다는 증거라고 말한다("피를 얻기 위해서는 피를 바쳐야 한다."). 우익 정치인들은 생리를 하는 남자들만이 높은 정치적 지위를 차지할 수 있다고 주장하며("화성이 지배하는 주기에 따라 일어나는 신성한 월경도 하지 않는 여성이 고위직을 차지한단 게 말이나 되는가?"), 종교 광신도들은 남자만이 신부나 목사가 될 수 있고 신 자체도 남자이며 남자만이 랍비가 될 수 있다는 증거가 바로 월경이라고 주장한다("신께서는 우리의 죄를 사하려고 피를 주셨다.", "매월 한 번씩 행해지는 정화의식이 없는 여성들은 깨끗할 수가 없다.").

하지만 자유주의자들과 급진주의자들은 여성은 남성과 동등하며 다만 다를 뿐이라고 주장한다. 그리고 여자들이 월경권의 우선성을 인정하기만 하면, 또는 여자들도 매달 한 번씩 스스로 몸에 상처를 내서 피를 흘리기만 하면, 그들도 남성의 지위에 오를 수 있다고 말한다("혁명을 위해서라면 여러분도 피를 흘려야만 합니다.").

뒷골목 건달들은 "그 치는 패드를 세 개나 하고 있어."라든지 "실은 다섯 개야." 따위의 농담을 나눈다. 어두컴컴한 뒷골목 한구석에서 이런 식의 인사를 나누면서 손바닥을 맞부딪치기도 한다.

"어이, 오늘 좋아 보이는데?"

"응, 오늘이 그날이거든."

텔레비전 토크쇼 등에서 월경이라는 주제를 공공연하게 다룬다. 이를테면 〈해피 데이즈〉에서는 두 번이나 월경을 걸렀다고 걱정하는 남자 주인공을 위로하고 있고, 〈힐 스트리트 블루스〉는 한 동네의 남자들이 모두 월경 주기가 같다는 놀라운 소식을 전한다. 신문들도 마찬가지다. "해수욕장에서 상어들이 월경중인 남성을 위협하고 있다!" 또는 "월경중에 여자를 강간한 남성에게 법원이 관용을 베풀다." 등의 기사가 실린다. 그리고 극장에서는 폴 뉴먼과 로버트 레드포드가 주연한 〈피로 맺은 형제〉가 상영되고 있다.

남자들은 여자들에게 '그 기간' 중에 하는 섹스가 훨씬 즐겁다고 설득한다. 레스비언들은 피를 두려워해서 남자를 멀리 하며 따라서 삶 자체에 대한 두려움을 가진 것이라고 주장된다. 그리고 그들에게 필요한 것은 훌륭하게 월경을 하는 남자라고 주장된다.

의과대학은 여성의 입학을 제한한다(여성은 피를 처음 보고 기절할지도 모르기 때문이다).

물론 지식인들은 가장 논리적인 주장을 편다. 달과 별들의 운행을 측정하는 능력이 없는 여성이 어떻게 시간과 공간, 수리에 대한 고도의 감각을 요구하는 학문을 할 수 있겠는가? 철학자나 신학자들은 이렇게 주장한다. 여성이 우주의 리듬과 연결되어 있지 않은 것을 어떻게 보완할 수 있겠는가? 매달 한 번씩 일어나는 상징적인 죽음과 부활 없이 어떻게 구원이 가능할 것인가?

폐경은 긍정적인 사건으로 찬양된다. 남자가 이제 더 이상 지혜를 축적할 필요가 없을 만큼 충분한 기간 동안 월경을 했다는 표시로 받아들여지는 것이다.

모든 분야의 자유주의자 남성들은 여성을 잘 대우하려고 노력한다. '그들'이 생명의 리듬을 측정하는 능력을 타고나지 못했다는 것만으로도 충분한 벌을 받았기 때문이다.

그러면 이에 대해 여성은 어떻게 반응할까? 이러한 주장들에 찬성하는 우익 여성들은 단호하고도 즐거운 마조히즘으로 반응할 수도 있다('ERA[1]가 통과되면 주부들은 피를 흘리기 위해 매달 한 번씩 자해를 해야 할지도 모른다.'-필리스 쉴라플리, "댁의 남편의 피는 예수의 피만큼이나 신성하다. 그리고 아주 섹시하다!"-매러벨 모건[2]). 개량주의적 여권론자들은 주변 남성들의 월경 주기에 자기 생활을 맞추려고 노력할 것이다. 여성들이 월경선망이라는 족쇄를 떨치고 일어나야 하지만, 남성들도 화성공격성이라는 잘못된 생각으로부터 해방돼야 한다고 페미니스트들은 주장한다. 그 중 급진적인 페미니스트들은 비월경 계급에 대한 억압이 모든 억압의 원형이라는 말을 덧붙인다(뱀파이어들은 최초의 해방 전사였다!). 문화 페미니스트들은 여성의 문학과 예술에는 피냄새가 나지 않는다고 찬양한다. 사회주의 페미니스트들은 자본주의와 제국주의를 철폐하기만 하면 여성들도 월경을 시작할 것이라고 주장한다(아직도 러시아 여성들이 월경을 하지 않는 것은 자본주의의 포위 때문에 진정한 사회주의가 실현되고 있지 않기 때문이다).

간단히 말해, (우리가 이미 예상했듯이) 논리란 만들기 나름이다(이론가들과 논리학자들에게 한 가지 문제를 내 보자. 월경 초반에 여성의 행동은 이성적이지 않고 감정적이라고 주장된다. 그런데 이 시기는 여성 호르몬의

---

1) ERA (Equal Rights Amendment): 남녀평등 헌법수정조항. 스타이넘을 비롯한 여성운동가들은 이 조항을 헌법에 삽입하려 했으나, 보수주의 여성 필리스 쉴라플리가 주도한 단체 〈Stop ERA〉가 마침내 ERA 통과를 저지하는 데 성공했다.
2) 70년대에 "여성이 행복해지려면 남편에게 무조건 복종해야 한다."는 주장을 담은 책 『완전한 여성Total Woman』을 히트시킴으로써 일약 유명인사가 된 여성.

수치가 낮은 때이다. 그렇다면 그 며칠 동안 여성의 행동은 평상시 남성의 행동과 가장 비슷하지 않겠는가? 이런 예는 이 외에도 많다).

하여간 만약 남자들이 월경을 한다면, 그들 권력을 정당화하기 위해 월경을 이용할 것이고 월경에 대해 온갖 소리를 다 늘어놓을 것이다.

우리가 행동하지 않고 가만히 지켜보기만 한다면 말이다.

—1978년

여성망명정부에 대한 공상

여성운동가들이 조그만 국제적 군대를 결성하여 사우디 아라비아를 정복한다.

그것은 폭력을 거의 쓰지 않고도 쉽게 할 수 있는 일이다.

그들은 그 공격에 대해 진지하게 생각하지도 못하고

따라서 반격하지도 못한다. 자신들이 지닌 편견의 희생자가 되는 것이다.

그 다음 우리는 궁정과 하렘의 여인들을 해방시키고,

베일을 벗어던지게 하고, 여성의 운전을 금지하는 법률을 폐지하고,

부정하다는 이유로

처형을 기다리고 있는 여성들을 구출한다.

나는 「미즈」 창간 8주년 기념일에 이 글을 쓰고 있다. 지금은 코펜하겐 UN 여성회의가 개최되기 직전이기도 하다.

이 두 가지 사건을 생각하니 마음속에 희망과 분노가 동시에 들끓는 것 같다. 초기 「미즈」가 제기했던 문제가 아직도 변하지 않은 채 남아 있어서 안타깝기 그지없다. 대부분의 여성들을 둘러싼 객관적 조건은 그리 많이 달라지지 않았다. 또한 UN 회의의 자료를 검토해 보니 아직도 우리의 공식적인 대표는 정부가 파견한 사람이고, 주된 논제 역시 여성들 자신이 정한 것이 아니라 정부가 결정한 것이다.

한편 몇 가지 긍정적인 일도 있었다. 이제 미국인 다수가 몇 년 전만 해도 주목을 받지 못했던 남녀평등이라는 대의에 지지를 보내고 있다. 그리

고 「미즈」는 창간 당시에만 해도 8년은 고사하고 8개월을 버틸 자금도 없었지만 이제는 번창하는 토론의 장이 되었다. 어쩌면 코펜하겐 회의와 같은 국제적인 모임이 여성들의 접촉을 강화하여 언젠가는 혁명적인 국제 페미니스트 망명정부를 만들어낼 수 있을지도 모른다.

그런 생각을 하니 갑자기 기분이 좋아진다. 국제 페미니스트 망명정부와 같은 조직이 생겨 세계의 반을 이루는 여성의 힘이 강화되는 공상을 하면 힘이 솟는 듯하다.

공상은 때로는 우리의 정신력을 고양시키고 미래에 대해 긍정적인 전망을 갖게 한다. 또한 공상 속의 웃음과 복수는 마음을 치유하는 효과도 있다. 다음은 그런 공상을 시작하게 해주는 장치이니 모두들 즐거운 미래를 상상해보자.

여성운동가들이 조그만 국제적 군대를 결성하여 사우디 아라비아를 정복한다. 그것은 폭력을 거의 쓰지 않고도 쉽게 할 수 있는 일이다. 왜냐하면 사우디의 왕족들은 여성들이 공격하리라고는 상상도 못하기 때문이다. 그들은 그 공격에 대해 진지하게 생각하지도 못하고 따라서 반격하지도 못한다. 자신들이 지닌 편견의 희생자가 되는 것이다.

그 다음 우리는 궁정과 하렘의 여인들을 해방시키고, 베일을 벗어던지게 하고, 여성의 운전을 금지하는 법률을 폐지하고, 부정하다는 이유로 처형을 기다리고 있는 여성들을 구출한다. 한 마디로 재산으로서의 여성의 지위를 폐지한다. (우리는 그 전에 그 곳에 첩보원들을 배치해둔다. 미국 석유회사 간부의 아내들을 첩보원으로 삼을 수 있을 것이다. 사우디 여성들은 변장을 하고 국제 여성회의에 참석해 왔고 「미즈」 구독자 중에도 사우디 여성들이 있다. 그런 사우디 여성들도 우리에게 도움을 줄 수 있다.) 그들과 함께 우리는 전 세계를 향해 말한다.

"이제 협상을 시작해 볼까. 당신들은 석유를 원하지? 그렇다면 여성과 약자 집단을 위해 이러저러한 일을 하라. 또 이렇게 부를 재분배하고, 성과 인종과 계급에 기초한 기존 체제를 포기하라. 우리 말을 듣지 않으면 석유는 못 준다!"

계속 상상해보라. 즐겁지 않은가? 이 공상을 하면 최소한 10분 정도는 행복해질 수 있다(예를 들어 변호사이자 흑인운동가이고 여성운동가인 플로린스 케네디가 우리의 상상 속의 군대를 이끌고 있다고 생각해 보자. 그러면 그녀는 우리의 '아라비아의 플로린스'가 되는 것이다).

어떤 여성운동가(아무나 골라도 좋다. 물론 당신 자신이면 제일 좋다)가 방금 공개적인 논쟁에서 교황, 몰몬교 지도자, 루베비체 레베, 보수우익 토크쇼 진행자 윌리엄 버클리, 윌리엄 쇼클리, 라이오닐 타이거, 조지 질더, 게이 탈리스, 아야톨라 호메이니(이 중 누구라도 좋다)를 이겼다고 상상해 보자. 상대는 청중의 조소를 받으며 무대 뒤로 쫓겨간다. 게다가 이 사건은 위성을 통해 전세계의 모든 언어로 생방송되고 있다.

뉴욕 타임즈가 여성들에게 상속된다. 그 여성들은 집안의 전통을 깨고 남편이나 남동생, 아들, 사위 등 누구에게도 그 지배권을 넘기지 않고 직접 경영한다(「타임즈」지는 마치 혈우병처럼 여성에게 상속되어 남성이 지배해 왔다). 그들은 성과 인종과 관련한 편견을 가진 모든 편집자와 관리자를 해고한다. 그리고 "자, 이제 알겠지. 뉴욕 타임즈는 우리가 지배하는 거야"라고 말하는 것이다.

어느 날 밤 월스트리트에 있는 빌딩들에서 일하는 청소부 아줌마들이 음모를 꾸민다. 그들은 조직을 결성하고 컴퓨터 기술을 익혀 대담한 절도행위를 시도한다. 6대 다국적 기업의 컴퓨터를 조작하여 전체 자산의 41%를 청소부 아줌마들의 스위스 은행 계좌에 입금한다. 그 일을 성공시키고 나서 다음과 같은 쪽지를 남긴다.

"신사분들에게. 여성 노동자들은 남성 노동자의 임금의 59%만 받아왔으므로 오늘 나머지를 회수함."(지금은 여성 노동자의 평균 임금이 남성 노동자 평균 임금의 75%에 달하므로 우리는 25%만 회수하면 된다. 계산은 정확히 해야 하니까.)

각 회사의 이사회는 청소부 아줌마들에게 깨끗이 당했다는 사실이 창피해서 경찰에 신고하지도 못하고 '기술적인 문제'로 파산했다고 선언한다. 그들이 소유하던 다국적 기업들은 노동자의 손에 넘어간다.

한편, 이 미스터리의 청소부 아줌마 갱단은 모든 약탈품을 극빈자들에게 분배한다(물론 남자들에게도 물품을 분배해서 그들과 연합전선을 형성한다). 약자들에게 약탈품을 나누어주고도 남은 물건은 유럽과 아시아, 아프리카 등에서 이와 똑같은 조직을 만들기 위한 훈련 기금으로 활용된다. 그들은 런던, 로마, 모스크바, 동경, 프레토리아 등 전 세계의 청소부 아줌마 갱단에게 비결을 전수한다.

올해 들어 두 번째로 교황 요한 바오로가 교회는 정치에 개입해서는 안 된다고 발표한다. 이번에는 진심인 것 같다. 모든 교회는 피임, 성관계, 낙태, 가족 그리고 여러 가지 사적인 문제에 대한 입법 활동에 영향력을 행사하려는 시도를 즉시 중단한다. 주차장, 호텔, 쇼핑센터 등 종교적 목적에 쓰이지 않는 교회의 모든 재산에 대해 세금이 부과된다. 드디어 교회와 정부의 명실상부한 분리가 이루어진다.

미 국방성과 국방부서의 모든 사무직, 조사직, 분석직, 청소직 여성들이 파업에 들어간다. 단 하루 동안의 파업이다. 그들이 제시하는 요구사항은 다음과 같다. 국방 예산의 25%를 당장 사회복지 프로그램으로 돌리지 않으면 한 달에 한 번씩 파업할 것이다. 그래도 듣지 않으면 한 달에 두 번…….. 결국 국방성이 항복한다.

회사에 다니는 남자의 아내와 비서들이 서로에게 자기가 아는 것을 털어놓고 기자회견을 열어서 모두 발표한다. 큰 회사에 다니는 여성들은 서로 자기 봉급 액수를 가르쳐 준다. 또 회사 간부들의 봉급을 비롯해 여러 가지 비밀도 사람들에게 알려주고, 낙태를 반대하는 정치인들이 임신하게 하여 낙태시킨 여성들이 모두 텔레비전에 출연하는 등…….. 아는 것이 힘이다.

내가 즐거운 것만 상상하는 것은 아니다. 나의 공상 중에는 걱정스러운 것도 있다. 현재 태아의 성별을 미리 판별하는 기술은 놀라운 속도로 진보하고 있다. 여기에 남아선호 사상이 겹치고 시험관아기 기술마저 보편화되면 여성 인구가 급격히 감소할지도 모른다. 그리하여 먼 미래에는 여성을 동물원 철창에 가둬놓고 "여성에게 음식물을 던지지 마시오"라는 팻말을 붙여놓을 수도 있다.

그럼에도 불구하고 공상은 우리 자신이 만드는 개인적인 공상과학 소설이다. 우리는 공상을 도피처로 활용할 수도 있고 공상을 통해 마음의 안정을 얻을 수도 있다. 가끔씩은 아주 쓸만한 아이디어를 만나기도 한다.

예를 들어 여성의 자기관리 건강 운동을 생각해보자. 그 운동의 선구자들은 우리의 자궁경부가 놀라울 정도의 탄력과 힘을 지니고 있음을 알려주었다. 이러한 지식이 생체 자기제어 기술과 결합하여 근육을 마음대로 움직일 수 있게 해 준다고 상상해보자. 그렇게 되면 유산하기 쉬운 여성도 태아를 안전하게 품고 있을 수 있게 될 것이다. 임신을 원치 않는 여성은 스스로 낙태를 할 수 있을지도 모른다. 21세기쯤이면 어쩌면 국내의 여성 회의와 국제적 여성회의를 통해 이 기술이 아주 널리 전파되어서 여성들이 선택적으로 아기를 낳는 '출산 파업'을 벌일지도 모른다. 그러면 우리는 재생산수단을 완전히 장악할 수 있게 될 것이며, 누구도 여성의 출산에 간섭할 수 없을 것이다.

여성들의 회의는 참으로 유익하다. 이 글도 그랬으면 좋겠다.

—1980년

트랜스젠더: 신발이 맞지 않으면 발을 바꿔라?

"남성의 육체 속에 있는 여성의 정신이라는 개념은,
여성의 몸과는 다른 남성의 몸이 있고
남성의 마음과는 다른 여성의 마음이 있다고
여기는 사회에서만 성립할 수 있는 것이다."
다시 말해 트랜스젠더들은
성역할의 힘이 얼마나 강한지를 보여주고 있는 셈이다.
그들은 자신의 진정한 인격을 해방시키기 위하여
자신의 육체를 외과적으로 변형시킨다.

고등학교 때 나는 농구를 하면서 남자애들처럼 행동하려고 했어요. ······
끔찍했죠. ······ 3년 전에 저는 드디어 여자가 됐어요. 인생이 더할 나위 없
이 만족스러워요.
　-어느 트랜스젠더 여성의 말

아주 어릴 때부터 남자가 되고 싶다는 생각을 했어요. ······ 그 수술은 정
말 기적 같았어요. ······ 새로 사귄 여자친구는 제가 참 듬직하다고 해요.
　-어느 트랜스젠더 남성의 말

테니스 선수로도 유명한 안과의사 리처드 라스킨드가 생식기 수술과 호르몬 요법 그리고 의상의 변화를 통해 레니 리처즈가 된 이래, 트랜스젠더는 뭇사람들의 의식 속에 '실재하는 하나의 사실'로 자리잡았다.

1950년대에 크리스틴 조르겐슨이 성전환 수술을 받고 그 경험을 책으로 드러낸 바 있지만, 레니 리처즈는 페미니즘 운동이 전국적으로 활발하게 진행되고 있을 때 등장해서 더 크게 주목받았다. 페미니즘은 성역할의 불평등성을 비판했고 성역할이 신체적 조건에 기초한 것이라는 생각을 공격하고 있었다. 따라서 리처즈는 조르겐슨과는 달리 단지 기묘한 예외나 개인적 선택이 아니라 성역할 전환의 본보기로 취급되었다. 그래서 일각에서는 페미니즘이 낳을 수 있는 끔찍한 결과의 한 예라고 주장되기도 했다. 또다른 한편에서는 페미니즘이 필요없다는 산 증거로 취급되었다. 말하자면 여자가 되기를 그렇게 간절하게 바라는 남자도 있는데, 생물학적 여성들이 자신의 상태에 만족하지 못할 이유가 어디 있나 하는 이야기였다.

무엇보다도 리처즈는 대중매체로부터 대단한 환영과 주목을 받았다. 그녀는 사람들의 관심과 조롱 때문에 괴로웠겠지만, 하여튼 이 트랜스젠더 여성을 옹호하는 사람들은 그 수도 많았고 다양하기도 했다.

그때까지 테니스계에서 남녀평등이 이뤄지는 걸 반대했던(특히 남녀가 같은 액수의 상금을 받는 것을 반대했던) 테니스 선수들과 스포츠 기자들은 일제히 리처즈가 여자 선수들의 토너먼트에 참여할 권리가 있다고 주장하기 시작했다. 그들은 이에 반대하는 여자 선수들을 기본적 인권에 반대하는 사람이나 겁쟁이라고 비난했다. 아직도 이름 앞에 미즈Ms를 붙여 달라는 여성들의 요청을 거부하는 「뉴욕 타임즈」는 이번에는 혼쾌하게 레니 리처즈(와 다른 트랜스젠더자)들의 이름을 바꾸었을 뿐 아니라, 대명사를 모두 여성형으로 바꾸는 수고도 마다하지 않았다. 텔레비전을 비롯해 모든 매스컴이 열광적으로 트랜스젠더에 관한 보도를 내보냈다. 반면 그보다 앞서 전통적인 남성 성역할에 도전했던 남자들 즉 베트남 참전을 거부한 젊은이들을 리처즈의 경우처럼 호의적이거나 사실적으로 보도하는 데는 몇 개월 또는 몇 년이나 걸렸다.

나는 바로 이런 언론의 열광이 의심스러웠다. 아무리 생각해도 이 경우는 수많은 사람들이 겪는 성 불평등이라는 문제의 본질을 흐리는 데 이용되는 것 같았다. 사실 자신을 다른 성이라고 생각하는 약 만 명의 미국인과 실제로 트랜스젠더 수술을 단행한 약 삼천 명의 미국인들의 문제는, 봉급 없이 집에서 일하는 수백만의 여성들과 불평등한 저임금을 받고 일하는 여성 노동자들 그리고 정부보조로 살아가는 많은 여성들에 비하면 그다지 중요한 문제가 아닌 것이다. 물론 나는 레니 리처즈에게 자신의 성을 바꿀 권리가 있다는 걸 인정하지만, 그녀의 문제는 여성들이 겪고 있는 고통과는 별 관계가 없는 예외라는 점을 다시 한 번 강조하고 싶다.

하지만 나는 이 문제에 대해 생각하면 할수록 무언가 다른 중요한 요소가 있는 것 같았다. 첫째로, 남성에서 여성이 된 트랜스젠더자들만 유명해졌다는 점이다. 여성 중에도 남성이 되기 위해 엄청난 수술을 받고 호르몬 요법을 병행하는 사람이 있었다. 그들도 트랜스젠더 사실을 밝혔음에도 불구하고 그들 이름은 그렇게 유명해지지 않았다. 조르겐슨과 리처즈는 세계적으로 유명해졌고, 전직 영국군 장교였던 제임스 험프리 모리스가 잰 모리스가 된 것은 영국에서 가장 잘 알려진 트랜스젠더 사례가 되었다. 둘째로, 테니스 시합에 대해 사람들이 지나치게 흥분하면서 통쾌해했다는 점이다. 사람들은 리처즈가 트랜스젠더를 한 목적이 어떤 남자라도-지금은 남자가 아닐지라도-여자를 이길 수 있다는 것을 증명하기 위한 것인양 흥분했다.

나는 이 문제를 좀더 생각해보고 나서, 남성에서 여성으로의 트랜스젠더는 전통적인 여성 역할이 나쁘지 않다는 산 증거로 손쉽게 이용되었다는 사실을 깨달았다. 그뿐 아니라, 그것은 많은 취재진들이 상상하고 수용할 수 있는 유일한 종류의 성변화였다. 남성이 자신의 우월한 역할을 포기하고 여성이 되는 것은 쉬운 일이다. 놀랍긴 하지만 도전적인 행동은 아니다. 하지만 여성이 자신의 열등성을 버리고 남성성을 획득한다는 것은 상상할 수도 없는 불가능한 일이다. 너무 어마어마한 일인 것이다. 남자들은 이전에 여자였던 남자를 자신과 동등하다고 생각하지 않으려 하면서도, 여자들은 이전에 남자였던 여자를 받아들이고 존경할 것을 기대했다.

하지만 여자 테니스 선수들은 다른 논리를 전개했다. 40년 동안 신체적으로나 문화적으로 남성으로서 훈련받은 사람과 여성이 맞대결하는 것이 공정할까? 마치 백인이 일시적으로 피부를 염색했다고 해서 흑인이 아닌 것처럼, 남성으로 살아온 일생의 경험이 법정의 판결로 뒤바뀔 수는 없다. 그렇게 되면 여자 테니스라는 진지한 경기가 한 명의 트랜스젠더 여성 때문에 웃음거리 서커스가 되고 말 거라는 것이 그들의 논리였다. 그리고 마침내 어느 여자 테니스 선수가 다음과 같이 말했다.

"만약 그녀가 여자 선수로 뛰지 못한다면 남자들과 경기를 할 수밖에 없겠죠. 그렇게 해서 그가 이기면 한 여자가─성전환으로 여자가 된 여자이긴 하지만─남자들을 이기는 셈이 되는 거죠."

하지만 가장 놀라운 이야기는 성전환자들의 가슴 찢어지는 증언이었다. 내가 의학 문헌과 기사들을 살피다 보니 하나의 중요한 주제가 떠올랐다. 트랜스젠더자들의 배경이나 성격, 또는 남성에서 여성이 되었든 아니면 그 반대든지에 상관 없이, 그들은 태어날 때부터 자기에게 지워진 성역할 때문에 자신의 진정한 인격이 부정되거나 제한되었다고 확신하고 있었다.

"나는 내가 남자라고 생각했지요."

어느 생물학적 여성의 말이다.

"나는 내가 여자라고 느꼈어요."

어느 생물학적 남성의 말이다. 보스턴 대학에 있는 의료윤리 전문가, 잰 레이몬드는 자신의 박사 논문에서 성전환자들과의 심층면접을 분석했는데, 그들의 이야기에서 이러한 주제가 반복적으로 나타났다. 그들이 가장 많이 토로한 것은 남성의 육체 속에 여성의 두뇌를 가지고 있다는 느낌 또는 여성의 몸에 남성의 마음이 있다는 느낌을 가졌다는 거였다. 하지만 레이몬드가 지적하듯이, "남성의 육체 속에 있는 여성의 정신이라는 개념은, 여성의 몸과는 다른 남성의 몸이 있고 남성의 마음과는 다른 여성의 마음이 있다고 여기는 사회에서만 성립할 수 있는 것이다."

다시 말해 트랜스젠더들은 성역할의 힘이 얼마나 강한지를 보여주고 있는 셈이다. 그들은 자신의 진정한 인격을 해방시키기 위하여 자신의 육체를 외과적으로 변형시킨다. 그들은 호르몬과 성기라는 조그만 차이가 생활 전체와 인격까지 지배하는 사회에서 자신이 원하는 대로 살 권리를 찾기 위해 그런 모험을 단행하는 것이다.

레이몬드는 트랜스젠더자들이 그런 고통스러운 선택을 할 수밖에 없었다는 것도 이해하지만 이렇게 남녀의 역할이 정형화된 사회에 대해 그들이 비판하고 저항할 수도 있었을 것이라고 아쉬워한다. 다시 말해 그들이 자신의 신체를 변형시킴으로써 '남성의 육체 속에 여성의 정신'이라는 생각을 수용하는 대신, 확실하게 구분되는 여성의 정신이나 남성의 정신이 있다는 고정관념을 비판할 수도 있었을 것이다. 성sex은 단지 각각의 독특한 개인을 구성하는 여러 요소들 중 하나일 뿐이라는 점을 실증하는 존재가 될 수도 있었다는 것이다.

바로 그런 이유로 그녀는 트랜스젠더 수술과 장기적인 호르몬 투여를 받으려는 사람들의 욕구(와 그리고 엄청난) 비용 때문에 큰 이익을 얻고 있는 의료계에 대해서도 비판적이다. 어떤 의사들은 돈은 적게 벌리지만 더 많은 생명을 구할 수 있는 치료를 행하기보다는, 자신의 외과 수술 기술과 호르몬 요법 기술로 그저 불공평한 사회에 절망적으로 적응하려고 애쓰는 개인들을 수술하는 데 열중한다. 그녀는 1979년에 출간된 『트랜스젠더 제국』에서 트랜스젠더 수술을 주로 하는 성공한 외과 의사들의 집단을 '트랜스젠더 제국'[1]이라 불렀다.

물론 모든 성기 수술이나 호르몬 요법이 그런 용도로 이용되지는 않는다. 구분이 모호한 성기를 타고난 아기들 역시 이런 기술을 이용한 수술을 받는다. 그렇게 하여 그 아기들의 신체를 내부적인 염색체 구조나 생식 능력 등에 맞게 변형시킨다. 또 성기 이상으로 임신 등의 신체적 기능을 수행하지 못하는 성인들을 위해서도 그런 수술이 실시된다.

한편으로 보면, 트랜스젠더자들이 염색체가 전부가 아니라는 걸 증명함으로써 긍정적인 기여를 하고 있는 게 사실이다. 그들은 변할 수 없는 염색체를 무시하고 외적 신체와 사회화에 초점을 맞춤으로써 모든 사람이 다른 성의 특성을 가질 수 있으며 따라서 남녀 모두 인간이 가진 모든 특성을 가질 수 있음을 보여줄 수 있다. 불행하게도 대중매체는 이런 점을 지적하지 않았다. 대중매체는 오히려 트랜스젠더를 사회가 지시하는 성역할의 중요성을 증명하는 사례로 이용했고, 육체 이미지, 성기, '남성적 행동'과 '여성적 행동' 등에 강박적으로 집착하는 것을 당연시했다.

그러나 여기에서 중요한 문제는 주위의 편견 때문에 자기 몸을 손상시킬 수밖에 없었던 것이 아닌가, 또 다른 성을 갖고자 하는 사람들이 감수한 고통이 오히려 그런 편견이 옳다는 걸 증명하는 데 이용되고 있는 것이 아닌가 하는 것이다.

페미니스트들은 누구든 성전환을 할 수 있어야 한다고 생각하며, 사회가 트랜스젠더 사례를 이용하는 것에 대해 불편한 감정을 느낀다. 하지만 인

---

1) Jan Raymond, *The Transsexual Empire* (Boston: Beacon Press, 1979).

간에게 자신의 성을 선택할 수 있는 권리가 있음을 인정한다 해도, 그것이 페미니즘의 궁극적인 목표는 될 수 없음을 분명히 밝혀야 한다. 여성운동의 핵심은 여성도 농구를 할 수 있고, 남성이라고 해서 꼭 듬직할 필요는 없는 사회를 만드는 것이다. 분노를 안으로 향하게 해서 우리 몸을 훼손할 것이 아니라 바깥쪽으로 향하게 해서 세계를 변화시켜야 한다는 말이다.

그리고 소수의 트랜스젠더들에 대한 언론의 수다에 놀랄 필요도 없다. 전통적인 성역할을 고수하려는 자들은 새로운 소재가 나타나기만 하면 자기들 입맛에 맞추려고만 들기 때문이다.

어쨌든 마지막으로 던지고 싶은 질문은 이것이다. 신발이 맞지 않으면 발을 바꿔야 할까?

—1977년

성기에 가해지는 범죄[1]

엘살바도르에서는 어머니가 어린 딸이
"쓸데없는 생각을 하지 않고 일을 열심히 하도록"
딸의 음핵에 면도날로 십자가 표시를 새기는 게 흔한 일이다.
하지만 국제 보건 당국들에 따르면,
이런 관습은 아프리카 대륙과 아라비아 반도에 가장 광범위하게 퍼져 있다.
도시나 농촌 가릴 것 없이
대부분의 성기절단은 마취제도 없이 가정에서 행해지나,
현재는 승인된 절차에 따라 병원에서 수술을 받는 여성들도 많다.

경고: 이 글은 읽기 괴로울지도 모른다. 이 글에서 다루고 있는 것은 우리로서는 상상하기에도 끔찍한 일이어서 아주 먼나라 일 같지만 여성의 성적 자유의 제한은 우리에게도 매우 빈번히 일어나는 것이다.

당신이 이 글을 읽는 지금 이 순간에도 전 세계 여성 중 칠천오백만에서 삼억 명 가량의 여성이 성기 절단으로 고통받고 있다.[2] 광범하게 퍼져 있는 이 관습의 주요 형태는 다음과 같다.

---

1) 이 글은 글로리아 스타이넘과 로빈 모건이 공동 저술한 것이지만, 주제의 심각성을 고려해서 각자의 책에 모두 포함시키기로 했다.
2) 이 수치는 1992년 세계보건기구와 미국 국제개발국이 각각 추산한 것이다.

1. 순나(회교의 구전 율법-옮긴이.) 할례. 음핵 포피 및 끝부분을 잘라내는 것.

2. 음핵절제. 음핵 전체를 잘라내고 음핵 부근의 소음순도 잘라내는 것.

3. 음부봉쇄. 음핵, 소음순, 대음순을 제거하고 잘라낸 음부 양쪽을 봉합하는 것. 작은 입구를 남겨두어 오줌과 월경혈이 흘러나올 수 있게 하는데 상처가 아무는 동안 상처에 나뭇가지(보통 성냥개비)를 끼워 입구를 만든다. 음부 봉쇄술을 받은 여성이 섹스를 하기 위해서는 봉합된 부위를 일부 잘라야 하고, 출산을 하기 위해서는 더 많이 잘라야 한다. 종종 출산 이후에 다시 봉합되는 수도 있다. 따라서 폐경기에 이르기까지 봉합과 개봉이 몇 번이나 반복되기도 한다.

이러한 성기절단 의식이 행해지는 나이는 절제 형태에 따라, 또 지역의 전통에 따라 다양하다. 태어난 지 8일 후에 행해질 수도 있고, 사춘기 때나 출산한 이후에 행해지기도 한다. 그러나 대부분의 지역에서 3세에서 8세 사이에 성기절단이 자행된다. 그리고 이 의식을 치르지 않은 여성은 부정한 여성으로 간주되어 결혼할 수 없다.

이러한 관습이 공포스럽다고 느끼는 독자가 있다면 지금 즉시 이 가부장제 의식과 우리의 관습이 연속선상에 있음을 알 필요가 있다. 이 관습과 우리의 관습은 정도의 차이는 있지만 본질은 다르지 않다. 미국과 유럽 여성은 프로이트 덕분에 정신적인 음핵 절제를 경험했다.[1] 그뿐만 아니라 19세기 서구의 의학서들은 색정증, 히스테리, 자위행위 등에 대한 처방으로 음핵 절제를 공공연히 추천했다. 실제로 오늘날 미국과 유럽에는 이런 형태의 반여성적이고 의학적으로 불필요한 수술을 받은 여성들이 아직도 살아 있다.

---

1) "음핵 중심의 성감을 제거하는 것이 여성성 발달의 필수 조건이다." Freud, *Sexuality and the Psychology of Love* (New York: MacMillan, 1963).

어떤 연구자들은 호주, 브라질, 말레이 반도, 파키스탄, 소련의 일부 기독교 분파에도 음핵 절제 의식이 널리 퍼져 있다는 증거를 제시하고 있다. 엘살바도르에서는 어린 딸이 '쓸데없는 생각을 하지 않고 일을 열심히 하도록' 어머니가 딸의 음핵에 면도칼로 십자가 표시를 새기는 게 흔한 일이다. 하지만 국제 보건 당국들에 따르면, 이런 관습은 아프리카 대륙과 아라비아 반도에 가장 광범위하게 퍼져있다. 도시나 농촌 가릴 것 없이 대부분의 성기절단은 마취제도 없이 가정에서 행해지나, 현재는 승인된 절차에 따라 병원에서 수술을 받는 여성들도 많다. 이슬람, 콥트 기독교, 일부 토착종교, 일부 가톨릭과 신교 집단, 에티오피아 고원에서 사는 고대 유태교 분파 등이 이 의식을 행하고 있다.

아프리카 대륙에서 가장 흔한 형태의 성기 절단은 음핵과 그 주변 소음순을 절제하는 것이다. 아프리카 동북부와 대서양 연안 나라들과 홍해 부근, 북쪽의 이집트에서 보츠와나와 레소토를 포함하여 남쪽의 모잠비크에 이르는 나라들을 합해서 총 26개국에서 음핵절제가 행해진다. 세네갈의 작가 아와 티암에 따르면, 에멘, 사우디 아라비아, 이라크, 요르단, 시리아, 남부 알제리 등에서도 음핵절제가 행해진다. 음부봉쇄는 소말리아, 에티오피아 대부분, 수단(수단에서는 1946년 그것을 법으로 금지했음에도 불구하고), 케냐, 나이지리아, 말리, 볼타 북부, 상아해안 일부 등 아프리카 북동부 전체에 걸쳐 상당히 일반적인 형상이다. 각 지역마다 약간씩 다른 형태의 시술이 행해진다. 어떤 지역에서는 음핵을 불로 지지거나 특수한 종류의 자극적인 풀을 부벼서 말단신경을 파괴한다. 어떤 지역에서는 약초와 우유, 꿀 또는 재나 짐승의 분비물 등을 섞은 것으로 피의 흐름을 막는다.

이러한 시술은 쇼크나 출혈 또는 패혈증으로 인한 사망에서부터, 성기 기형, 초경 지연, 성교시 통증, 만성적인 골반합병증, 요실금, 질벽의 석회질 축적, 직장-질 누관, 외성기 낭종 및 농양, 만성 소변장애와 요도 감염,

켈로이드 종양, 불임 등 모든 산부인과 합병증을 일으킬 수 있다. 또한 임신 기간 동안 (감염에 의한) 태아의 상해 가능성이 높아지며 출산중 아이가 죽거나 심한 손상을 입을 가능성 역시 높아진다. 육체적 손상뿐 아니라 정신적 충격으로 인한 영구 불감증, 정신분열에 이르기까지 성기 절단으로 인한 정신적 손상도 다양하게 나타날 수 있다. 의료 전문가들에 따르면 시술중 사망할 확률도 결코 낮은 것은 아니다. 하지만 실제로 사망한 사례가 많이 보고되지는 않고 있는데, 이는 많은 지역에서 이 의식이 비공식적으로 은밀하게 행해지기 때문일 것이다.

이 시술은 흔히 '여성할례'라고 불리지만 실은 남성의 할례와는 비교할 수 없을 정도의 큰 피해를 입는다. 남성할례와 여성할례는 분명 관련이 있다. 둘 모두 의학적 필요성과 무관하게 광범위하게 행해지고 있으며, 가부장제의 성과 생식 기능 통제에 복종한다는 증거가 되는 것이다. 하지만 그 외의 유사점은 거의 없다. 음핵절제는 포경보다는 페니스 절단에 가깝다. 음핵에는 페니스만큼이나 많은 신경말단이 분포하고 있다. 하지만 남성할례는 페니스를 보호하는 포피 '덮개'의 끝만을 잘라내며 페니스 자체에는 아무런 손상도 가하지 않는다. 이 '덮개' 부분에 있는 신경말단은 고작해야 귓불과 비슷한 수준이다. 또한 남성할례는 대상자가 성적 쾌락을 느끼는 능력을 파괴하지 않는다. 사실 어떤 이들은 남성할례가 성기의 민감한 부분을 더 많이 노출시키기 때문에 성감을 증대시킨다는 이유로 이를 정당화하고 있다.

그런데도 여성 할례라는 이름이 붙은 것은 의식적이든 무의식적이든 정치적 이유가 있는 듯하다. 여자들이 겪는 성기 절단은 남자들도 하는 것이고 그 이상도 이하도 아니라고 보이게 하려는 의도가 있다는 것이다.

이 관습의 기원을 어떻게 설명하는지를 보아도 정치적 의도가 분명히 드러난다. 수단에서는 음부 봉쇄를 이집트에서 유래한 것('파라오 할례')이라고 하고, 이집트에서는 그것을 '수단 할례'라고 부른다. 예언자 마호메트는 음부 봉쇄보다는 정도가 약한 순나 할례를 권했다고 한다. 그는 "축소시키되 없애지는 말라."라는 말로 이 의식을 개량하고 합법화했다고 전해진다. 그는 개량된 형태의 성기절단에 '순나' 할례 또는 전통 할례라는 이름을 붙였다. 아마도 완고한 전통주의자들을 달래기 위해 그런 용어를 선택했을 것이다. 하지만 코란의 어느 구석에도 성기 절단 의식을 언급하는 구절은 없다. 성기 절단 관습에 반대하는 이슬람 여성들은 이 사실을 내세우고 있다.

이 관습의 기원뿐 아니라 시술 이유에 대해서도 서로 다르게 이야기한다. 사람들은 전통, 종교, 가족의 명예, 청결, 마법으로부터의 보호, 성인식, 결혼시 처녀 보증, 일부다처 사회에서의 여성의 성욕감소 유도 등 제각각 다른 이유를 대고 있다. 한편 중동의 일부 매춘여성들 역시 음핵절제술을 받았다는 사실을 근거로, 이것이 쾌락을 감소시키지 않는다는 주장을 펴는 자들이 있다. 그들은 여성이 성욕 때문에 매춘을 한다는 생각을 전제로 하고 있다.

원래 미신을 정당화하는 주장들은 상호 모순적이다. 예를 들어 남성 할례가 성감을 증대시킨다는 주장이 있는 반면, 노출된 성기 부위를 무디게 하기 때문에 성감을 감소시킨다는 주장도 있다. 여성 성기 절단의 이유로 자주 제시되는 것은 그것이 여성의 생식력을 높인다는 것이다. 그러나 1978년 국제개발인구회의의 미국 대표인 라벤홀트 박사는 오히려 결과는 정반대라고 주장했다.

"성기 절단은 여성의 성욕 감소를 목적으로 하고 있으므로 출산율 저하를 위한 것이 틀림없다."

하지만 실제 사례들을 보면 성기 절단은 분명히 출산율을 높이는 데 도움이 된다. 임신 기간 동안은 성적 요구를 거절할 수 있으므로 여성들이 성교로 인한 고통을 피하기 위해 임신을 택하기 때문이다. 이 얼마나 안타까운 현실인가!

어떤 문화권에서는 이 의식의 이유가 좀더 명확히 제시된다. 북부 볼타의 모시 신화와 말리의 도곤과 밤바라스 신화에 따르면 인간은 처음에는 양성적이었다. 그 신화들은 양성적인 본성과 여성의 성욕에 대한 두려움을 표현하고 있다. 신화에 따르면 음핵은 매우 위험한 기관이어서 남성의 성기가 닿으면 치명적인 결과가 초래된다.

19세기 영국에서는 음핵 절제가 의학적 처방으로 권장되었다. 예를 들어 당시 런던의 의사 아이작 베이커는 불면증, 불임, ‘불행한 결혼’ 등 갖가지 증상을 음핵 절제로 치료할 수 있다고 주장했다. 1859년 의사 찰스 메이그스는 음핵에 질화은용액을 바르면 여자아이가 자위 행위를 하는 것을 예방할 수 있다고 했다. 미국에서도 1925년까지 음부외과의사회라는 단체가 “격렬한 성교로 인한 다양한 질병들에 대한 처방”으로 음핵 절제 외과 시술을 제시했다. 그리고 1940년대와 1950년대에 이르기까지 그런 시술이 이루어졌다. 예를 들어 뉴욕만 살펴보아도, 양가집의 어린 딸이 자위 행위를 할 경우 주치의가 음핵 절단 시술을 했고, 교회 사회사업가들은 창녀들에게 ‘재활’의 방법으로 이 수술을 권하기도 했다.

1970년대에는 소위 ‘사랑 수술’이라는 이름으로 음핵 이동 수술이 성행했다. 페미니스트 보도 기관인 「허세이」는 1979년 오하이오주의 산부인과 의사, 제임스 버트가 “음핵이 페니스의 자극을 직접 받을 수 있도록 하는” 외음부 수술을 천오백 달러에 해주겠다고 했다는 소식을 전했다.

여성의 육체를 사회의 기대에 끼워맞추려는 이러한 노력의 진짜 이유가 무엇인지는 오직 가부장제의 맥락에서만 이해할 수 있다. 가부장제는 출산의 수단인 여성의 몸을 통제해야 하며, 따라서 여성의 성욕을 억압해야 한다. 이 두 가지 목적은 사회경제적 보상과 처벌에 의해 실현된다.

여성이 경제적으로 생존하기 위해 필수적으로 결혼을 해야 한다면 결혼 상대로서의 자신의 가치를 높이는 것은 뭐든 바람직한 것이 된다. 그리하여 신부가 처녀가 아닐 경우 첫날밤에 죽음을 당하거나 소박맞는다는 사실을 아는 부모는 아이에게 살로 된 정조대를 채우는 것이다.

음핵 절제술을 행하는 사람은 대개 여성으로, 그 부족에서 음핵 절제를 전담하는 전문가나 산파다. 음핵 절제 시술은 여자가 존경과 권력, 경제력을 가질 수 있는 유일한 방법이므로 그런 의식을 집행하는 출세한 여성들은 그 관습을 지키기 위해 싸울 것이다. 어떤 사회에서는 음핵 절제 의식을 관장하는 사람들이 할례를 받은 아이에게 2, 3년간 밭일을 시킬 권리를 갖는다. 그 특권이 대를 이어 유지되는 경우도 있다. 그렇다면 그런 특권을 가진 집안들은 경제적인 이유로 그 관습을 지속시키려 할 게 분명하다. 서구의 남자 산부인과 의사들이 음핵 제거 수술을 옹호한 것은 여성의 독립적인 성이 위험하고 자연의 순리에 어긋난다고 생각했기 때문이다. 페니스 삽입과 무관하게 여성이 쾌락을 느끼게 하는 음핵은 여성의 성을 독립시킬 수 있기 때문이다. 또 현대의 산부인과 의사가 질 가까이로 음핵을 옮기는 수술을 하려 한 것도 여성의 쾌락을 남성에게 종속시켜야 한다고 생각했기 때문이다. 남성이 여성의 쾌락의 중심지인 음핵을 자극하는 법을 배워야 한다고 생각하는 대신, 페니스가 쾌락을 느끼는 장소인 질 가까이로 음핵을 옮겨서 여성이 쾌락을 느끼기 쉽게 하려 했으니 말이다.

관료들의 대응 방식이 얼마나 비논리적인지는 더 심각한 지경이다. 백악관, 미 국무성, UN 아동기금, 세계보건기구 등은 모두 여성 성기절단이라는 다른 나라의 '문화와 전통'에 개입하는 것을 회피했다. 그런데 그들은 다른 사안에 대해서는 그다지 조심스러운 태도를 보이지 않는다. 예를 들면 그들은 그 지역 전통주의자들의 저항에도 불구하고 백신과 비타민을 보급하고 있다.

인권에 관한 성명서 등에서도 인류의 절반인 여성에게 아주 중요한 문제는 포함되지 않는다. 성기 절단이나 생식에 관련된 자유의 문제만 그런 것이 아니다. 예를 들어 중동 지역의 여성 대부분은 남성 가족의 허가서 없이는 외국에 갈 수 없다. 하지만 이 문제는 소련 내 유태인의 출국 금지 문제와 기타 여행 제한의 문제와 함께 다루어지고 있지 않다. 일부 국제단체들은 개량적인 해결책을 제시하고 있다. 즉 병원의 위생적인 환경에서 의사의 적절한 감독하에 음핵 절제를 실시하라는 것이다. 하지만 여성단체들과 스위스에 본부를 둔 〈인간의 지구〉 같은 단체들은 이 시술 자체를 없애라고 요구하고 있다.

그런데 상황은 더욱 복잡해지고 있다. 아랍과 아프리카의 여러 정부와 개인들은 이 문제에 대한 서구의 관심에 의심의 눈초리를 번득이고 있다. 서구의 관심이 인도주의에서 나온 것이 아니라 토착 문화를 파괴하려는 인종차별적이고 신식민주의적 동기에 기초하고 있다고 의심하는 것이다. 실제로 케냐의 초대 대통령이었던 조모 케냐타는 자신의 책 『케냐산을 바라보며』에서, 1929년 음핵 절단을 금지하려 했던 영국 선교사들의 시도가 영국 식민지였던 케냐의 독립투쟁을 촉발시켰다고 지적했다.

가부장적 권력은 그것이 제국주의든 부족국가든 모두들 '자기 소유의' 여성을 마음대로 하는 권리가 그들의 권력 또는 자유의 핵심이라고 생각한다. 여성 성기 절단에 대한 과거의 반대 운동이 어떤 이유에서 이루어졌든, 현재의 운동은 더욱 효과적인 것이 될 수 있을 것이다. 이제 페미니스트들은 각 지역 문화에 조심스럽게 접근하고 있으며, 여성성기 절단 반대 운동을 지지, 주도하고 있는 이들은 그 지역의 여성들이기 때문이다.

그 지역 여성들이 주도하는 운동이 시작된 것은 정확히 1979년 2월이었다. 수단 카르툼에서 열린 역사적인 회의에는 아프리카와 아랍의 10개국 대표들(외과의사, 산파, 보건 공무원 등)이 참석했고, 그 밖의 많은 나라들은 대표를 보낼 수는 없었지만 지지를 표명했다. 이 회의는 세계보건기구 동지중해 지역사무국이 수단 정부의 도움을 받아 개최한 것이었다. 이 회의의 이름은 조심스럽게도 "여성과 아동의 건강에 영향을 주는 전통적 시술"에 대한 세미나로 정해졌다. 구체적인 주제들은 아동 결혼, 임신 수유기 동안의 음식 금기, 그리고 성기절단이었다. 회의의 결과 다음과 같은 네 가지의 권고사항이 정해졌다.

1. 국가 정책으로 여성 할례를 폐지할 것.
2. 여성 할례를 금지하는 법률을 제정하는 것을 포함하여 필요한 조치를 취하기 위한 국가 차원의 위원회를 설치할 것.
3. 성기 절단 시술의 위험과 불필요성에 대한 교육을 강화할 것.
4. 산파, 치료사 등 의료 시술자에 대한 교육을 강화할 것.

1979년 말 잠비아 루사카에서 열린 회의에서도 이 문제가 다뤄졌다. (이 회의는 1980년 여성10년 세계대회 준비모임 중 하나였다.) 이 회의에서 소말리아의 에드나 아단 이스마일이 제안한 결의안이 채택됐다. 그 내용은 여성 성기 절단을 반대하고, 관련 국가들의 모든 여성단체가 성기 절단 시술이 초래하는 유해한 의학적, 사회적 결과들에 대한 건강교육 캠페인을 전개하자는 것이었다.

그런데 성기 절단 문제를 우선적으로 제기하는 사람들은 항상 개발도상국 여성들이 아니다. 그들은 기근 해결, 국민들의 전반적인 건강 증진, 농업과 공업 발전 등을 우선 순위에 두고 있었던 것이다.

하지만 카르툼과 루사카 회의는 아프리카와 아랍의 많은 여성들과 양심적인 남성들이 오랫동안 활발하게 성기절단에 반대해왔다는 사실을 분명하게 보여주었다. 볼타 여성연합, 소말리아 민주여성조직 등의 단체와 수단 사회복지부 장관 압둘 마흐무드, 아덴의 보건부 장관 메하니 살레, 세네갈의 아와 티암, 나이지리아의 저널리스트 에스더 오군모데드 등은 성기절단에 반대하는 운동을 국제적 지원도 거의 없이 다양한 방식으로 전개해왔다. 사실 이 문제를 줄기차게 세계인들의 양심에 호소해 온 프랜 호스켄에 따르면 "국제기구와 유엔 그리고 아프리카의 기독교 단체들과 가족계획 담당자들은 이제까지 '침묵의 음모'에 가담해왔다. 그 결과 자신들의 문화를 개혁하려고 노력하는 아프리카인들은 철저하게 고립되고 무시되었다."

이제 희생자와 목격자들의 목소리가 서서히 확산되고 있다. 그 장소가 마을의 오두막이든 현대적 아파트든 병원의 수술실이든 성기 절단의 희생자들은 평생 고통을 겪는다. 우리는 이 목소리들을 잊어서는 안 된다. 우리가 그들의 목소리를 듣기까지는 오랜 세월이 필요했다. 그리고 이제 확실히 이해할 수 있다. 이제 남은 것은 우리의 행동이다. 가장 직접적인 피해자인 그들과 함께, 여성 모두를 위해 싸워야 할 때가 온 것이다.

—1979년과 1992년

후기

로빈 모건과 나는 이 주제를 다루는 것을 몇 년간 미룬 끝에 이 기사를 썼다. 성기에 가해지는 범죄에 관심을 기울이지 않음으로써 그것이 지속되는 데 기여하고 있다는 사실을 우리는 알고 있었다. 세계보건기구가 마침내 지역 포럼을 열어서 관련 지역의 용감한 여자들이 그 전통에 반대하는 목소리를 높인 후에야 우리는 이 폭로 기사를 「미즈」에 발표했다. 그 기사는 유니세프에 의해 배포되었다. 자기 나라에서 여성 성기절단 반대운동을 하고 있던 많은 여성들 중 일부는 그로써 가부장적 관습에 미사일을 날리게 되었다고 안도했다.

1980년 이른바 여성 할례는 유니세프의 〈여성과 개발 보고서〉에 포함되었고, 세계보건기구 프로그램에도 공식적인 부분으로 포함되었다. 그리고 UN 여성10년 세계대회가 코펜하겐에서 개최됐을 때 위에서 말한 세계보건기구의 네 가지 권고안을 승인했다.

어떤 나라들에서는 이미 정부가 강력한 조치를 취해 오고 있었지만 효과는 미미했다. 수단은·1946년에 음부봉합을 불법화했고 이집트는 1970년대에 음핵 절제를 금지하는 법을 통과시켰다. 1982년 케냐에서는 비위생적인 시술로 열네 명의 소녀가 목숨을 잃은 후 대통령이 음핵절제를 금지했다.

일반적으로 공동체의 노력이 병행되지 않고 법률만 제정해 놓으면 지하에서 더 성행하게 마련이다. 그럼에도 불구하고 국가 차원의 법 제정과 국제기구의 성명서들은, 반대 운동을 벌이는 여성단체들에게 큰 도움이 되고 시술 확산을 막는 역할을 하기도 한다.

유럽에 거주하고 있는 아프리카와 중동 출신 가족들은 스스로 음핵절제를 하거나 외과의사에게 딸들을 수술해 달라고 요청했다. 그래서 유럽에서도 그것이 중요한 문제로 부각되었다. 그 결과 노르웨이, 덴마크, 스웨덴은 법으로 여성 성기절단을 금지했다. 영국과 프랑스에서는 일부 외과의사들이 큰돈을 받고 이 수술을 해 주었다는 보도가 나가자 논란이 일어났다. 1982년 프랑스 당국은 말리 출신의 남자를 체포했다. 13개월 된 딸의 음핵을 주머니칼로 잘라냈기 때문이었다. 1992년 말리 출신의 한 산파는 프랑스에서 8년형을 선고받았다. 그녀가 시술한 아기 세 명이 과다 출혈로 사망했기 때문이다. 1991년에는 한 여성이 정치적 망명을 요청해서 프랑스 법정에 서게 됐다. 아미나타 디옵이라는 그 여성은 말리로 돌아가면 성기절단을 해야 할 것이라고 증언했다. (그녀에게는 프랑스 체류가 허락되었지만 그 후 다른 여성들에게는 허락되지 않았다.)

1993년, 최초로 캐나다가 정치적 망명을 허용하는 이유 중 하나로 여성 성기 절단을 포함시켰다. 그래서 최근 2년 동안 약 200명의 여성이 망명자 지위를 부여받았다. 미국에서는 이슬람교로 개종한 여성들에게 신앙의 표시로 이 수술을 받게 했다는 확인되지 않은 보고도 있다. 미국에서도 그 수술을 받지 않으려는 여자들의 정치적 망명 요청이 있었다. 예를 들면 리디아 올루라로는 나이지리아로 돌아가면 여동생 두 명이 성기 절단을 받게 될 것이라고 하면서 계속 오레곤에 체류할 수 있게 해달라는 진정서를 미국 이민국에 제출했다. 그러나 이 경우가 선례가 될 수 있다는 이유로 이 진정은 수락되지 않았다. 1995년 5월 클린턴 대통령이 이민국 국장으로 임명한 도리스 메이스너는 여성 성기절단과 여성에 가해지는 폭력을 망명 지위 부여의 조건으로 인정하겠다고 발표했다.

1990년대에 이르러서야 미국 주요 언론이 여성성기 절단 문제를 다루기 시작했다. 하지만 그 문제를 인권의 문제로 다루는 경우는 거의 없었다.

1992년 앨리스 워커가 여성성기 절단을 소재로 다룬 소설, 『기쁨의 비밀』을 발표함으로써 사람들의 의식이 많이 향상되었다. 또한 앨리스 워커는 영화제작자 프래티바 파머와 함께 〈전사 표시〉라는 다큐멘터리 영화를 제작하고 같은 제목의 책도 발표했다. 그보다 앞서 이집트에서는 유명한 작가이자 활동가인 나월 엘 사다위가 음핵절제에 관한 작품을 발표했는데, 그 책은 음핵절제를 당한 여성이 자기 이야기를 썼다는 이유로 금서가 되었다. 최근에 에푸아 도르케누가 『장미 꺾다』를 발표했는데 그 책은 저자가 가나에서 간호사로 일할 때와 런던에 거주하는 동안 목격한 음핵절제 사례를 담은 책이었다. 그녀는 음핵 절제 시술의 희생자는 아니었지만, 런던에 거점을 둔 '포워드'라는 단체를 만들어 음핵절제를 반대하는 운동을 벌였다. 그녀는 음부봉쇄술을 받은 여자들에게 수술과 교육을 해주는 운동을 조직했다. 다시 수술을 받지 않으면 출산시 큰 고통과 위험에 빠지게 되는 여자들을 돕기 위해서였다.

1990년 여성에 대한 모든 형태의 차별 철폐에 관한 협약CEDAW 준수를 감시하는 UN 위원회가 만장일치로 통과시킨 권고안은 여성 성기절단이 여성에게 해롭다고 밝히고 있다. 또한 이 권고안은 여성 성기 절단은 단지 건강의 문제가 아니라 신체에 대한 기본적인 인권을 침해하는 행위라고 비판하고 있다.

비밀스러운 의식에서 국제적 문제로, 건강상의 위험에서 인권을 침해하는 범죄로, 여성 성기 절단에 대한 사람들의 의식은 지난 16년간 크게 진보했다. 그에 관한 연구도 증가했으며 그 연구들은 성기 절단이 이전에 알려진 것보다 더 광범위하게 벌어지고 있다는 것을 밝히기도 했다.

1992년 미국 국제개발국이 미국 의회에 보고한 바에 따르면 '1억 명 이상의 여성이 25개국 이상에서' 이 같은 범죄의 대상이 되고 있다. 이제 이 범죄가 인권을 침해하는 범죄임을 인정받게 되었다. 1979년에 이 글이 처음 발표되었을 때, 성기 절단의 대상이 되는 여성의 수를 삼천만 명 정도로 추정했었다.

지금도 어디선가 많은 수의 여자아이들이 이런 고문을 당하고 있을 것이다. 그것도 그들이 전적으로 의존할 수밖에 없는 사람들의 손에 의해서 말이다. 성인 여성들은 출산과 성교시 그리고 일상 생활에서 고통을 겪고 있을 것이다. 관련 국가 여성들의 운동을 지지하고 이런 관행이 우리가 사는 나라에서 절대 허용되지 않도록 해야 한다. 그리고 성기절단과 다른 가부장적 관습의 연결을 설명할 필요가 있다. 그렇게 해서 우리는 여성 성기에 가해지는 범죄를 소멸시키는 긴 과정에 도움을 줄 수 있을 것이다.

—1995년

2부

세상의 **절반은**

여성

여성의 육체를 찬양하며

아이를 낳기 위해 제왕절개를 한 흉터는
사고나 싸움 때문에 생긴 것과는 차원이 다르다.
그런 흉터들은 폭력이 배제된 용기, 잔인성이 배제된 힘을 상징한다.
그런데도 여자들은 남자들처럼
그런 것을 떠벌리기보다는 숨기려 한다.
다른 어떤 무서운 수술 자국들보다도
제왕절개의 흉터가 내게는 가장 감동적으로 느껴진다.
그런 용기가 어디서 나오는지 알 수가 없다.

남자들은 남들 앞에서 옷을 갈아입을 때나 다른 사람과 함께 샤워를 할 때 아무런 거리낌이 없다. 하지만 여자들은 어떤가?

내 경우에, 고등학교 체육시간에 처음으로 남들 앞에서 옷을 벗게 됐다. 그때는 사람들의 생각이 보수적인 50년대였기 때문에 용감한 여자아이들도 수건으로 몸을 가리고 옷을 갈아입었고, 막 사춘기를 넘어선 보통의 소심한 아이들은 내의를 입은 채로 샤워를 하거나 옷을 벗지 않기 위해 땀으로 끈적끈적해진 체육복 위에 그대로 옷을 겹쳐 입곤 했다.

대학에 들어간 나는 이제 그런 부끄러움을 느끼지 않을 거라 생각했다.

'이제 어른이 되었으니까 모두들 개방적인 생각을 하고 있겠지.'

하지만 이번에는 체육시간이 없었다. 스포츠는 비여성적이며 비지성적인 것이라고 간주되었다. 우리는 그런 핑계를 내세워 서로에게 알몸을 드러낼 기회를 차단했다.

그리하여 나는 최근에 와서야 뒤늦게 그런 경험을 하고, 그것이 예상외로 아주 편안한 경험이라는 사실을 알았다.

나는 약 90명의 다른 여성들과 함께 옛날식 온천에서 며칠을 보냈는데, 그 경험은 단순하면서도 명징한 페미니스트 의식을 불러일으켰다. 그 경험을 통해 나는 자기수용을 통한 힘을 느꼈고, "왜 예전에는 몰랐을까?"라고 후회하기도 했다.

아무것도 안 입는 것보다 몸을 약간 가리는 것이 더 자극적이라는 사실은 누구나 알고 있다. 하지만 (바로 그렇게 약간 가리기 위해 사용되는) 브래지어나 팬티, 수영복 등을 입은 모습이 상업화된 여성의 아름다운 몸매를 떠올리게 하는 건 사실이지만, 그 이미지가 현실의 다양한 여성들에게 모두 들어맞을 수는 없다. 그런데도 사람들은 여성의 몸을 그런 기준으로 재단하려 한다.

온천에서의 경험을 통해 나는 여성의 몸 각각이 나름대로 아름다움이 있음을 알 수 있었다. 온천에서 우리는 더 이상 서로 비교하지 않고 각자를 독특한 사람으로 생각할 수 있었다.

물론 아무도 그런 이야기를 하지는 않았다. 그냥 그런 생각을 하게 된 것이다. 며칠 같이 지내는 동안 우리는 탈의실과 체육실, 수영장, 사우나 등을 돌아다니면서 점점 아주 조그만 실크 속옷이나 몸에 꼭 붙는 다양한 신축성 속옷들을 입지 않게 되었다. 그냥 벗고 있어도 아무 문제 없었던 것이다. 운동복만 입어도 괜찮았다. 몸에 착 달라붙는 운동복은 이상한 속옷처럼 몸을 억지로 누르지 않고 자연스럽게 몸을 감싸주었다. 비키니나 슬립, 거들 등의 옷가지들은 마치 전투가 끝났을 때의 전투장비처럼 서서히 사라져갔다.

"나는 화려한 란제리를 좋아했지요. 그런데 이제 그런 것들이 괴상하게 느껴지는군요."

한 여자가 이렇게 말했다.

"우리 남편이 검은색 가터벨트를 좋아하는 게 바로 그런 이유 때문인 것 같아요. 그게 제일 괴상해 보이거든요."

타월로 몸을 감싼 여자가 덧붙였다.

"주디 홀리데이 얘기 들었어?"

어떤 여자가 땀에 젖은 운동복을 벗으며 말했다.

"그 여자가 영화 때문에 면접을 보러 갔는데 그 스튜디오의 사장이 계속 지분거리더래. 그래서 가슴에 넣은 패드를 꺼내설랑 사장한테 주고는 이게 바로 당신이 원하는 거 아닌가요, 하고 무안을 줬대."

"세상에! 나도 그럴 수 있으면 얼마나 좋을까?"

가슴이 아주 큰 여자가 말했다. 『플레이보이』의 기준으로 보면 자신의 큰 가슴을 좋아했을 테지만 실제로는 그렇지 않은 듯했다.

시간이 지나면서 우리는 맹장수술 자국이나 흉터, 제왕절개 자국에 대해 점점 신경쓰지 않게 되었다. 나는 이제까지 남자들의 흉터는 용기의 표시로 받아들여지고 여자의 흉터는 추하게 생각된다는 데 대해 분개했지만, 여성의 그런 상처들을 남성적인 기준으로 바라보고 있었음을 깨달았다. 내가 흉터를 싫어했던 이유는 그것들이 대부분 결투, 전쟁 등 폭력이 남긴 흔적이라고 생각했기 때문이었다.

하지만 여성의 육체에 난 흉터들은 아주 다른 맥락에서 생긴 것이 많고 오히려 자랑일 수도 있는 것이다. 예를 들어 아이를 낳기 위해 제왕절개를 한 흉터는 사고나 싸움 때문에 생긴 것과는 차원이 다르다. 그런 흉터들은 폭력이 배제된 용기, 잔인성이 배제된 힘을 상징한다. 그런데도 여자들은 남자들처럼 그런 것을 떠벌리기보다는 숨기려 한다. 하지만 여자들은 그런 흉터를 보면서 마치 인생에서 대단히 중요한 일이 일어났던 곳을 바라보는 듯한 감동을 느낀다.

다른 어떤 무서운 수술 자국들보다도 제왕절개의 흉터가 내게는 가장 감동적으로 느껴진다. 심지어 수차례 제왕절개 수술을 해서 아기를 얻는 여성들도 있다. 그런 용기가 어디서 나오는지 알 수가 없다.

어떤 부족들은 출산하는 여성을 전쟁에 참여한 남성 전사만큼이나 명예롭게 대우한다. 하지만 내 생각에는 출산이 전쟁보다 훨씬 더 위대한 일이다. 한 생명을 탄생시키는 것은 땅을 정복하는 것보다 훨씬 존경스러운 일이며, 그 무엇보다도 용기가 필요한 일이다. 그런데 내가 아는 어떤 페미니스트는 제왕절개 흉터를 가리기 위해 항상 원피스 수영복을 고집한다. 또 내가 아는 어떤 위선적인 페미니스트(페미니즘은 좋아하지만 여자들을 싫어하는 여자)는 얼굴에 난 조그만 흉터를 제거하는 성형수술을 받았는데, 덕분에 훨씬 개성 없는 얼굴이 되고 말았다.

우리 몸에 난 상처들은 여성으로서의 공통된 경험과 지나간 과거를 보여 주는 것이다. 부끄럽기보다는 자랑스러운 영광의 상처들인 것이다. 그렇게 생각할 때에만 우리는 자기 자신에 대해 편안하게 느낄 수 있을 것이다.

그렇게 하기 위해서는 자기를 의식하지 않으면서 다른 여자들과 함께 지내는 경험을 가질 필요가 있다. 이제까지 우리가 기준으로 삼아왔던 정형화된 성형 미인의 이미지를 떨쳐 버리기 위해서는 여성의 다양한 실제 모습을 자주 보아야 한다. '이런 외모를 가져야 한다'는 불가능한 목표가 우리 머릿속에 박혀 있다. 그것을 떨쳐 버리려면 많은 여자들의 새로운 모습을 자꾸 보아서 현실의 여자 모습에 친숙해져야 한다.

다음은 내가 뒤늦게나마 그런 경험을 하면서 만난 여자들에 관한 이야기이다.

짧은 머리를 오렌지색 리본으로 묶은 70대의 명랑한 할머니가 비단 느낌이 나는 녹색 타이츠를 입고 있었다. 타이츠는 튀어나온 배를 부드럽게 감싸주고 있었다. 그녀를 보고 있자니 배가 쏙 들어가지 않아도 아름답다는 것을 알 수 있었다. 또한 할머니뻘 되는 여인들이 에어로빅 교실에서 나보다 훨씬 더 유연하게 허리를 구부릴 수 있다는 것도 알 수 있었다.

체구는 작지만 힘세 보이는 젊은 마사지사 아가씨를 만났다. 그녀는 이동식 마사지 테이블을 사서 자기 사업을 하는 게 꿈이라고 했다.

"남자친구의 할머니가 관절염으로 고생하고 계세요. 하지만 제가 매일 한 번씩 마사지를 해드리면 시원하다고 하시죠."

그녀의 마사지는 불면증 환자들을 수면제 없이 잠들게 하고, 근육이 뭉친 환자들의 근육을 풀어주기도 한다. 그녀와 이야기를 나누고 나서 나는 만약 모든 사람들이 하루에 한 번씩 정성어린 마사지를 받는다면 전쟁 따위가 줄어들지 않을까 하는 생각이 들었다. 또 그녀를 보고 다른 여성의 몸을 안마해 주는 것이 자매애적인 만족을 줄 수 있음을 알게 되었다.

스페인어밖에 모르는 여자 두 명이 에어로빅 교실에 새로 가입했다. 같은 탈의실을 사용하는 사람들이 스페인어를 전혀 못 해서 걱정했지만 그들은 신체와 몸짓 언어는 보편적이라는 걸 보여주었다.

내가 일광욕장에 갔을 때의 일이다. 몸매가 완전히 계란형인 여자 한 명이 매일같이 꼿꼿이 앉아서 알몸으로 일광욕을 하고 있었다. 그 모습을 보고 있자니, 여성의 부드러운 가슴과 배의 선만이 부처의 이미지를 제대로 표현할 수 있다는 걸 알 수 있었다.

키가 크고 호리호리한 예쁜 아가씨가 있었다. 체육시간에 도약할 때면 그녀의 다리가 마치 몸에 달린 장식물처럼 흔들거렸다. 반면 나이 많은 여자들은 움직임이 훨씬 부드러웠다. 게다가 음악에 더 적절하게 반응했다. 역시 미모는 한 꺼풀인데 비해, 리듬감은 깊은 관록이 필요하다.

키가 150센티미터 정도밖에 안 되는 오십대의 탈의실 여직원이 매일 아침 5마일씩이나 조깅을 했다.

"옛날에는 남편이랑 같이 뛰었는데, 이제 남편은 그만뒀어요. 차가운 공기가 폐에 안 좋다고 해서요."

우리는 이 온천에 유도 같은 호신술 강좌가 있으면 좋겠다고 이야기했다. 이 여인은 얼마 전 주차장에서 180센티가 넘는 어떤 남자가 벽돌로 자신을 위협한 적이 있다고 했다. 하지만 그의 사타구니를 내질러서 그를 물리쳤다고 했다. 역시 작은 고추가 맵다는 말이 헛말이 아니다.

새로운 체육 강사가 어느 고루한 여자 손님에게 체력검사란 단지 키와 몸무게를 재는 것은 아니라는 걸 납득시키느라 고생하고 있었다. 그런데 온천 관리소측은 건강이나 체력에 관심 있는 건 남자들뿐이고 여자들은 미용과 휴양을 위해서 온천에 온다고 생각하고 있었다. 그래서 여자들이 근육 유연도 검사나 심장혈관 검사를 받기 위해서는 따로 신청하고 추가 요금을 내야 했다. 우리는 그 강사와 함께 이런 부당한 처사에 대해 이야기했고 안팎에서 함께 항의하기로 했다.

말수 적은 검은머리의 키 큰 어머니와 말수 적은 검은머리의 키 큰 딸이 각자의 사회생활에 대해 조용조용 이야기하고 있었다. 하지만 그들은 이야기 없이도 서로 친해 보였다.

괄괄하고 재치있어 보이는 형사 사건 변호사가 자신의 법지식을 다른 여성들을 돕는 데 사용하고 싶다고 했다. 그녀는 벌거벗은 상태에서 평온한 표정으로 우리에게 격언을 하나 던져주었다.

"대부분의 남자들은 아내가 자기보다 못한 직업을 갖기 바라지요."

젊은 미용사가 얼굴 마사지를 해주면서 성형수술에 대한 강의를 하기 시작했다.

"난 모든 종류의 흉터를 봤어요. 유방 확대, 턱주름 제거, 늘어진 얼굴을 당기는 수술, 눈꺼풀지방 제거 등. 지난번에 온 어떤 아줌마는 눈꺼풀 지방 제거 수술이 잘못돼서 눈을 감지 못했어요."

나는 그녀가 이제, 할 일이 없어서 매일 얼굴 고칠 생각만 하는 부잣집 마나님들을 욕하는 말을 할 걸로 예상했다. 하지만 내 예상이 빗나갔다. 그녀는 능숙하게 내 얼굴을 쓸어 올리며 이렇게 말했다. "안된 일이에요. 몇만금을 준대도 내 얼굴을 바꾸진 않겠어요." 나는 숨을 죽이고 다음 말을 기다렸다.

"저는 턱주름제거 수술만 받을 계획이에요."

몇 명의 여자들이 한증막에 앉아 있었다. 모두들 자욱한 수증기 속에서 각자 생각에 잠겨 있었다. 그 중 두 명은 새로 사우나를 시작한 사람들이었다. 하루 이틀이라도 먼저 시작한 여자들이 그녀들을 도와주려고 했다.

"맨 처음에는 제일 아래 벤치에서 시작하세요. 벤치가 하나씩 높아질 때마다 더 뜨겁거든요."

"이 얼음을 이마에 대 봐요."

"처음에는 한 번에 5분 이상 있으면 안 돼요."

각기 다양한 체구와 피부색과 몸매를 가진 사람들이 공동체를 만들어냈다. 그전까지는 서로 알지도 못하던 사람들의 건강을 걱정하는 따뜻한 모임이었다. 우리를 둘러싼 증기가 친근감을 느끼게 만드는 것 같았다.

"혼자 와도 좋지만 다른 여자들이랑 같이 오니까 참 좋네요."

어떤 여자가 말했다.

"어색하지도 않구요."

다른 여자가 덧붙였다.

"좀 당황스러울 거라고 생각했는데 그렇지 않네요."

젊은 여자가 말했다.

"예전에는 이렇게…… 이렇게 다 벗고 여자들끼리 앉아 있어본 적이 없거든요."

그러자 구석에 부처처럼 앉아있던 여자가 웃음을 터뜨렸다.

"백문이 불여일견이라니까."

집으로 돌아오자 몸이 가뿐해진 느낌이었다. 그 동안 카페인도 설탕도 안 먹고 운동한 덕분인 듯 했다. 나는 나보다 젊은 여자들에게 여자들의 알몸을 본 느낌이 어땠냐고 물어보았다. 나보다 젊은 세대는 그런 걸 훨씬 자연스럽게 느낄 거라고 생각하고 있었다. 하지만 젊은 여자들의 반응은 내예상과는 달랐다. 여러 사람들에게 물어 본 결과, 이제는 아무도 샤워실에 속옷을 입고 들어가지는 않지만, 젊은 여자들 대부분은 서로의 몸을 볼 기회가 별로 없다는 것이었다.

"사실 그 온천 같은 장소가 거의 없어요."

어떤 고등학생이 곰곰 생각하더니 하는 말이었다.

"여학생들은 스포츠와도 거리가 멀고 사우나 같은 데 가지도 않거든요. 그러니까 그럴 기회가 없는 거죠."

한편 「미즈」에서는 몇 년 전에 이스라엘로 페미니스트 투어를 간 적이 있었다. 그 때 참석한 편집자들의 말에 따르면 하루는 공중목욕탕에서 저녁을 보낸 적이 있었는데 그 때가 그 여행에서 가장 좋았던 순간 중 하나였다고 한다. 처음 만난 사람들이 그 경험을 통해 여행 초기부터 서로 친해졌고, 여성의 몸이 모두 각각 아름답다는 것을 알게 되었다는 것이다. 이 때 목욕에 참여하지 않았던 여성들은 왠지 뒤처진 듯한 느낌을 받기도 했다.

나는 예전에 그 이야기를 들었지만 그 때는 제대로 이해하지 못했다. 역시 말로 백번 듣는 것보다 한 번 경험하는 것이 더 중요하다. 이제서야 알겠다. 살찐 사람이건 마른 사람이건, 풍만한 사람이건 그렇지 않은 사람이건 우리의 육체는 어느 것도 다른 것보다 못하지 않은, 무지개같이 다양한 스펙트럼 속에 있는 것이다. 있는 그대로 보면 절세 미인과 유방절제 수술을 받은 여성이 그리 크게 다르지 않고 모두들 나름의 독자적인 아름다움을 지니고 있다.

매체가 만들어낸 여성 이미지를 변화시키는 것도 필요하지만 그것만으로는 충분치 않다. 전통적인 성역할과는 조금 다른 일을 하고 있는 남녀-예를 들어 용접하는 여성과 아기 기저귀를 가는 남성-의 사진을 아이들에게 보여주고 나서 몇 주가 지나면, 아이들은 역할을 바꾸어 기억하고 있음이 밝혀졌다. 그런 아이들과 마찬가지로 우리도 현실 속에서 다양한 여성의 모습을 볼 수 있어야만 온전한 여성 이미지를 갖게 된다. 일차원적인 방법은 삼차원적인 문제를 해결할 수 없다.

영화 〈집시〉의 여주인공인 10대 소녀는 스트리퍼가 되고 나서야 자기 몸에 대해 의식하기 시작한다. 우리 역시 그녀처럼 우리 자신과 다른 여성들의 육체를 사회적 무대와 사적인 침실 안에서만 경험한다. 즉 우리 자신의 육체가 고립되어 있을 때, 인공적으로 가공되었을 때, 남성이 우리 몸을 보고 있을 때, 남성의 시선에 의해 평가되기 위해 보여질 때만 자기 몸에 대해 생각하는 것이다.

여자들끼리 자연스럽게 함께 있는 경험을 조금이라도 가져보면 여자들이 모두 한가족인 듯한 유대감을 갖게 되고 그런 경험을 통해 우리 모두가 자기만의 서로 다른 아름다움을 가지고 있다는 것을 깨달을 수 있다.

—1981년

여성의 노동에 대하여

만약 모든 시민의 노동권이라는 더 큰 개념을 사용하지 않고
그 말만 한다면 우리는 언제까지고 일할 권리를 얻기 힘들 것이다.
그렇게 되면 언제나 여성의 독립이란
호황기에나 가능한 사치라는 엉터리 주장을 들어야만 할 것이다.
가장 큰 손실은,
생산적이고 존경받는 노동을 하는 것이
인간의 당연한 욕구이며 또한 인생의 기본적인 즐거움이라는 것을
여성들이 경험하지 못하게 되는 것이다.

1970년대 말, 「월스트리트 저널」은 '일하는 여성'을 주제로 8회에 걸쳐 기사를 연재했다. 내용인즉 여자들이 대거 임노동 인력으로 투입됨으로써 산업혁명 이래 미국인의 생활에 가장 큰 변화가 일어났다는 것이었다.

하지만 많은 여성들이, 여성이 대거 노동자가 되었다는 것이 새로운 경향으로 제시된다는 것에 대해서, 그리고 일하는 여성이 임노동자로 정의되었다는 것에 대해서 냉소적인 반응을 보였다. 사실 여성들은 항상 일해왔기 때문이다. 여성이 가정에서 하는 모든 생산적인 일의 가치를 대체비용으로 계산한다면 미국의 국민총생산은 26% 상승할 것이다. 그러니까 「월스트리트 저널」은 여자들이, 특히 백인 여자들이 집 바깥에서 일하는 경향이 점점 강해지고 있다고 표현했어야 옳았다. 여자들이 보상이 적고 안정

성은 낮고 위험한 가사노동을 그만두고(집안일 자체가 나쁜 것이 아니고 남성중심 사회가 그 가치를 인정하지 않는 것이 문제라고 우리가 계속 설명하고 있음에도 불구하고) 안정적이고 독립적이며 보수를 받을 수 있는 바깥일을 점점 더 많이 하고 있는 것은 사실이다.

물론 진정한 노동 혁명이 이루어지기 위해서는(자녀양육 등의 집안일을 포함하여) 모든 생산적 노동이 제대로 보상받아야 하고, 남녀의 성역할이 통합되어야 한다. 즉 여성이 바깥일을 할 뿐 아니라 남성도 소위 여자일을 할 수 있어야 한다. 하지만 「월스트리트 저널」을 비롯한 여러 언론에서 호들갑을 떨며 근본적인 변화라고 하는 것은 장기적인 남녀 성역할 통합의 한 부분일 뿐이다. 즉 예전까지는 남자 일이라고 생각되었고 또 실제로 남자들이 독차지했던 임노동 시장으로 여자들이 유입되고 있지만 남자들이 여자일을 하는 경우는 찾아보기 어렵다.

여성 노동 인구는 이미 전체 노동력의 41%를 차지하여 역사상 최고치를 기록하고 있다. 또한 실망실업 인구(일하려는 의지와 필요는 있지만 일자리를 얻지 못해 일자리를 찾는 걸 포기했기 때문에 공식적인 실업 통계에는 포함되지 않는 사람들)의 69%가 여성이고, 여성들의 공식적인 실업률이 남성들보다 훨씬 높다는 사실을 감안하면, 1990년까지는 여성이 전체 노동력의 반을 차지할 것으로 전망된다.[1]

이렇게 여성들이 노동을 통해 독립과 임금을 추구하게 되자, 전문가들은 앞다투어 "왜?"라는 질문을 던졌다. 남성들에게는 거의 하지 않는 질문이

---

1) 그것은 너무 낮게 예상한 것이었음이 밝혀졌다. 1990년 여성이 전체 노동 인구의 57.5%를 차지했다. 미국 노동통계국에 따르면 1990년대에 여성노동인구는 조금씩 증가해가고 있으며 2005년에는 63%에 이를 것으로 예상된다. 그렇지만 언론에서는 자녀 양육을 위해 직장을 떠나는 여성들의 경향에 더 많이 주목하고 있다. 그런 경향은 통계적으로 볼 때 유의미한 현상이 아닌데도 말이다. 양육을 위해 임노동을 쉬는 것은 남녀 할 것 없이 아이를 가진 부모는 누구나 선택할 수 있는 것이어야 한다. 특히 노동시간의 유연화와 직장 탁아 시설이 없는 상황에서는 더욱 그렇다.

었다. 남성의 경우에는 생존과 개인적 만족을 위해서 당연히 직업을 가져야 한다고 여겨진다. 그래서 오히려 일을 하지 않는 남성을 이상하게 생각한다. 남성은 일을 하지 않을 때만 사회학적 연구의 주제나 기삿거리가 된다. 어떤 남자들은 너무 부자여서 일을 할 필요가 없거나 일거리를 얻지 못해 일을 못 하고 있는데도 "왜?"라는 질문을 던지고 이유를 설명하려고 애쓴다. 하지만 여자들의 경우에는 반대의 현상이 일어난다. 여론조사 하는 사람들이나 사회학자들이 여성이 집밖에서 일을 하는 것이 집안의 경제사정이 어렵기 때문이라는 것을 증명하기 위해 무척 애를 쓴다. 돈 버는 남편이 있는데도 계속 일을 한다면 가족을 위해 더 많은 것을 사고 싶어하기 때문이라고 설명한다. 또는 남근 선망이라는 구닥다리 심리학 이론을 끌어들여 설명하기도 한다.

입사시험 면접관들과 가족들까지 아직도 직장 여성에게 그 "왜?"라는 질문을 던지고 있다. 특히 어린아이가 있거나 '남자들 일'이라고 알려진 직업을 가지고 있을 때는 그런 질문을 받을 가능성이 더욱 커진다. 때로는 직장에서 "당신같이 참한 아가씨가 왜 이런 데서 일해요?"라고 깔보는 투나 책망하는 투로 말하는 것도 들어야 한다.

직장에서 일을 하는 것이 무슨 특별한 이유나 필요 때문이라고 전제하는 이 질문들에 우리는 어떻게 대답하는가? 아이가 있건 없건 우리가 직장에 다니는 것이 남편이 직장에 다니는 것처럼 당연하다고 당당히 주장하는가? '여자답지 못하다'라는 말을 들을지 모른다는 두려움 없이 자신이 가진 포부를 털어놓을 수 있는가? 여자들이 남자들 일자리를 빼앗고 있다고 불평하는 남자들을 만날 때, "당신은 남자들을 실업으로 내몰고 있어요." 또는 "자식들 생각은 안 하나 보죠." 따위의 비난을 받을 때 일자리를 갖는 것은 기본적인 인권이라고 간단하게 반박할 수 있는가?

유감스럽게도 그렇지 않은 때가 많은 것 같다. 우리는 "일할 수밖에 없으니까 일하죠."라고 방어적으로 답변한다. 그것은 개인으로서나 운동집단으로서나 전술적으로 좋지 않은 대응이다. 우리는 공격을 받으면 아직도 경제적 필요와 가족을 위해서라는 이유를 대며 수동성과 희생이라는 여성적 태도를 취한다. "일할 수밖에 없으니까."가 가장 편한 대답인 것이다.

사실 남녀 가릴 것 없이 지속적인 노동의 동기는 경제적 필요이다. 통계는 그 점을 명확히 보여주고 있다. 1976년에 여성노동력의 43%가 독신 여성이거나 남편과 사별한 사람, 별거 또는 이혼 상태에 있는 여성이었고, 자신과 가족의 생활비를 벌기 위해 일하고 있었다. 그리고 21%는 남편의 임금이 4인 가족 최저생계비인 연 1만 달러 이하인 경우였다. 게다가 남자들이 연금, 주식, 부동산 등의 재산을 가지고 있는 경우가 많다는 사실을 고려한다면, 남자들보다 여자들 쪽에 '일할 수밖에 없는' 사람이 더 많을 것이라고 짐작할 수 있다. 그러므로 "당신은 이 일자리가 꼭 필요합니까?"라고 질문을 하려면 여성이 아니라 남성에게 해야 하는 것이다.

그러나 '일할 수밖에 없으니까'라는 논리에는 약점이 있다. 첫째로 그것은 현실과 잘 맞지 않는다. 정부의 생활보호 지원금에 의존하는 생활이나 장래가 불안한 의존 생활을 경험한 사람이라면 누구나 실업수당보다는 노동의 대가로 사는 편이 훨씬 좋다는 걸 알고 있다. 하지만 의존성과 두려움이 증가할수록 스스로 일하겠다는 의지와 자신감은 줄어든다. 그리하여 실제로 ('일할 수밖에 없으니까'의 논리와는 달리) 연간 삼천 달러를 버는 남편을 가진 여자가 만 달러 이상을 버는 남편을 가진 여자보다도 취직을 하는 경우가 더 적다..

그리고 직장에 다니는 기혼여성들 중 가족 총수입이 연 2만 5천 달러에서 5만 달러 사이인 사람의 비율이 가장 높다. 어떤 사회학자들은 이같은 통계를 근거로 어떤 가족이 중산층이나 상류층으로 상승하는 데 여성노동이 대단히 중요한 역할을 한다고 주장한다. 즉 여성의 수입으로는 주로 사치품을 사거나 여윳돈을 마련한다는 것이다. 이런 주장은 여성이 가족 안에서도 부차적인 존재로 여겨지게 하며 경기가 어려워지면 여성의 일자리는 내놓아도 된다고 생각하게 만든다. 우리 여성들 역시 여성이라고 해서 먼저 해고되기 전까지는 이런 해석을 수긍하는 경향이 있다. 그렇게 하면 생계부양자로서 남편의 체면을 세워줄 수 있기 때문이고 여성의 직장생활에 대해 안전한 '여성적인' 변명을 할 수 있기 때문이다.

그러나 직장 생활을 함으로써 얻을 수 있는 보상들 중에는 우리가 입으로 잘 말하지 않는 것들이 많다. 프랜신 홀과 더글러스 홀은 『맞벌이 부부』라는 책에서 다음과 같이 지적하고 있다.

"자발적으로 직장 생활을 하는 여성은 설사 그녀가 하는 일이 단순 육체노동이라 해도, 전업주부보다는 생활에 더 만족한다."

개인적인 만족감뿐만 아니라 사회적 이익을 위해서도 각 구성원들의 능력을 모두 활용할 필요가 있다. 만약 남녀를 불문하고 '일할 수밖에 없는' 사람에게만 일자리를 준다고 상상해보자. 즉 부부 중 한 사람만 직장을 가질 수 있게 한다고 생각해보자. 우리는 평등고용위원회의 의장인 엘리노어 홈즈 노튼 같은 여성의 뛰어난 능력을 사장시키고 싶어하지 않을 것이다. 그녀는 지금 콜럼비아 주 하원의원으로 활동하고 있는데, 그 때문에 그녀의 남편이자 저명한 변호사인 에드워드 노튼이 일을 그만두어야 할 것인가? 평균적으로 남자가 여자보다 두 배 정도 많은 수입을 얻기 때문에 맞벌이 부부는 아내 쪽이 일을 그만두기가 쉽다. 하지만 수백만의 간호사, 교사, 비서 들이 일을 그만두면 이 나라가 어떻게 되겠는가? 그런데 아내가 남편보다 수입이 더 많은 경우에도 남편이 직장을 그만두지는 않는다.

이와 같이 전 사회적인 인력 낭비를 야기하는 사고방식 때문에 대공황 기간 동안 수백만의 미국인들이 실업의 고통을 겪어야 했다. 그 당시에는 가구당 한 직장의 논리가 타당해 보였지만, 결과적으로 여성들만 해고되었다. 여성들은 비참하게 남성에게 의존할 수밖에 없었고, 미국이 필요로 하는 여성들의 재능마저도 사장되게 되었던 것이다. 2차대전이 발발하자 인력난이 닥쳤고 다시 여성들이 직장으로 돌아왔다. 1946년, 의회는 이런 경험을 바탕으로 완전고용의 의미를 재해석하게 되었다. 즉 완전고용이란 공식적으로 "그들의 고용이 필요한가 여부와 무관하게, 일하고자 하는 의사가 있는 모든 이들을 고용하는 것이며, 이 목표는 남성과 여성 모두에게 평등하게 적용된다."고 해석되었다. 이제 다시 불황이 다가오니 우리 여성들에게는 이 목표가 전보다 더욱 절실하게 느껴진다. 오늘날 여성들은 이중의 굴레에 묶여 있다. 강해지도록 요구받고 있는 동시에 다른 한편에서는 강하다고 비난받는다.

정부든 시민이든 1946년의 완전고용 정의를 약화시키는 것은 약자 집단을 위험에 처하게 할 것이다. 직장을 잃을 경우 경제적 어려움에 처할 뿐 아니라 자부심과 이 세상에 무언가 공헌하면서 살아가는 기회도 잃게 되는 것이다. 이것은 실직한 용접공뿐 아니라 교외에 사는 중산층 주부에게도 적용되는 사실이다.

하지만 '일할 수밖에 없으니까' 라는 수동적인 방어 논리를 포기하기가 쉽지는 않을 것이다. 자녀와 손자들까지 정부보조금으로 먹여살리느라 힘겨워하는 여성 노인은 직장 있는 남편이 있는데도 식당 종업원으로 일하는 이웃의 주부를 보고 화를 낼지도 모른다. 그러면 (그녀의 남편이 아니라) 그 식당 종업원은 죄의식을 느낄 것이다. 하지만 우리가 의사와 능력이 있는 모든 이들이 일자리를 가질 수 있어야 한다는 원칙을 확립시키지 않는다면, 그래서 한 가구당 한 명씩만 취로사업에 배정시키는 정책이 만들어진다면, 그 노인에게도 손해다. 그 노인와 그녀의 딸은 둘 중 누가 취로사업으로 돈을 벌어와야 하는가 하는 고통스러운 선택을 해야 하고, 온 식구가 한 사람의 임금에 목을 매야 하기 때문이다.

일할 권리가 인권의 하나라는 것은 남녀 모두에게 적용되는 원칙이다. 하지만 현실적으로 여성들이 그 권리를 얻기 위해서는 많은 투쟁이 필요하다. 남성들의 발기불능 증가부터 스테이크 가격 상승까지, 모든 것이 '일하는 여성'(임노동을 하는 여성)이 늘어났기 때문이라고 이야기되었다. (발기불능의 남자가 증가한 것은 고혈압 약 복용 때문일 수 있다는 것이 밝혀졌다. 그리고 스테이크 가격 상승은 에너지 비용 상승과 쇠고기 수입 제한 때문인 것으로 밝혀졌다. 여성들이 더 싼 고기 덩어리를 가지고 오랜 시간 요리하기를 싫어하기 때문이 아니었다.) 만약 노동을 모든 시민의 자율과 개인적 성취를 위한 권리로 보지 않는다면, 우리는 계속해서 누구에게 더 일자리가 필요한가를 따지는 논리의 희생물이 될 수밖에 없다.

여러 가지 의미에서, 생존을 위해 일해야 하는 건 아니지만 직장 생활을 선택하는 여성들은 모든 여성의 일할 권리를 주장하는 전선의 선봉에 서 있다. 우리는 부자 남편을 가진 여자들을 비난하고 깎아내리기 쉽다. 상속받은 재산이 많은 여자를 깎아내리는 것은 더욱 쉬운 일이다. 일반적으로 상속 재산을 관리하고 이득을 얻는 건 남자들인데도 말이다. (또 '록펠러 자매기금'이나 'J.P. 모르건과 그 딸들' 같은 회사는 없다. 거기서 부를 소유하게 되는 사람은 그 딸들과 결혼해서 권력을 차지하는 사위들이다.) 하지만 부자 남편이나 아버지를 둔 여자는 자기 스스로 생활비를 벌어보지 않았고 자기 생계를 책임질 수 있다는 자신감을 가질 수도 없기 때문에 자기 힘으로 획득하지 않은 권력에 집착하게 된다. 그뿐 아니라 자신이 가진 재능을 영영 잃어버리기 쉽다.

페미니스트들은 속물주의에 대한 역편향 때문에 부잣집의 아내나 딸들과 연대하지 못했던 것 같다. 하지만 옛날에도 부유층 여성들 중 몇몇은 계급의 한계를 극복하고 여성참정권 운동에 자금을 지원했다.

대부분의 여성들이 실제로 경제적 어려움 때문에 일하고 있으므로 '일할 수 밖에 없으니까'도 진짜 이유가 되기에 충분하다. 그러나 만약 모든 시민의 노동권이라는 더 큰 개념을 사용하지 않고 그 말만 한다면 우리는 언제까지고 일할 권리를 얻기 힘들 것이다. 그렇게 되면 언제나 여성의 독립이란 호황기에나 가능한 사치라는 엉터리 주장을 들어야만 할 것이다. 고용주는 대량 감원이 아닌 다른 대안에 대해서는 생각해보지도 않게 될 것이고 언제든 실직할 수 있다는 걱정은 노동자가 저임금을 받아들이게 하는 수단으로 사용될 것이다. 그리하여 재능있는 여성들이 그 재능을 실현하지 못하고 의존적인 존재가 되는 것은 가족이나 나라에 커다란 손실이 될 것이다.

가장 큰 손실은, 생산적이고 존경받는 노동을 하는 것이 인간의 당연한 욕구이며 또한 인생의 기본적인 즐거움이라는 것을 여성들이 경험하지 못하게 되는 것이다.

—1979년

남성의 말, 여성의 수다?

여자들이 하는 말 대부분은
남자가 이야기하도록 고무하고, 남자에게 질문하고,
남자 쪽이 응할 때까지 계속 여러 주제들을 꺼내보고,
남자가 꺼낸 주제에 관심을 표시하기 위한 것들이다.
여자들은,
재미있는 이야기를 계속 해야 목숨을 건질 수 있는
아라비안 나이트의 세헤라자데와
같은 처지라고 할 수 있다.

한때 (몇 년 전) 심리학자들은 인간이 의사소통하는 방식이 주로 개인의 성격에 따라 다르게 나타난다고 생각했다. 성별에 따라 어떤 특정한 대화 스타일이 비교적 공통적으로 나타나는 것은 (예를 들면 남성은 추상적이고 공격적인 대화를 하는 반면, 여성은 사적이고 모호한 스타일로 대화한다) 생물학적 구조가 성격에 미친 영향 때문이라고 주장했다.

의식적이건 아니건, 페미니스트들은 처음부터 이런 주장에 도전해왔다. 60년대에 우리는 전쟁의 부당함과 인종 차별, 계급문제 등에 대해 사람들에게 이야기하면서 커다란 교훈을 얻었다. 그것은 남성과 똑같은 단어를 사용하여 똑같은 방식으로 이야기하는 여성들의 말에는 사람들이 귀를 기울이지도 않고, 그 말을 진지하게 받아들이지도 않는다는 사실이었다. 우리가 이러한 현실 때문에 겪는 좌절에 대해 이야기하자, 사람들은 더욱 우리 말에 귀를 기울이지 않았고 안 보이는 곳에서 조롱하기까지 했다. 우리는 여성 모임을 통해 우리 모두가 같은 문제를 겪고 있다는 사실을 알았다. 그리하여 초기 의식화집단들은 남성의 방식보다 더 협조적이고 덜 전투적인 대화 방식을 고안하게 됐고, 그것은 많은 여성들에게 도움을 줬다.

하지만 이 새로운 대화 방식을 여성들만 사용한다는 게 문제였다. 새로운 대화 방식은 많은 여성들이 서로를 이해하고 행동 전략을 세우는 데 도움을 주긴 했으나, 남성 문화가 깊이 배어 있는 공적인 연설이나 발언은 전혀 변화시키지 못했다.

기존의 말하기 방식에 대한 도전이 10년쯤 늦어진 데는 그럴 만한 이유가 있었다. 먼저 어휘 자체를 바꿀 필요가 있었기 때문이다. 예를 들어 인류 mankind, 그 he, 동포애 brotherhood of men, 정치가 stateman 등 포괄적인 의미의 단어에서 여성은 배제되어 있다. 뿐만 아니라 나이든 여성도 "소녀" girls라고 칭하거나 이름만으로 부르는 경우가 많고 남성과의 관계에 따라 달리 부른다.

우리 자신과 우리 경험에 관련된 어휘를 교정하고 새로 만드는 것도 어려운 일이었지만(그리고 지금도 어렵지만), 대화의 정치를 연구하는 것은 더 어렵다. 사회에 널리 퍼진 대화 유형들을 정리하기 위해서는 비용이 많이 드는 조사와 연구가 필요하다. 하지만 어휘가 내포하는 성차별주의를 정리하고 대안적인 어휘를 찾아내는 것은 그리 어렵지 않다. 한 용기 있는 여성 학자와 사전 한 권으로 충분했다. 알마 그래햄은 선구적인 작업을 통해 『양성평등 언어 지침서』를 출간했다. 그런 작업이 먼저 이루어진 것은 경제적인 이유 때문이기도 했다.

대화의 정치에 대한 연구가 지연된 또 다른 이유는 페미니즘과는 별 관계가 없다. 소위 자기주장 훈련이란 게 오랫동안 인기를 끌었기 때문이었으니까. 대부분의 여자들이 좀더 자기주장을 강하게 할 필요는 있지만, 자기주장 훈련은 기존 게임의 규칙을 바꾸는 것이 아니라 그 게임을 더 잘할 수 있게 하는 것이었다. 성차별적 어휘에 반대하는 것은 남자들에게도 행동의 변화를 요구하는 것이었지만, 자기주장 훈련은 혁명이 아니라 개량을 목표로 하고 있었다. 즉 여성에게만 변화를 요구했던 것이다. 그것은 남성의 의사소통 방식을 효과적인 유일한 모델로 인정하는 셈이었다. 그런 훈련의 결과 많은 여자들에게 도움이 되었고 남자들도 자기 주장이 강한 여자를 많이 만나게 되었다. 그러나 남성의 방식을 따라함으로써 기존의 남성중심적인 게임을 미화하는 역효과를 낳기도 했다.

그 후 미국과 유럽의 몇몇 페미니스트 학자들이 남녀의 대화 유형을 관찰, 기록하는 연구를 하게 되었다. 그리고 전통적인 학자들도 페미니즘의 영향을 받아 대화 방식을 권력과 환경의 함수 관계로 파악하기 시작했다. 예를 들어 고용주는 주제를 제시하는 반면 종업원들은 고용주가 제시한 주제에 대해 이야기하는 경향이 있고, 나이든 사람들은 젊은 사람들보다 말 사이에 끼어들기를 잘 하며, 상사보다는 부하 직원의 대화 방식이 공손하다. 이와 마찬가지로 여성 역시 계급이나 지위에 관계없이 힘이 약한 집단의 대화 습관을 모두 가지고 있다.

페미니즘적 연구가 기존 학문의 남성중심적인 편견을 모두 교정하려면 아직도 갈 길이 멀다. 예를 들어 기존 학문에서 말하기는 중요하고 적극적인 행동으로 간주되지만 듣기에 대한 연구는 이루어지지 않았다.

그러나 이제 많은 연구들이 남녀 대화 방식의 차이를 파악하고, 남성중심적 대화 모델의 약점을 지적하며, 여성과 남성 모두를 위한 대안적인 말하기, 듣기 방법을 제시하고 있다.

I

독자 여러분은 여자가 남자보다 말이 많기 때문에, 다른 건 몰라도 토론에서는 유리하다고 생각하는가? 실제로 그렇게 생각하는 사람들이 많다. 언어의 성차를 연구하는 학자들은 바로 이러한 가정에서 출발했다. 사실 페미니스트들도 여성들이 행동하는 힘이 부족하기 때문에 행동 대신 말로 문제를 해소한다고 설명하곤 했다.

그러나 호주의 페미니스트학자 데일 스펜더는 「남자가 언어를 만들었다」라는 글에서 수다에 대한 연구들을 개관하고는 이런 결론을 내렸다.

"결과는 고정관념과 완전히 다른 것이었다. …… 여성이 남성보다 말이 많다는 증거를 제시하는 연구는 단 한 편도 없었지만, 남성이 여성보다 말을 많이 한다는 것을 시사하는 연구는 많았다."

그녀의 연구에 따르면, 개별적으로 녹음한 것, 텔레비전에 등장하는 남성과 여성의 대화, 남녀 혼성집단(그 중에는 남녀 의원들의 모임도 있었다)의 대화를 녹음한 것, 혼성 집단에서 여자들에게 훨씬 익숙한 주제를 가지고 토론한 기록 등 모든 기록에서 실제로 여성보다 남성이 말을 더 많이 했다. 예를 들어 런던에서 열린 성차별과 교육이란 주제의 워크샵에서 다섯 명의 남성은 32명의 여성 동료들보다 더 많은 말을 했다.

연인 사이인 남녀의 대화에서 남자가 말을 적게 하는 것처럼 보일 수도 있지만, 스펜더의 조사를 보면 남녀 일대일의 상황에서 여자들이 하는 말 대부분은 남자가 이야기하도록 고무하고, 남자에게 질문하고, 남자 쪽이 응할 때까지 계속 여러 주제들을 꺼내보고, 남자가 꺼낸 주제에 관심을 표시하기 위한 것들이다. 그리고 남자들의 침묵(지배 집단 구성원의 침묵)이 꼭 경청을 의미하는 것은 아니다. 그것은 화자에 대한 거부, 자기를 드러내지 않겠다는 의지, 그 대화가 가치 없다는 판단 등을 나타내기도 한다. 여자들은, 재미있는 이야기를 계속 해야 목숨을 건질 수 있는 아라비안 나이트의 세혜라자데와 같은 처지라고 할 수 있다. 아니면 여자들의 말은 단순히 자기 행동을 설명하고 정당화하기 위한 것일 수도 있다.

게다가 집단의 토론에서나 연인 사이의 대화에서나 말을 중간에 끊는 사람은 대부분 남자들이다. 남자가 여자의 말을 끊는 건 괜찮지만 여자가 남자의 말을 중단시키면 사회적 처벌을 받아야 하는 경우가 많다. 또 여자들이 서로의 말을 끊을 때보다 남자가 여자의 말을 끊을 때가 더 많다.

그리고 혼성 집단에서는 남자들이 대화의 주제를 결정하는 경우가 많다. 노동계급 가정에 대한 어느 연구에 따르면, 여자들도 정치나 스포츠 같은 '남성적인' 주제들에 대해 남자들과 함께 이야기하고 남자들도 집안일 같은 '여자들 이야기'를 하긴 하지만, 엉뚱한 이야기를 하는 사람을 놀리거나 야단치는 사람은 주로 남자들이다. 예를 들면 앞에서 말했던 런던의 성차별 워크숍에서도, 여성 참여자들의 구체적인 경험은 무시되고 남성들이 제시한 추상적이고 일반적인 주제가 주로 토론되었다. 즉 거기 참석한 몇 안 되는 남자들이 모든 여자들의 말하는 방식을 규정했던 것이다.

그렇다면 여자들이 말이 많다는 믿음은 어떻게 생겨났을까? 어떻게 해서 수많은 사회학자들이 말많은 여자라는 가설을 받아들이게 됐을까? 또 어떻게 해서 심지어 매맞는 아내도 자기가 말이 많아서 남편에게 맞았다고 생각하게 됐을까?

진실을 말하자면 이렇다. 사람들은 여자들이 하는 말의 양을 남자들의 그것과 비교했던 게 아니라, 여자들이 입을 다물었으면 하는 바람 때문에 여자가 말이 많다고 생각하게 된 것이다.

사실 여자들이 말이 많다는 고정관념을 깨기는 쉽지 않다. 그러기 위해선 우리가 입을 다물어야 하기 때문이다. 따라서 이 문제에 대한 학문적인 연구들은 우리가 말로 표현하지 못했던 생각들을 대신 이야기해주므로 대단히 중요한 것이다.

하여튼 실제로는 상황이 이런 형편이니 때로 모임이 있을 때 우리가 연설이라도 할라치면 마치 합창단에서 쫓겨난 솔로 가수처럼 당황하는 게 당연하다. 또 오랫동안 생각을 말하지 않고 머릿속에 저장해왔으니, 실제로 말할 기회가 생겼을 때 침착하지 못하게 더듬거리는 것도 당연하다.

자기 느낌을 누르고 추상적인 단어로 강력하게 자기 주장을 펼치는 '남성적인' 방식을 따라함으로써 남들에게 인정받으려 하지 않는다면, 말해야 할 것을 말하기가 훨씬 쉬워질 것이다. 존중받고 인정받을 수도 있을 것이다. 자신이 어떻게 보일지를 너무 많이 의식하지 않고 사람들의 평가를 두려워하지 않으면 말하는 내용에 집중할 수 있게 된다.

흔히 말하는 여자들만의 '직감'이라는 것도 실은 남의 말을 잘 듣는 습관 때문에 생긴 것이다. 우리는 그러한 경청의 능력을 계속 유지해야 하고 남자들에게도 가르쳐야 한다. 그러기 위해서는 우선 우리가 먼저 경청의 가치를 잘 인식하고 있어야 한다. 남자들이 남의 말을 주의깊게 듣도록 만들기 위해서는 여자들도 적극적인 대화 방식에 익숙해져야 한다. 대화 주제를 제시하고 필요한 순간에는 끼어들 줄도 알아야 한다는 것이다. 그리고 우리가 대접받기를 원하는 대로 남성을 대접해주어야 한다. 그렇게 하면 남성도 우리처럼 정직하게 의사소통하는 능력을 개발하고, 언젠가는 그들도 '직감'이라는 걸 가지게 될 것이다.

자, 이제 대화의 균형을 회복하기 위한 실천적인 방안들을 이야기해보자. 저녁 식탁이나 회의장에서 대화를 녹음해보라(물론 참석자들이 의식하지 않도록 녹음의 이유는 숨기는 게 좋다). 그런 다음 동일한 집단에게 그 테이프를 들려주고는 여성과 남성이 말한 시간과 말 중간에 끼어든 횟수, 대화의 주제를 꺼낸 회수 등을 계산해 보라. 아니면 대화 중에 참석자들에게 포커칩을 나눠주고 말할 때마다 칩을 하나씩 내놓는 방법을 써도 좋다.

말을 거의 하지 않는 사람이 침묵을 깰 수 있도록 하기 위해서 모임을 시작할 때 모든 사람이 한 번씩 말하도록 하는 것이 좋다. 이것은 의식화집단에서 사용하는 방법으로, 자기 소개를 하라고 하거나 모든 참가자가 어떤 질문에 대답하도록 하는 것이다. (영국 노동당이 태어날 수 있었던 것은 각 분파의 대표들이 한 시간 동안 더 큰 방으로 회의 테이블을 함께 옮긴 덕분이었다고 한다. 함께 어떤 일을 함으로써 개인의 고립감을 깨뜨릴 수 있었던 것이다. 그와 마찬가지로 모두 한 번씩 이야기하도록 하는 것은 모든 사람이 편하게 말할 수 있는 분위기를 만들어준다.)

만약 이런 방법들을 쓰기에는 준비가 부족하거나 당신에게 그만한 권한이 없다면, 혹은 특정한 한 사람에게만 사실을 설명하고 싶다면 내가 위에서 언급한 연구결과에 대해 토론하는 것도 한 가지 방법이 될 수 있다. 만약 한 사람이 말을 거의 하지 않는다면 당신이 그 사람에게 직접 말을 걸어보라. 한 사람이 지나치게 다른 사람들의 말을 가로막는다면, 당신이 직접 그(녀)의 말을 반박하거나, 말을 가로막거나, 그(녀)가 말한 시간을 재서 알려주거나, 무시하라. 만약 누군가가 당신 말의 허리를 자른다면, 미소지으며 조용히 말하라.

"이번이 처음이니까 그냥 넘어가는 거예요."

같은 실수를 세 번 이상 하면 그땐 가만 있지 않겠다는 말도 덧붙여라. 성공적인 주제를 끌어낸 사람에게 점수를 주고 성별로 합산하라. 그리고 대화가 끝나면 그 점수를 공표하라.

강연 후 질문과 논평을 하는 사람이 대부분 남자들이라면 그 사실에 대해 이야기하라. 그러면 모든 사람이 새로운 것을 깨닫게 될 수 있다. 남녀가 섞인 청중 중에서 남자들만 주로 이야기하는 경향이 있으므로 어떤 페미니스트 강사들은 여자들만을 위한 질문 시간을 따로 배정하기도 했다.

경청이 적극적 행위라는 것을 인식시키기 위해서 여성 연사와 남성 연사의 발언 내용에 대해 질문을 해 보라. 그러면 특이한 사실을 발견할 것이다. 남자들은 여자가 말한 내용보다 남자가 말한 것을 더 잘 기억하는 경우가 많다. 여자들도 남자 말을 더 잘 기억하지만, 남자들에 비하면 여자들은 남녀 모두의 말을 더 잘 듣고 더 많이 기억한다.

자신의 행동을 점검해보라. 당신은 혹시 여자가 말하고 남자가 듣는 상황에서 불안해지지 않는가? 만약 당신이 남자가 듣는 상황에서 이상하게 불편함을 느낀다면 다음과 같은 연습을 시행하라. 즉 우선 계속 말하려고 노력하라. 그리고 당신의 여자친구들도 그렇게 하도록 북돋워 주라.

여자들을 대하듯이 남자들도 정직하게 대하고 존중하라. 그러면 남자들도 무엇인가를 배울 수 있게 될 것이다.

II

다음은 사람들이 흔히 갖고 있는 고정관념이다.

1. 여자는 남자보다 자기 자신에 대해서 많이 이야기하고, 사적인 이야기를 많이 하며, 다른 사람들에 대해 험담하기를 좋아한다.

2. 남자는 남자들끼리 이야기하는 것을 좋아하는 반면, 여자는 남녀가 함께 이야기하는 것을 좋아한다.

3. 여자 연사들과 여성문제가 무시되는 이유 중의 하나는 여자들이 말하는 스타일 때문이다.

독자들도 짐작하겠지만 실제 증거들은 이 세 가지 고정관념들을 반박하고 있다. 예를 들어 사회심리학자 엘리자베스 에어리스는 혼성집단과 단성집단의 대화 주제들을 녹음한 결과, 여성집단보다도 남성집단의 토론에서 자기 자신에 관한 이야기가 더 많이 나온다는 사실을 발견했다. 또한 남자들은 우월성과 공격성을 과시하기 위하여 자기를 언급하는 경우가 많은 반면, 여자들은 다른 사람의 이야기에 대한 감정적 반응을 함께 나누기 위해 자기를 언급한다.

이 나라에서 가장 경험 많은 인터뷰 진행자 중 한 사람인 필 도너휴는 남성과 여성의 문화적 차이를 이렇게 요약한다.

"여자들이 모여 있을 때 어떤 여자가 '나 오늘 차에 치였어.' 라고 말하면, 다른 여자들은 '설마! 진짜? 어디서 그랬니? 지금은 괜찮아?' 라고 물어보지만, 남자들끼리 있을 때 어떤 남자가 '오늘 차에 치였어.' 라고 말하면 곧 다른 남자가 '그래? 나한테는 무슨 일이 있었는지 이야기해 주지.' 라고 반응한다."

그리고 혼성집단에서는 남자가 말한 주제가 여자가 제안한 주제보다 채택될 가능성이 더 높기 때문에, 혼성집단 내에서 여자는 다른 여자들과 이야기하기보다 남자들과 이야기하게 되기가 쉽다. 따라서 혼성집단은 여자들의 생활과 관심보다 남자들의 생활과 관심에 대해 더 많은 이야기를 나눈다고 결론지을 수 있다.

한편 에어리스를 비롯한 여러 사람들이 수행한 조사연구에 따르면, 여자들은 인간관계에 대해서 이야기하는 경우가 많다. 남자들은 그런 사람 사이의 관계에 대한 이야기를 가십거리라고 보고, 여자들은 사생활에만 관심을 갖는다고 말한다. 하지만 다른 사람의 약점을 이용하여 자기를 과시하는 게 '가십'의 특징이라고 하면, 남자들은 여자들보다 훨씬 더 가십을 좋아한다고 해야 한다. 강사들은 종종 여성 청중이 실생활과 관련된 실제적인 질문을 하는 반면, 남자들은 집단이나 정책에 대한 추상적인 질문을 한다고 말한다. 주제가 페미니즘일 경우, 여자들은 주로 실제적인 문제를 제기하는 반면, 남자들은 예를 들어 "하지만 페미니즘이 미국 가족에 어떤 영향을 미칠까요?" 식의 질문을 한다.

주로 여성 청중을 상대하는 도너휴는 이런 말도 했다.

"토론 프로그램 방청객 중에 남자가 한 사람이라도 끼어 있으면 전 약간 불안해집니다. 여자들은 질문을 한 후에 대답을 기다리지만, 남자들은 일방적으로 연설을 하려고 하는 경향이 있거든요. 제가 프로그램을 진행하는 도중에 어떤 남자가 벌떡 일어나 '당신이 무슨 말을 하는지 이해가 잘 안 되는군요. 그 문제에 대해서는 제가 답변하죠.' 라고 말하고 나서는 한바탕 연설을 해댄 적이 많아요."

또한 에어리스에 따르면 여성집단의 토론 스타일은 여러 사람이 돌아가면서 이야기를 주도하는 협동적인 스타일이다. 그것은 '순서를 잘 지키는' 여자들의 의식적 무의식적 습관 때문일지도 모르지만, 아무튼 그 결과 여자들은 자기도 말을 하고 경청받을 수 있는 여성집단 내에서 이야기하기를 더 좋아한다. 남성집단에서는 비교적 안정된 위계구조가 세워지고 한 명 또는 몇 명의 화자들만 떠들어대는 경향이 있다.

그러니까 남자들이 혼성집단을 더 선호하는 것이 당연하다. 여자들과 함께 있으면 말할 기회를 더 많이 가질 수 있을 뿐 아니라, 최소한 비경쟁적인 청중의 주목을 얻을 수도 있는 것이다.

여성은 대체로 부드럽게 말한다. 여성적인 형용사를 선택하고 문법을 지키려고 노력하며 실례되지 않는 말을 골라 쓰려 한다. 하지만 이 모든 것들은 비판받아왔다. 언어학자 로빈 라코프에 따르면, 여성은 어린 시절에는 '숙녀답게' 말하도록 교육받는데, 자라면 바로 그 이유 때문에 말이 설득력 없다는 평을 듣는다(하지만 라코프도 여성의 대화방식이 비효율적이며 남성의 대화방식이 규범에 따르고 있다는 전제를 가지고 있는 듯 하다). 사회학자 알리 혹스차일드는 여성을 비롯한 소수집단이 살아남기 위해 무식한 척 위장하거나 다른 사람 말에 계속 맞장구를 치는 대화방식을 채택했다고 말한다.

하지만 여성의 이야기 방식이 진짜로 문제가 있는지는 차치하고, 사람들이 종종 여성이 말하는 내용이 아니라 방식을 이유로 그 여성의 말을 비난하고 거부해왔다는 증거가 있다.

예를 들어 여성 연사들은 걸핏하면 "중요한 지적이긴 하지만, 당신은 주장을 효과적으로 전달하지 못하고 있군요." 따위의 말이나, "당신 말은 지나치게 공격적이군요(약하군요, 시끄럽군요, 조용하군요)." 식의 말을 듣는다. 이런 식으로 남성 정치가들은 여성 정치가들의 진지한 메시지를 거부하며 남편은 아내의 말을 무시한다.

이런 식의 비난을 사용해 여성 후보자들이 제기한 문제들도 일축해버린다. 지난 해에 뉴욕의 벨라 압죽과 코네티컷의 글로리아 새퍼가 출마했을 때, 두 사람은 개인적인 스타일 때문에 상원의원이 되기에는 부적합하다는 말을 들었다. 압죽은 '지나치게 공격적이고 과격해서,' 새퍼는 '너무 숙녀답고 조용해서'가 그 이유였다. 언론은 그들의 스타일을 핵심적인 문제로 삼았고 여론조사기관도 마찬가지였다. 결국 두 사람은 낙선했다.

남자들이 '건설적 비판'이라 부르는 이런 식의 비난에는 세 가지 이상한 특징이 있다. 첫째, 여성의 메시지가 남성의 권력에 도전하지 않을 때는 이런 비난이 가해지지 않는다. (가정을 지키려고 갖은 애를 쓰는 여성이 독하다고 비난받는가? 또 남녀평등 헌법수정조항에 반대하는 필리스 쉴라플리가 지나치게 공격적이라는 말을 들은 적이 있는가?) 둘째, 비판자 자신은 그 여성의 주장에 동의한다고 주장하는 경우에도 그 비판에 실질적인 지원이 동반되는 경우는 없다(여성정치인 후보들은 그들의 기금 모금 방식을 비판하는 사람은 많지만 실제로 돈을 기부하는 사람은 적다고 말한다). 마지막으로, 거의 모든 사람이 여성의 말하는 방식에 대해 비판할 권리가 있다고 느낀다(어린 학생들은 여교수들의 강의 스타일을 비판하고, 종업원들은 여사장의 스타일을 비판한다).

남자들은 집단 내에서 여성이 제기한 어떤 대화 주제보다도 더 중요한 새로운 주제가 있다고 생각한다(그 새로운 주제란 것이 이미 어떤 여성이 제기했던 것이고, 남성이 다시 도입한 것이라 해도 마찬가지다). 또 여성의 관심사보다 더 중요한 정치 문제가 항상 있다고 생각한다. 그와 마찬가지로, 남자들은 여자들의 대화방식보다 더 훌륭하고 효과적인 다른 방식이 있다고 생각한다.

그래서 남자들은 '우리가 올바른 방식으로 지원을 요청하기만 한다면' 그들도 우리를 도울 것이라고 말한다. 이것은 피해자를 비난하는 것일 뿐 아니라 피해자가 자기 탓이라고 생각하게 만드는 대단히 교묘하고 효과적인 방법이다.

이런 고정관념을 타파하기 위해서는 어떻게 해야 할까? 모임을 가질 때 가십이나 자기 이야기 회수를 측정해서 남녀 비율을 계산해보는 것도 교육적인 방법이 될 수 있다. '-화(化)'로 끝나는 말이나 사건과 주장을 일반화하는 말을 쓰지 않기로 해보자. 그러면 남자들이 포괄적인 결론으로 위장하지 않고 자신의 개인적 생각을 말하는 데 도움이 될 것이다. '이건 그냥 내 생각인데……' 같은 말이나 자신을 낮추는 말을 못 하게 하는 규칙을 정해두면 여자들이 자기 생각에 자신감을 갖는 데 도움이 될 수 있다.

개인적인 연습으로는, 구체적인 예를 들어 모호한 추상화를 반박하는 연습을 해볼 수 있다. 예를 들어 데이빗 서스킨드와 저메인 그리어가 텔레비전 토크쇼에 나왔을 때, 데이빗은 여성이 달마다 겪는 감정 변화를 일반화해서 말하며 사이비과학 이론을 늘어놓았다. 하지만 저메인은 당당하게 말했다.

"말해봐요, 데이빗. 당신은 내가 지금 월경중인지 아닌지 알 수 있나요?"

이 말로 그녀는 그가 제기한 여러 의심을 일소했을 뿐 아니라, 쇼가 진행된 나머지 시간 동안 그의 호전적인 대화방식을 꺾어놓았다.

남자들도 남성지배 문화가 남성에게 강요해온 일반화와 경쟁심을 깨뜨리기 위해 노력하고 있다. 어떤 남자들은 남자들만의 의식화 그룹에서 모임을 가지면서 좀더 개방적이고 친밀하게 의사소통하는 법을 배우고 있다. 또한 남자들은 여성과 소수 집단이 노동 시장에 많이 진출함에 따라 다양한 스타일에 익숙해져가고 있다.

여자들 역시 그 동안 스스로 만들어온 장애물을 부수기 위해 노력하고 있다. 여자는 여자들끼리 이야기하는 것을 이성과 대화를 나누는 것보다 더 좋아하는데, 그 이유는 여자들끼리는 비슷한 경험을 갖고 있어서 무슨 이야기를 하든 서로 금방 알아듣기 때문이다. 뿐만 아니라 대개 약자 집단은 힘있는 자들에 대해 잘 알고 있지만 힘있는 자들은 약자들을 잘 알지 못한다. 흑인은 살아남기 위해 백인을 이해해야 했고 여성은 남성을 잘 알아야만 했다. 하지만 지배 집단은 약자 집단을 이해할 수 없는 존재라고 간단히 생각해 버려도 된다. 이해할 수 없는 '타자'라는 생각은 권력의 불균형을 정당화하기 위해서도 필요하다. 그리고 피지배 집단에게 감정을 이입하지 않기 위해서도 필요하다.

그 결과, 지배집단이 피지배집단의 말을 듣고 싶어할 때조차 타자는 말하기를 포기하게 된다. 자기 말을 잘 이해하지 못하는 사람에게 무언가를 설명하기란 정말 골치 아픈 일이기 때문이다. 이와 같이 서로에 대해 알고 있는 정도가 다르다는 것을 인식하고 있으므로 여자들은 남자에게 자기 자신에 대해 이야기하려고 하는 것이다. 남자들이 자기 이야기를 하는 시간만큼 여자들도 자기 이야기를 하려 하는 것이다. 그러나 남자들은 우리 마음을 이해하지 못한다.

스타일의 문제에 있어서는 역할 바꾸기가 도움이 될 수 있다. 예를 들어 어떤 여자가 공격적이라고 비난하는 남자가 있다면, 그 남자에게 숙녀처럼 말하면서 심각한 정치 문제에 대해 자기 주장을 펼쳐보라고 하라. 여자 정치인 후보자가 여성답지 않다고 비난받는다면 비판자들에게 여성답게 연설문을 한 번 써보라고 하라. 남자들을 이해시키려면 남자들과 똑같이 반응하는 것도 유용하다. 감정을 전혀 담지 않고 연설을 하는 남자에게 이렇게 말해보라.

"중요한 지적이긴 하지만 당신 주장을 좀더 잘 표현할 필요가 있겠군요. 개인적인 예를 들어보는 게 어때요? 어휘의 선택이나 타이밍을 바꾸는 게 좋겠어요. 옷차림도 바꾸는 게 나을 듯한데……"

마지막으로, 말로 하는 것이 모두 실패하면 똑같은 메시지를 글로 써보라. 듣는 사람이 메시지와 그것의 전달 매체를 분리해서 생각하지 못할지라도, 핵심은 메시지를 이해시키는 것이다.

III

여성의 고음과 남성의 저음은 생리적인 차이 때문이다. 그런데 항상 굵은 목소리가 권위 있고 신뢰감 있다고 여겨지기 때문에 여성이 불리하다. 그 밖에도 여성은 표정이 풍부하기 때문에 가벼운 인상을 준다. 물론 목소리의 높이는 부분적으로 성대의 구조와 골격의 공명에 의해 결정되는 것이다. 여성과 남성의 목소리는 높이에서 겹치는 부분이 많은데도 우리는 모든 남성의 목소리가 모든 여성의 목소리보다 낮다고 생각한다.

그런데 우리의 목소리가 형성되는 과정의 문화적인 측면에 대해서는 별로 알려진 바가 없다. 변성기 이전의 어린 소년들을 연구해보면 목소리가 상당히 낮다는 것을 알 수 있다. 그들은 주위의 성인 남자들의 목소리를 흉내내고 있었던 것이다. 데일 스펜더가 인용한 연구에 따르면, 벙어리는 아니지만 귀머거리로 태어난 남자들을 연구한 결과, 당연하게도 그들은 남자 목소리를 흉내내지 않았다. 그뿐 아니라 일부는 변성기도 겪지 않았다.

하지만 생리적 요소와 문화적 요소의 결합보다 더 중요한 사실은, 적절한 목소리 높이는 문화적으로 결정되고 따라서 변할 수도 있다는 것이다.

예를 들어, 일본에서는 전통적으로 여성의 부드러운 고음을 매우 중요한 관능적 속성으로 간주한다. (여론조사를 해보면 대부분의 일본인들이 여성의 목소리가 가장 매력적이라고 응답한다.) 그래서 일본 여성들은 남성이 없는 자리에서는 조금 더 낮은 목소리로 말하기도 하고 다른 언어를 사용하기도 하지만, 남성이 있을 때는 고음의 목소리만 내려고 애쓴다. (어떤 기자가 일본 여학생들의 대화를 녹음한 것이 화제가 된 적이 있었다. 공식적으로 남녀 구분이 분명한 언어를 가지고 있는 그 나라에서 여학생들이 남자들이 쓰는 단어와 의미를 사용했기 때문이다.) 일본 남자들이 높은 목소리에서 매력을 느끼는 것은 목소리 자체가 매력적이기 때문이 아니라 그것이 전통적 종속을 의미하기 때문이다.

몇몇 미국 여성들 역시 마릴린 먼로 스타일의 높고, 어린애 목소리 같고, 속삭이는 듯한 목소리를 내려 애쓴다. 여자가 전화를 받을 때 그녀의 목소리를 들으면, 통화 상대가 남자인지 여자인지를 금방 알아차릴 수 있다. 여자와 통화할 때는 목소리를 조금 높이고, 남자에게는 낮은 목소리로 말하기 때문이다.

하지만 여성이 권한 있는 역할을 맡으려고 할 때는 어린애 같은 목소리, 여성적인 목소리가 약점이 된다.

그래서 한동안 TV 방송국이 여기자들의 목소리가 너무 높아서 신뢰감을 줄 수 없다는 이유로 여기자들을 기용하지 않았다. 지금도 남자 목소리는 심각한 뉴스를 보도하는 데 어울리지만, 여자들의 목소리는 말랑말랑한 뉴스에 적합하다는 평을 받고 있다. 텔레비전 역사의 초기에만 해도 여자들이 담당할 수 있는 프로그램이 일기예보 정도로만 국한되어 있었다. 하지만 기상학과 기상도가 인기를 끌자, 남자들이 그 자리를 차지했다.

현재 텔레비전 광고의 85%에서 해설하는 목소리로 남자 목소리가 이용된다. 여성용품의 경우에도 마찬가지다. 마루를 닦는 왁스나 세제 광고를 할 때도 여자의 목소리보다 남자 목소리가 훨씬 전문가답고 신뢰감 있게 들린다는 것이다.

그러나 장기적으로 보면 남자들도 손해를 본다. 언어학자 루스 브렌드의 연구에 따르면, 여성은 보통 4음계를 사용하는 반면 남성은 3음계만 사용한다. 이런 현상은 생리적 차이 때문이 아니다. 남성도 생리적으로는 4음계를 사용할 수 있지만 평소에 제일 높은 음을 잘 사용하지 않기 때문에 이런 현상이 나타나는 것이다. 그리하여 여성은 필요에 따라 높은 음과 낮은 음을 모두 쓸 수 있지만 남성은 높은 음은 쓰지 못하게 된다. 또 피지배계급은 지배계급을 흉내낼 수 있지만 그 반대는 어렵다. 즉 여자들이 바지를 입거나 흑인들이 백인처럼 옷차림을 하고 말하는 건 가능한 일이지만, 남자들이 여자 옷을 입거나 백인이 흑인의 말투나 행동거지를 흉내내기는 어렵다. 특히 남성이 여성의 말투를 흉내내는 건 더더욱 어려운 일이다. (상류 계층에서는 여장 쇼를 즐기기도 한다. 하버드의 헤이스티 푸딩 클럽이나 캘리포니아 보헤미안 그로브의 큰 부자들이 여장 파티를 열기도 하는데 그런 예외가 보여주는 것은 여성을 웃음거리로 삼으며 흉내내는 것조차 보안을 유지하며 조심스럽게 해야 한다는 것이다. 그런 일은 노동 계급의 볼링장이나 술집에서는 일어나지 않는다.)

남성은 '남성성'을 유지하는 대가로 다양한 말투나 풍부한 감정을 표현하는 능력 등을 잃어버린 것이다. 그리고 무미건조한 남성의 말투를 자주 듣는 일은 일반 국민들에게도 그리 유쾌한 일이 아니다.

마찬가지로 신체를 이용한 표현에 있어서도 여성이 훨씬 유리하다. 여성은 풍부한 표정과 제스처를 쓸 수 있다. 반면 남성은 바위처럼 과묵해야 한다. 그래서 감정과 표정이 풍부한 남성은 그런 믿음 때문에 자유롭게 표현하지 못한다.

여성의 풍부한 표현력은 여성이 감정적으로 불안정하다고 폄하하는 데 이용되기도 한다. 낸시 헨리는 『몸의 정치학: 권력과 성 그리고 비언어적 의사소통』에서 다음과 같이 말했다.

"여성은 표정이 풍부해서 남성에 비해 다양한 감정을 표현할 수 있다. 그런 감정들은 정형화된 여성 이미지에 해당하는 것들이다. 명랑함뿐 아니라 잘 우는 것 같은 부정적인 것도 포함된다."

남자들은 우는 것이나 다른 감정적 표현을 어린 시절에 그만두어야 했지만 여자들은 그런 능력을 모두 가지고 있기 때문에 어린아이 같다고 평가될 때가 많다.

그러나 여성은 다양한 감정 표현 능력 덕분에, 말로 하지 않는 표현을 볼 때 그것을 더 잘 알아차린다. 헨리가 인용한 연구에 따르면 모든 인종의 여성들과 흑인 남성들은 보통 백인 남성에 비해 비언어적인 표현이 암시하는 것을 더 잘 이해한다. 여자들은 자기 감정을 철저히 통제하는 바위 같은 가면에 갇혀 있지 않으며 다른 사람에게 주의를 기울이는 법을 생존 기술로 익혀왔기 때문이다.

여자들은 자신이 가진 감정 표현 능력을 높이 평가하고 그것을 확장할 필요가 있다. 자기 감정을 표현하고 그에 대한 반응을 얻는 방법을 알지 못하는 남자들도 표현 능력을 개발해야 할 것이다.

우리가 성대를 바꿀 수는 없다. 하지만 성대를 더 잘 쓸 수는 있다. 여자들끼리 이야기하는 걸 녹음하고, 그 다음엔 그 여자들이 남자와 이야기하는 걸 녹음해보라. 그렇게 하면 우리가 일본 기생 목소리 같은 목소리로 말하고 있는지 아닌지 금방 알아낼 수 있다. 어떤 여자들은 낮은 음을 거의 쓰지 않고, 어떤 여자들은 특히 진지하게 보이고 싶을 때 단조로운 억양으로 말한다. 녹음된 목소리를 들어보면, 남자들의 목소리 역시 때에 따라 다르다는 걸 알 수 있다. 남자들끼리 이야기할 때면 음이 단조롭지만 아이들에게 말할 때는 음폭의 변화가 크다. 남자 배우, 여자 배우 할 것 없이 많은 배우들은 인간의 목소리가 얼마나 많이, 얼마나 금방 바뀔 수 있는가를 보여주는 산 증거이다.

가장 중요한 점은 여성의 목소리는 절대 잘못된 것이 아니라는 사실이다. 여성의 목소리는 어떤 주제나 감정도 다 전달할 수 있다. 이는 홍일점 여성들에게 특히 중요한 사실이다. 법대나 경영대에 입학한 최초의 여학생이나 이사회, 의회 등에 진출한 최초의 여성들은 맨 처음에는 자신의 목소리 자체가 충격적인 것이었다고 말한다. 그것은 강의실에서 토론에 적극적으로 참여하고, 정책에 관해 강력한 주장을 내세우고, 노조 회합에서 주장을 펼치는 데 있어 큰 장애물이었다. 그런 여성의 목소리가 진지하게 받아들여지기까지는 꽤 긴 시간이 필요했다.

비디오 카메라는 우리의 비언어적 표현을 이해하고 변화시키기 위한 중요한 수단이 될 수 있다. 우리가 다른 사람들에게 어떻게 반응하는가를 보여주는 확실한 증거를 보는 것은 여러 해 동안 정신치료를 받는 것보다 더 유용할 수 있다. 남자들과 소년들은 제스처 게임을 하거나 아이들과 노는 것을 통해 표현 능력을 개발할 수 있으며, 여자들과 소녀들은 스포츠를 통해 몸의 움직임을 자유롭게 할 수 있다. 또 여자들은 앉을 때나 서 있을 때 몸을 세우고 많은 공간을 차지하려고 의식적인 노력을 기울일 필요도 있다. 여자들하고만 있을 때 편하게 사용하는 몸짓을 남자가 있을 때도 사용하려고 노력해야 한다. 많은 여자들이 여장 파티를 보면서 도움을 얻을 수 있을 것이다. 여장 파티를 보면 우리가 여자로 분장하기 위해 훈련받아온 것이 어떤 것인지 알 수 있다.

여하튼 핵심은 한 성의 문화적 스타일이 다른 성의 그것보다 우월하지는 않다는 사실이다. 말하자면 여성적인 대화 방식은 무대예술이나 의사의 진찰, 분쟁 해결 등에 더 적절할 수도 있다. 여성은 감정 표현, 조심스런 경청, 상대의 품위를 존중하면서 반대하는 방법 등을 개발해왔기 때문이다. 또 남성적인 스타일은 지시, 위계적인 명령이 필요한 외과 수술 등의 상황, 구직 면접에 유리할 수도 있다. 남성은 직선적이고 추상적인 사고, 빠른 명령, 자신있게 주장하는 능력을 개발해왔기 때문이다. 하지만 만약 우리 여성들이 남성의 스타일을 모방하려고만 한다면 인간이 지닌 다양한 가능성을 실현할 수 없을 것이다. 우리는 한편으로는 남성으로부터 배우고, 다른 한편으로는 남성을 가르쳐야 한다.

말하고 듣는 것에서 실현되는 권력을 공격하는 것은 문화의 혈관을 바꾸는 일이라 할 수 있다. 그 관을 통해 이야기가 서로 전달되고, 장기적으로는 인간의 변화도 이루어질 수 있다. 그러므로 말하고 듣는 것의 정치학을 공격하는 일은 매우 급진적인 행위이다. 문자나 시각 이미지 등 우리가 직접 나타날 필요 없는 의사소통 형식과 달리, 말하기와 듣기에서는 우리를 숨길 수 없다. 글, 그림, 소리를 통해서는 성별을 드러내지 않을 수도 있고 남녀 구별이 어려운 이름을 써서 우리를 보호할 수도 있다. 그러나 말하기와 듣기에서는 그럴 수 없다. 우리는 자신을 온전히 드러낸 채로 여러 감각을 사용하여 이해받고 신뢰받기를 요구하는 것이다.

말하고 듣는 방식을 변화시키기 어려운 이유가 바로 이 때문이다. 하지만 꼭 변화시켜야만 하는 이유도 바로 그것이다.

—**1981년**

에로티카와 포르노그라피

우리의 자유의지와 힘을 발견함에 따라
우리는 섹스에서 주도권을 가지고
쾌락을 경험하게 될 것이다.
그런데 이런 성혁명을 위한 투쟁에서
주력군은 여성들이어야 한다.
가장 중요한 문제는
우리의 자유이고 우리의 안전, 우리의 삶,
우리의 쾌락이기 때문이다.

사랑을 나누고 있는 사람들을 상상해보라. 실제로 섹스를 하고 있는 모습 말이다. 아마 저마다 다른 모습을 떠올리겠지만, 공통적으로 다음과 같은 것들을 지니고 있을 것이다. 두 사람 모두의 즐거움, 애무와 따뜻함, 서로의 몸과 신경을 온몸으로 느끼는 듯한 느낌의 공유, 육체적 쾌락의 공유, 두 사람이 자발적으로 그것을 '원하기' 때문에 거기 있게 되었다는 것.

이제 강제와 폭력, 또는 불평등한 권력이 포함된 섹스를 상상해 보라. 아주 노골적인 것을 떠올릴 수도 있다. 예를 들면 채찍질, 쇠사슬로 묶기, 고문과 살해, 그런 행위의 명백한 증거가 되는 큰 상처와 멍, 어른이 권력을 이용해서 어린이를 성적으로 학대하는 것 등이다. 그리고 불평등한 권력이 잘 드러나지 않는 것도 있을 수 있다. 즉 계급이나 인종, 권위를 이용하는 것이나 정복자와 희생자의 위치를 시사해 주는 체위로 이루어지는 것도 그런 섹스에 포함될 수 있다. 한 사람의 몸은 완전히 드러나고 무력한 상태에 놓여 있는 반면 다른 사람은 옷으로 무장하고 있는 경우도 마찬가지다. 옷을 벗은 정도가 다른 것에서도 불평등이 미묘하게 드러난다. 여성만 옷을 벗고, 보이지 않는 관람자에게 완전히 노출되어 그를 즐겁게 해 주기 위해 애 쓰는 것도 마찬가지다. (흥미롭게도 여성만 보이는 때에도 우리는 그 여성이 자신의 쾌락을 위해서 거기에 있는지 그렇지 않으면 다른 사람에게 보여지기 위해 있는지 알 수 있다.) 그러나 노골적이든 미묘하든 거기에는 평등한 권력이나 상호성은 없다. 긴장과 극적인 효과를 가진 섹스는 많은 경우 불평등을 내포하고 있고, 그런 긴장과 극적 효과는 바로 한 사람이 다른 사람을 명백하게 지배하고 있다는 생각에서 나온다.

이처럼 두 종류의 이미지는 매우 다르다. 사랑과 강간, 품위와 굴욕, 동반자 관계와 노예 상태, 쾌락과 고통이 서로 다른 것과 마찬가지다. 그러나 그 두 종류의 섹스는 혼동되고 뒤섞인다. 위험천만하게도 섹스와 폭력은 서로 얽혀 있고 혼동되고 있다. 남성 지배를 유지하기 위해서는 폭력과 위협이 필요하기 때문이다. 그리고 남녀가 친밀하게 만날 때, 서로의 인간다움을 인정할 위험이 아주 높을 때 그 위협이 절대적으로 필요하다.

이처럼 섹스와 폭력을 뒤섞어버리는 모습은 모든 형태의 새도매저키즘에서 아주 명백히 드러난다. 이성과 성적 느낌을 공감할 수 있는 능력이 결여되어 있어서 성관계에서 고문을 행하는 사람 또는 살인까지 저지르는 사람은 고통이나 죽음이 피해자의 자연적 운명이라고 믿고 있을 수도 있다. 그들은 피해자가 친밀함이나 관심을 조금이라도 받고 있으므로 고통을 겪거나 자유를 박탈당하는 것으로 그 대가를 치르는 것이 당연하다고 생각한다. 이런 사람들은 자존감이 너무나 낮고 긍정적인 인간 관계를 경험해보지 못한 이들이다. 그렇지만 매저키스트라 해도 죽음을 바라지는 않을 것이다. 스너프 필름과 최근의 포르노 문학 작품들은 성행위 도중 고문을 받으며 서서히 죽어가는 것이 최고의 오르가슴이고 최대의 쾌락이라고 주장하고 있다. 물론 그것은 여성이 자살을 하는 형태를 취하고 있다. 실제로는 남성의 자살율이 훨씬 더 높지만 남성의 자살이 성적 쾌락을 낳는 것으로 표현되는 경우는 거의 없다.

또한 모든 형태의 대중문화뿐만 아니라 널리 퍼져 있는 심리학 이론, 성행동 이론에서도 섹스는 폭력, 공격성과 혼동된다. 남성의 성욕은 공격적이며, 여성의 성은 공격적인 남성을 향한 욕망 또는 수동성으로 이루어져 있다는 생각이 만연해 있다. 그것은 우리가 살고 있는 남성 지배 사회의 한 부분을 구성하고 있고 우리가 배우는 책들과 우리가 숨쉬는 공기 중에도 있다.

감정을 표현하는 말에도 그와 똑같은 주장이 스며들어 있다. 성과 관련된 표현은 정복과 모욕의 뜻을 담은 것들이다 (따먹다, 몸을 버리다). 그리고 성 관계에서 적극적이거나 성욕을 표현하는 여성은 '암캐'나 '색정증 환자'라고 부른다. 그러나 섹스에서 공격적인 남자는 정상이라고 여겨지고 심지어 경탄의 대상이 되기도 한다. 성에 관한 학술적인 설명도 그런 남녀의 비대칭적 역할을 지속시키는 역할을 한다. 예를 들면 여성이 남성 성기를 '감쌌다'고 할 수도 있는데도 여성이 남성에 의해 '삽입' 당했다고 표현된다.

섹스로부터 공격성, 폭력, 위협을 분리해내는 데는 확실히 아주 오랜 시간이 걸릴 것이다. 그리고 그 과정에서 상당한 저항을 만나게 될 것이다. 섹스를 진정한 섹스로 독립시키는 일은 바로 남성 지배와 남성 중심성의 심장부를 공격하는 것이기 때문이다.

그러나 우리에게는 우리를 이끌어줄 지혜가 있다. 그것은 몸이 가지고 있는 지혜이다. 우리 몸이 고통을 느끼는 것은 손상과 위험에 대한 경고이다. 우리가 어릴 때 가졌던 친밀한 관계에는 고통이 없었다는 것을 생각하면 쾌락은 고통과 무관하다는 것을 알 수 있다. 우리의 자유의지와 힘을 발견함에 따라 우리는 섹스에서 주도권을 가지고 쾌락을 경험하게 될 것이다. 그렇게 해서 남자들이 더 이상 우리를 지배할 수 없게 되면 그들도 협력이 종속보다 더 재미있다는 것을 알게 될 것이다. 섹스 파트너와의 공감이 자신의 쾌락까지 증가시킨다는 것도 알게 될 것이다. 섹스 능력에 대한 불안은 남성성에 대한 고정관념과 더불어 사라질 것이다. 그런데 이런 성 혁명을 위한 투쟁에서 주력군은 우리 여성들이어야 한다. 가장 중요한 문제는 우리의 자유이고 우리의 안전, 우리의 삶, 우리의 쾌락이기 때문이다.

페미니즘의 두 번째 물결이 진행되는 동안 우리는 우선 성폭력과 관련해서 섹스와 폭력을 분리하기 위해 노력했다. 강간은 가해자가 본능을 참지 못해 일으키는 범죄고, 피해자가 가해자의 성충동을 유발했을 수도 있다는 통념에 비판을 가했다. 남편의 구타가 '집안 내의 다툼'으로 분류되고 법적으로도 심각하게 여겨지지 않는 점에 대해서도 비판했다. 그리고 강제 매춘과 성 노예화 같은 범죄가 국내외에서 일어나고 있음을 폭로했다. 아내나 파트너에 대한 남성의 폭력 문제를 제외하면 이런 문제제기는 남자들에게 쉽게 받아들여졌다. 자신들의 소유물인 여성을 다른 남성이 빼앗아가는 것은 처벌하기를 원하기 때문이다. 아직도 여성을 보호해 줄 권력은 여성들의 손에 있지 않다.

여성에 대한 폭력의 예를 살펴보면 우리는 곧바로 포르노그라피를 주목하게 된다. 포르노그라피는 여성에 대한 폭력을 가르치고 정당화하는 것이기 때문이다. 강간과 섹스를 구별했듯이, 포르노 속의 성과 상호적인 성을 분리하는 것이 필요했다. 포르노에서 섹스는 여성을 공격하는 무기로 묘사되고 있고, 그것은 남녀가 자유롭게 선택하는 상호적인 성과는 다르다는 것을 보여주어야 했다.

다행히도 어원에서 지혜를 구할 수 있었다. '포르노그라피'라는 말은 그리스어 '포르네'(매춘부나 여자 포로)와 그래포스(서술, 묘사)를 합친 것이다. 그러므로 포르노그라피의 언어적 의미는 '성을 사는 것을 묘사한 것'이며, 권력의 불균형, 성노예화를 함의한다. 또한 다른 사람의 품위를 떨어뜨리는 행위를 묘사하는 것도 포르노그라피의 정의에 포함된다.

노예는 여성이고 포획자는 남성인가, 그렇지 않으면 아주 드물긴 하지만 그 반대 경우인가와 무관하게 그런 특성이 포함된 것은 모두 포르노그라피라고 할 수 있으며 그렇게 정의해야 한다. 남자가 이른바 여성적인 희생자 역할을 하는 동성애 포르노그라피도 있다. 두 남자가 서로에게 쾌락을 안겨주는 동성애를 묘사한 것은 동성애 에로티카라고 할 수 있다. 역할을 바꾼 포르노그라피도 있다. 거기서는 여자가 남자에게 채찍질을 하거나 고통을 가하지만 중요한 것은 이런 장르가 남자들에 의해 남자들의 쾌락을 위해 만들어졌다는 점이다. 여자들이 여자의 쾌락을 위해 만든 것이 아니다. 그런 것은 남자가 희생자인 '체'하지만 실제적인 위험은 없다. 레스비언 포르노그라피는 여자가 "남성적인" 역할을 하면서 다른 여자에게 고통을 가하는 것이다. 레스비언 에로티카도 있다. 그런데 여자들이 고통을 가하는 역할을 선택하는 경우는 별로 없다. 그 이유는 생물학적 우월성 때문이 아니라 문화적 요인 때문이다. 남성 지배 문화에서는 여자들이 폭력과 지배에 중독될 가능성이 훨씬 적기 때문이다. 그러나 참가자의 성별이 무엇이든 모든 포르노그라피는 남자와 여자, 정복자와 희생자 패러다임을 흉내낸 것이며 거의 모든 포르노그라피가 지배하는 남자와 노예 같은 여자를 보여준다.

1970년 음란물과 포르노그라피에 관한 대통령 위원회의 보고서조차 여성에 대한 폭력과 포르노그라피의 인과 관계를 보여주는 증거를 은폐, 무시했다는 비판을 받았다. 위원회는 포르노그라피를 "여성의 역할과 지위를

격하하고 여성의 품위를 떨어뜨리는 것"을 특징으로 하는 성행동의 시각적, 언어적 묘사라고 정의했다.

간단히 말해 포르노그라피는 섹스에 관한 것이 아니라는 것이다. 포르노그라피는 권력의 불균형에 관한 것이다. 권력의 불균형은 섹스가 공격의 한 형태로 이용될 수 있도록 하고 또 그렇게 이용되는 것을 필요로 한다.

'에로티카'는 섹스와 폭력을 구별하는 데 유용한 용어이다. 섹스와 폭력을 구별할 수 있게 됨으로써 성적 쾌락을 구해낼 수 있었다. 그 말의 어원은 그리스어 에로스(아프로디테의 아들 에로스의 이름에서 나온 말로서 성적 욕망 또는 성애를 의미한다)이며 따라서 에로티카의 개념에는 사랑과 공감, 적극적인 선택, 특정한 사람에 대한 갈망 등이 포함된다. 포르노그라피가 매춘부와 관련된 말인 것과 달리 '에로티카'라는 말에서는 성별이 결정되어 있지 않다. (고대 그리스에서는 이성애보다 남성간의 동성애가 더 가치 있다는 생각했고, 그런 믿음 덕분에 '에로티카'라는 말은 권력의 공유를 함축하게 되었다. 하여튼 그 말에는 불균형이 존재하지 않는다.) 에로티카와 포르노그라피는 둘 다 성 행동의 언어적인 재현물 또는 시각적인 재현물을 가리키지만 그 둘의 차이는 문이 열리는 방과 문이 열리지 않는 방의 차이와 같다. 전자는 집이 될 수 있지만 후자는 감옥 밖에 될 수 없다.

문제는 에로티카가 극히 적다는 것이다. 여자들은 자기 삶에서 성애적 쾌락을 추구할 자유, 섹스할 때의 안전성과 권력을 거의 가질 수 없다. 즉 에로티카를 소비할 여성이 없는 것이다. 영화, 잡지, 예술, 책, 텔레비전, 대중문화 등에서도 여성이 영향력을 갖고 있지 못하기 때문에 이런 각각의 영역에서 여성의 쾌락이 그려지기란 더욱 어렵다. 극소수의 남성 작가와 영화감독이 남성적 역할에 대한 사회적 규범에서 벗어난 작품을 만들긴 했지만 여성의 정체성은 찾아볼 수 없었다.

동성간의 섹스에 대한 묘사도 종종 지배-복종 패러다임을 벗어나지 못한다. 현재 어떤 여자들이 평등하고 에로틱한 섹스—남자와 하는 것이든 다른 여자와 하는 것이든—를 그려보려고 노력하고 있지만 그것은 대중 문화 영역에서 이루어지는 것은 아니다.

또한 문제는 포르노그라피가 너무 많다는 것이다. 과거엔 지하에서만 유통되던 이 반여성 선전물의 물결이 이제는 대중 매체의 상업성, 돈에 눈먼 사업체, 여성운동에 대한 반격 등으로 인해 거리와 극장에 흘러넘치고 있다. 심지어 집에서도 그 물결을 피할 수 없게 되었다.

장기적으로 보면 그런 현상은 유용한 것일 수 있다. 여성들은 더 이상 포르노그라피가 존재하지도 않는 것처럼 방관만 하고 있지는 못할 것이기 때문이다. 매일 잡지 표지와 텔레비전에서 여성에게 가해지는 모욕과 고통을 목격하며 살거나, 그에 맞서 싸우는 수밖에 없다. 거의 모든 신문 가판대에서 쇠사슬과 끈에 묶여서 남성 독자들의 시선에 정복당하도록 성기를 완전히 드러내 놓은 여자의 모습을 보게 된다. 또는 상처를 입거나 무릎을 꿇은 모습으로, 실제로 고통스럽거나 고통스러운 척하기 위해서 비명을 내지르는 여자의 모습을 보아야 한다. 모두 여성에게 상처를 입히고 죽이는 것을 즐기는 척하고 있는 것들이다. 이와 똑같은 이미지는 영화관에도 있고, 고급 호텔 방에서도 폐쇄 회로 TV를 통해 출장온 남자 사업가들에게 제공되고 있다. 또 이런 이미지들은 잡지뿐만 아니라 비디오테이프와 케이블 TV를 통해서도 우리의 가정으로 들어온다. 전자 오락 게임에도 밧줄에 묶인 채 미소짓는 여자와 발기한 남자가 등장한다. 그 게임은 여자를 많이 강간하면 할수록 점수가 올라간다. (많은 포르노와 마찬가지로 "카스터의 복수"란 이 게임 역시 성차별적일 뿐 아니라 인종 차별적이기도 하다. 웃고 있는 여자는 인디언 소녀이고 강간하는 사람은 카스터 장군인 것이다.) 여자의 내장을 실제로 꺼내고 결국 여자를 죽이는 스너프 필름은 지하에서 은밀히 거래되고 있다. (그런데 그런 살인 사건이 밝혀진 것은 단 한 건 뿐이다. 그런 살인을 저지른 범인으로 유일하게 체포된 사람은 캘리포니아의 한 영화제작자로, 살해당한 수많은 여자들이 그의 집 부근에 매장되어 있는 것이 발견되었다. '스너프'는 성적 쾌락을 위해 여자를 죽이는 것을 가리키는 포르노 용어다. '살해' 같은 진지한 말은 쓰이지 않는다.) 이렇게 여자를 고문, 살해하는 것을 흉내내는 영화는 아주 많다. "어린 아이 포르노"나 "영계 포르노" 영화와 잡지도 많아졌는데 거기서는 성인 남자가 어린이의 옷을 벗기고 몸을 만지고 성적 학대를 하는 모습을 보여준다. 아버지가 딸을 강간한다는 자극적인 제목을 붙여 놓은 것도 있다. 어떤 "영계 포르노" 잡지는 강간의 신체적인 증거를 남기지 않고 어린 아이를 성적으로 이용하는 요령을 명시적으로 싣고 있다. 거기서 전제되는 것은 아이의 증언은 성인 여성의 증언에 비해 증거로 채택되기가 훨씬 더 어렵다는 것이다. 법정으로 간 어린이 성폭행의 몇몇 사건에서 볼 수 있듯이 그것이 사실이기도 하다.

『플레이보이』와 『허슬러』 같은 잡지들부터 〈러브 게슈타포 스타일〉, 〈목구멍 깊숙이〉, 〈고통스러워하는 천사들〉 따위의 영화에 이르는 포르노 산업을 모두 합하면, 그 매출액은 매년 100억 달러에 이른다. 이것은 일반 영화와 음반 산업 매출을 모두 합친 것보다 많은 어마어마한 액수다. 게다가 영화나 음악에 자주 사용되는 그림도 포르노적이다. 예를 들면 〈롤링 스톤즈에 맞서서 나는 시퍼렇게 멍들었어-하지만 난 좋아〉 같은 음반의 재킷은 여성 살해 이미지를 담고 있다(거의 벌거벗은 흑인 여성이 의자에 묶여 있다). 수백 편의 십대용 섹스 호러 영화들에서 젊은 여자가 가학적인 죽음을 당하고 강간은 범죄가 아닌 성적 흥분인 것처럼 그려진다. 심의 기준을 겨우 통과할 수 있도록 만들어진 포르노와 다름없는 주류 영화와 TV 프로그램도 점점 더 많아지고 있다. 『O의 이야기』나 사드 후작의 작품 같은 '문학'이라는 형식의 포르노그라피도 점점 더 많이 팔리고 있다.

최상의 인기를 누리는 영화와 잡지들 중 절반 정도가 유태인 학살을 정당화하는 나치의 선전을 주제로 삼고 있다면, 우리는 분개하지 않겠는가? 만약 흑인노예 제도를 권고하고 미화하는 KKK단의 선전을 담은 책이 훌륭한 소설이라고 칭찬받는다면 우리는 이에 항의하지 않겠는가? 우리는 그런 인종차별주의 주장은 조직적인 학살과 폭행 등의 행위로 이어지고 그 행위까지 정당화한다는 것을 알고 있다. 폭력적인 영화를 보는 것은 폭력을 더 많이 용납하게 만들고 폭력을 저지를 가능성도 높인다는 사실이 실험 결과 밝혀졌다. 모든 인종의 여성들에 대한 성적인 폭력을 정당화하는 선전물 역시 집단 혐오의 한 형태이다. 그런데 왜 사람들은 포르노에 대해서만은 아무런 위험이 없다고 생각하는 것일까? 포르노는 남성의 공격성을 만족시키는 "안전판"이라고 여겨지기도 한다. 포르노가 없으면 남성의 공격성이 실제로 발휘될지도 모른다는 것이다. 포르노도 폭력을 미화하는 선전물들 중 하나이다. 그런데 왜 그것만은 폭력을 예방하는 것이라고 생각되는 걸까?

첫 번째 이유는 출산과 무관한 '모든' 섹스를 포르노그라피와 혼동한다는 데 있다. 성 행동을 묘사한 것은 무엇이든 포르노 같다거나 음란하다고 말하는 사람들이 있다(음란함이라는 단어는 '더러운'이라는 의미의 라틴어에서 파생한 것이다). 그렇게 말하는 사람들은 섹스의 유일한 도덕적인 목적은 부부간의 생식뿐이라고 주장하거나, 나체나 성에 대한 모든 묘사는 신의 뜻에 어긋난다고 생각한다.

사실상 인간은 임신 가능할 때나 임신이 가능하지 않을 때나 똑같은 정도의 성욕과 쾌락을 경험하는 유일한 동물이다. 다른 동물들은 발정기가 있어 성적 활동이 그 시기에 집중된다. 그러나 인간은 그렇지 않다. 인간은 진화 과정을 통해 언어와 계획, 기억, 발명의 능력을 발전시켰을 뿐만 아니라 성을 표현의 한 형식으로, 생식과 분리되는 의사소통의 수단으로 발전시켰다. 인간에게 있어 성은 유대 관계를 갖고, 쾌락을 주고받고, 상대와의 차이의 간극을 메우고, 공통점을 발견하고, 감정을 교류하는 방법의 하나일 수 있다.

우리는 우리의 환경을 바꾸는 능력을 통하여 이것을 비롯한 인간만의 능력을 개발하고, 환경에 신체적으로 적응하고, 환경을 다시 변화시키고, 다시 적응하고 그렇게 되풀이해서 장기적 볼 때 우리 자신의 진화에 영향을 미치게 됐다. 그런데 다른 동물들로부터 멀어져가는 이런 나선형의 진화 과정을 거친 결과, 인간은 인간만의 능력을 찬양하는 시기와 인간이 스스로 창조한 미지의 세계에서 외로움을 느끼는 시기를 번갈아가며 겪게 됐다. 외로움을 느끼는 시기에는 두려움 때문에 동물 세계의 편안함으로 돌아가고 싶어하고 그래서 존재하지도 않는 인간과 동물의 유사성을 찾아내려 한다.

예를 들면 놀이와 노동의 분리는 인간 세상의 특성이다. 예술과 자연의 차이나 지적인 능력과 육체적인 능력의 구분도 마찬가지다. 그 결과 우리는 놀이와 예술 발명을 더 좋은 것이라고 보고 미지의 세계로 갈 수 있게 하는 중요한 도약이라고 생각한다. 그러나 일시적으로 문제가 생기기만 하면 우리는 인간으로 진화되기 전의 과거에 대한 향수에 젖어든다. 그래서 생존의 기본 조건, 자연, 육체 노동이 더 가치 있고 심지어 더 도덕적이라는 생각으로 돌아가곤 한다.

또한 인간은 성을 임신과 분리된 것으로 발전시켜 왔다. 즉 인간의 성은 쾌락과 공감을 제공하고 인류의 다른 이들과 연결되는 중요한 다리 역할을 해 왔다. 인류는 일찍이 피임법도 만들어냈다. 그것은 우리 조상들이 임신과 출산 과정을 이해한 이후로 어떤 형태로든 계속 존재해 왔을 것이다. 그것은 섹스를 표현의 수단으로 즐길 줄 아는 인간만의 능력을 확장하고 보호하기 위한 것이었다. 그러나 섹스가 임신으로 이어지지 않는다면 또는 이어질 수 없다면 그것은 불완전한 섹스이고 합법적이지도 않으며 신의 뜻이 아니라고 주장하는 격세유전적 의심의 시대도 있었다.

그러므로 에로티카와 포르노그라피의 서로 다른 개념 자체가 혼동되는 것도 놀라운 일이 아니다. 둘 다 섹스를 임신과 분리할 수 있다고 가정하며, 인간의 성은 종족 번식 외의 용도와 목적을 갖고 있다는 전제를 두고 있기 때문이다. 현재·우리의 문화가 에로티카와 포르노그라피 둘 다 똑같이 음란하고 비도덕적이라고 비난하는 이유도 바로 이 때문이다.

임신과 무관한(그리고 아이들을 낳을 수 있는 가부장적 결혼 내에서 이루어지지 않는) 모든 성행위를 이같이 무조건 비난하는 것은 여성운동에 대한 보수주의자들의 반격에서 되풀이되고 있다. 평등권 반대 운동 단체들은 성교육과 가족 계획이 포르노 같다고 하면서 반대하고 있다. 우리 여자들이 진정으로 자신의 성과 출산에 대한 자율권을 갖게 된다면(다시 말해 우리가 우리 몸을 통제할 수 있고 그로써 생식의 수단을 통제할 수 있다면), 가부장제 구조 전체가 전복될 것이라고 두려워하고 있기 때문이다. 그뿐만 아니라 우리가 피임 정보를 우편으로 보내는 것을 중단시키기 위해 음란물 금지법을 이용하려 하기도 했다. 가부장적 결혼 제도 바깥에서 이루어지는 섹스나 나체 등은 모두 그들의 공격 대상이 된다. 실제로 필리스 쉴라플리는 여성운동이 음란하다면서 거부했고, '도덕적 다수' 그룹과 기독교 연합 등의 단체들은 순결과 금욕, 자제 등을 강조하려 애쓰고 있다.

종교계가 아닌 곳에서도 이런 종교적 반격과 유사한 주장이 제기되고 있다. 학계에서도 여성운동을 공격하고 있는데, 그들 주장의 근거는 동물 세계의 "자연적" 행동을 인간에게 그대로 적용한 것이다. 그런 방법 자체도 의문스러운 것이지만 라이오널 타이거 류의 연구들이 어떤 동물을 선택하고 어떤 습성을 강조하는가를 보면 그들의 정치적 목적이 명백히 드러난다. 예를 들어 어떤 영장류 수컷은 새끼를 데리고 다니면서 모든 "엄마 노릇"을 한다. 숫사자들은 어린 새끼들을 보살피며, 코끼리들 무리에서는 암코끼리가 무리를 이끄는 우두머리가 된다. 펭귄 수컷은 알 품는 것에서부터 막 태어난 새끼를 먹이기 위해 자신의 얇은 막을 희생하는 것까지 말 그대로 출산을 제외한 모든 것을 한다. 그런데 많은 남성우월주의자들은 침팬지와 비비 원숭이에 대해 (그것도 동물을 가두어 둔 상황에서 연구된 것을) 이야기하기를 더 좋아한다. 그 동물들은 수컷 지배라 할 만한 행동을 보여주기 때문이다. 남성우월주의 학자들의 메시지는 여성이 그들의 동물적 '운명', 즉 성적으로 의존적이고 새끼를 낳고 기르는 일에 헌신하는 것을 받아들여야 한다는 것이다.

그런 억압 이론을 비판하다 보면, 그와는 정반대로 생식과 관계 없는 모든 섹스가 좋은 것이라고 선언하고 싶은 유혹을 느끼게 된다. 그러나 인간의 성행위는 건설적일 수도 있고 파괴적일 수도 있으며, 도덕적일 수도 있고 비도덕적일 수도 있고, 다른 어떤 것일 수도 있다. 섹스는 의사전달의 수단으로서 너무도 다른 여러 가지 메시지를 전달할 수 있다. 쾌락과 지배, 삶과 죽음, 에로티카와 포르노그라피 등 무엇이든 담을 수 있다.

두 번째 종류의 문제는, 신이나 자연을 근거로 여성의 평등권에 반대하는 이들이 아니라, 스스로가 인류의 자유와 진보의 옹호자라고 믿는 사람들과 관련된 것이다. 그들은 포르노그라피 규제가 사생활권을 침해할 우려가 있다는 반대 주장을 내세운다. 포르노그라피에 대한 공격은 사적인 성행위에 간섭하는 것이며 "성적 흥분을 느끼게 하는 것은 무엇이든 좋다"는 그들의 철학에 위배된다는 것이 주장의 근거이다. 그들은 포르노그라피에 대한 반대는 계급적 편견이라고 주장하기도 한다. 그 주장의 전제는 포르노그라피가 "남자 노동자들의 에로티카"라는 것이다.

주장자들 자신이 포르노를 좋아하므로 포르노에는 문제가 없다는 아주 단순한 논리도 가끔 볼 수 있다. 그러나 이들은 대부분 검열에 대한 염려,

출판의 자유, 언론과 종교의 자유를 보장한 수정헌법 제1항을 내세우거나 그 뒤에 몸을 숨긴다.

그런 자유주의적인 반대 주장은 우익의 반대보다 더 쉽게 반박될 수 있는 것이다. 그들의 논리가 더 현실과 동떨어져 있기 때문이다. 우익은 여성의 독립과 자율권 획득이 가부장제 전체를 전복시킬 것이라고 우려하고 있는데 그것은 사실이다. 그러나 포르노그라피가 사적인 문제라는 것은 사실이 아니다. 단지 남자들이 자기 집 지하실에서 자기 자신의 성적 고민을 해결하기 위해 남성우월주의적인 책을 만들어내고 있다면, 여자들이 슬퍼하거나 기피하긴 하겠지만 괴로움, 격분, 공포를 느끼지는 않을 것이다. 하지만 우리는 신문 가판대에서, 영화관 스크린과 텔레비전에서, 길거리에서, 매일 성적 파시즘을 설교하는 메시지를 만나고 있고, 그럴 때 분노와 두려움을 느낀다. 포르노는 수십 억 달러 규모의 산업인데 그것은 공공 정책의 방향에 힘입은 바가 크다. 현재 포르노의 제작과 판매라는 범죄는 제대로 처벌되지 않기 때문이다. 포르노를 공공연히 전시할 수 있는 지역을 제한한 법규는 시행되지 않고 있고, 성 노예화와 어린이 성 학대를 담은 포르노는 처벌되지 않으며, 가출 소녀에게 강제로 포르노를 찍게 한 것도 경찰에 의해 무시되어 버린다. 남자들의 성적 자극을 위해 고문당하고 살해된 매춘부들은 그들 스스로 그것을 자초했다고 여겨져서 매춘부 살인 사건은 세상에 잘 알려지지 않는다.

사생활의 모든 영역에서 다른 사람들의 권리와 생명과 안전을 침해하는 것은 제한되어야 한다. 따라서 포르노그라피도 제한되어야 한다. 지금 현재 포르노는 거의 아무런 법적 규제를 받지 않는다.

계급적인 편견이라는 반론에 대해서 보자면, 포르노가 교육 수준이 낮은 사람들의 에로티카라고 말하는 것 자체가 말이 안 된다. 어원으로 보나 일반적인 용례로 보나 포르노와 에로티카는 예술성이나 가격만이 아니라 내용에서도 분명히 차이가 있다. 포르노는 지배를 그리고 있으며 고통을 묘사하는 경우도 많다. 에로티카는 상호적인 성을 표현하며 항상 쾌락을 보여준다. 여성에게 감정 이입을 할 수 있는 남성이라면 사진이나 영화 속의 여성의 입장이 되어봄으로써 그 차이를 쉽게 알 수 있을 것이다.

"노동 계급을 위해서" 어쩌구 운운하는 포르노 찬성 자유주의자들은 대개 중상류층이라는 것도 그들의 주장을 더욱 의심스럽게 한다. 물론, 포르노를 보고 즐길 수 있다면 포르노에 별 문제가 없다고 보아야 한다는 것이 남자들이 가진 일반적인 생각이다. 킨제이 이후의 연구물들에 따르면 포르노를 구입하는 사람은 거의 대부분 남자이고 남자들 대다수는 그것을 보고 흥분을 느낀다. 하지만 여자들 대다수는 포르노를 보면 분노와 모욕감을 느낄 뿐 전혀 흥분하지 않는다. 포르노그라피는 아마 여성들이 섹스를 혐오하게 만드는 역할을 할 수도 있을 것이다. 그러나 많은 남자들과 일부 심리학자들은 여자가 지배당하는 것을 보고 흥분하지 않는 여자들을 보고, 여자들이 섹스에 대해 너무 과민하고 금욕적이며 두려움과 불안을 가지고 있다고 분석한다. 그런 남자들은 자신이 반유태주의나 인종 차별적 작품을 즐기므로 그런 것이 별 문제 없는 것이라고 주장하지는 않을 것이다. 문제는 여성에 대한 모욕이 당연하게 생각된다는 것이다. 남성 지배 체제는 남자들에게 여자를 지배하는 것이 정상이라고 가르친다. 포르노가 가르치는 것도 바로 그것이다.

그런데 포르노를 보고 성적 흥분을 느끼는 여성들도 있다. 그들은 다른 여자들이 포르노를 반대하는 것에 대해 화를 낸다. 하지만 그들의 분노는 오해에서 비롯된 것이다. 우리가 포르노에 반대한다고 해서 섹스와 지배가 동의어라고 교육받은 여자들을 비난하는 것은 아니다. 정도의 차이는 있지만 우리는 모두 성차별주의를 내면화하고 있기 때문이다. 그것을 뿌리뽑으려 애쓰고 있지만 말이다. 포르노를 즐기는 여자들이 화를 내는 또 다른 이유는 포르노 반대론자들이 자신들을 폄하한다는 생각 때문이다. 하지만 강간 판타지에 흥분하는 것이 곧 강간당하기를 원하는 것은 아니다. 로빈 모건이 지적하기를, 판타지의 두드러진 특징은 판타지를 가진 사람 자신이 통제력을 행사할 수 있다는 것이다. (남녀 모두 극도의 쾌락 판타지를 갖고 있다. 극도의 쾌락 판타지란 자신은 가만히 있더라도 자신이 원하는 것을 상대방이 알아서 다 해주는 형태의 성애다. 하지만 그때의 수동성은 자기 자신이 바라는 것이다.) 그리고 포르노 반대 운동에 대해 화를 내는 또 다른 이유는, 특히 스스로 페미니스트라고 생각하는 여자들이 분노를 느끼는 이유는, 현재 그들이 느끼는 것과 미래에 가능한 바람직한 것을 구분하지 않는 데 있다. 예를 들어 어떤 여자는 자기보다 키가 크고 몸집도 더 크고 나이도 더 많은 남자에게만 매력을 느낄 수도 있다. 그러나 사랑하고 함께 섹스를 즐기는 남자의 조건을 그렇게 피상적으로 정해두는 일은 남녀의 정형화된 역할 구분이 사라진 좀더 자유로운 미래에는 존재하지 않을 것이라고 생각할 수 있다. 좀더 심각한 경우에는 잔혹하고 거리감이 느껴지는 남자에게 끌릴 수 있다. 그녀가 아직도 잔인하고 냉정한 아버지에게서 사랑받기 위해 애쓰고 있는 중이기 때문에 그런 남자에게 끌리면서도 미래에는 상호적인 관계가 가능하고 더 바람직하다고 생각하는 것이다. 마찬가지로 어떤 레스비언들은 남성적 역할, 여성적 역할을 설정하는 관계를 맺을 수도 있다. 이성애든 아니든 모든 친밀한 관계의 모델은 그것뿐이기 때문이다. 그들은 그런 패턴을 자유롭고 평등하게 선택할 수 있다. 그러나 여전히 그런 낡은 패턴의 문제점을 정확히 알고 있고 그런 관계가 없는 미래를 위해 노력한다. 포르노그라피에 끌리는 여자들은 페미니스트가 될 수 없다는 것이 아니라, 포르노그라피 그 자체가 여성의 안전과 평등에 미치는 영향이 인식되어야 한다는 것이다.

마지막으로 페미니즘의 포르노 반대 운동을 공격하기 위해 수정헌법 1

항, 즉 표현의 자유를 내세우는 주장을 살펴보자. 이것은 가장 그럴듯해 보이고 가장 많이 사용되는 반대 논리지만, 사실은 가장 근거가 취약한 논리다. 우리가 나치나 KKK의 선전물이 출판되지 못하게 해야 한다고 주장하지 않는 것과 마찬가지로, 페미니스트들은 사전 억제령에 의한 포르노그라피의 검열을 주장하고 있지 않다.

그 이유는 첫째, 남성지배 사회에 의해 정의되는 포르노그라피는 (인종차별 사회에서 내려지는 인종차별주의 문헌에 대한 정의는) 사회적 약자에게 더욱더 불리하게 이용될 수 있기 때문이다. 자유롭게 자신의 성을 선택한 게이나 레스비언의 성적 표현이 스너프 필름보다 더 포르노적이라고 간주될 위험이 있다. 또 학교에서 행해지는 성교육이 성적 노예를 강요하는 것보다 더 음란하다고 평가될지도 모른다. 아프리카계 미국인을 공격하는 반면, 유럽계 미국인을 공격하는 발언이 훨씬 더 엄하게 응징될 수 있는 것과 마찬가지다.

그뿐만 아니라 검열이 아무리 적절하게 정의된다 해도 검열 자체가 포르노를 더 지하 깊숙이 밀어넣는 기능을 할 것이다. 그리고 마약 거래의 전철을 밟는다면 지하로 들어간 포르노는 정말 돈벌이가 잘 되는 사업이 될 것이다.

페미니스트들이 검열을 주장하지 않는 가장 중요한 이유는 개인의 권리를 확대하는 것이 페미니즘의 목표이기 때문이다. 수정헌법 1항은 정부의 간섭으로부터 개인의 권리를 보호하기 위한 것이니 여성운동이 이를 반대할 이유가 없다. 아이를 가질 것인가와 언제 가질 것인가에 대해 여성이 결정권을 가져야 한다고 주장하는 것도 개인의 권리 확대라는 목표의 예가 될 수 있다. 포르노 반대 시위를 하고 포르노의 문제점을 다른 사람들에게 알리는 것은 수정헌법 1항을 지키는 행위이며 그것의 정신을 더욱 강화하는 일이다.

지금까지 여성운동가들이 제안한 법적 조치는 다음과 같은 것들뿐이다. 살인, 폭행, 납치 등의 범죄로 고소된 포르노 제작자들을 처벌할 것, 성관계에 대한 동의가 법적으로 유효시되는 나이에 이르지 않은 어린이들을 이용한 사람들에게 실형을 내릴 것, 단속 관리가 받는 뇌물과 포르노 가게 주인에게 내야 하는 엄청난 집세 때문에 제대로 지켜지지 않는 기존의 지역 제한 규정과 다른 법규들을 준수하도록 할 것, 공적 불법 방해 법규를 적용하여 포르노그라피가 공공 장소에 전시되는 일이 없도록 할 것, 미네아폴리스에서 제출된 것과 같은 평등권 법안을 만들 것 등. 미네아폴리스의 법안은 포르노그라피(또는 집단 혐오 작품)의 제작자를 상대로 민사 소송을 할 수 있도록 한 것이다. 포르노그라피가 범죄의 원인이 되었다는 것을 배심원에게 증명할 수 있는 경우에 한해 손해 배상을 받을 수 있도록 한 법규다.[1] 이런 조치들 중 어느 것도 포르노그라피가 출판되는 것을 막을 수는 없다. 검열법의 용어를 써서 말하자면 "사전 억제"가 불가능하다는 말이다. 우리의 제안들 대부분은 포르노그라피를 제작하고 배포하는 범죄에 대해 아무 처벌도 받지 않는 일이 더 이상 계속되지 않도록 하자는 것이다.

이렇게 수정헌법 1항을 내세우는 논리의 근거는 실질적이지 않고 모호하다. 이전의 강간 반대 운동을 몇몇 민권 운동가들이 공격했던 적이 있다. 그들은 강간 반대 법제화가 유색 인종 남자들과 빈민층 남자들만 감옥에 집어넣는 결과를 낳을 것이라고 주장했다. 또 몇몇 주에서 강간죄에 사형을 구형하던 것을 지속시키는 결과만 낳을 것이라고 공격하기도 했다. 포르노 반대 운동도 이제 그와 비슷한 반대에 부딪치고 있다. 그러나 강간 피해자가 전면에 나서기 시작하자 강간범 중에는 빈민층이나 흑인들뿐 아니

---

1) 논란도 많았고 오해도 많았던 이 법안은 미네아폴리스시 의회에서 통과됐지만 시장이 거부권을 행사했다. 다음 책에는 이 법안의 역사가 실려 있을 뿐 아니라 포르노그라피에 관한 연구물들도 요약되어 있다. Franklin Mark Osanka and Sara Lee Johann, 『Sourcebook on Pornography』, Lexiongton, Mass., Lexington Books, 1989.

라 백인 정신과 의사, 교육자, 그 외 전문직에 종사하는 남자들도 많다는 것을 사람들은 알게 되었다. 뿐만 아니라 강간에 대한 가부장적 정의를 폭행의 정도에 관련된 것으로 바꿈으로써 법은 더욱 현실적인 것이 되었다. 그리고 더 잘 집행되게 되었고 강간범에 대한 사형 구형은 없어졌다. 그리고 남자들 또한 성폭행으로부터 보호받을 수 있게 되었다.

포르노그라피를 구입하는 사람들에 대한 통계 자료는 없지만 점원, 영화관 주인, 비디오테이프 장사, 통신판매점 주인 들의 말에 따르면 단골 손님들은 보통 높은 지위, 전문직, 깔끔한 양복, 서류가방, 흰 피부, 중산층 동네 우편번호 등을 특징으로 한다. 진짜 살인 장면을 담은 어떤 스너프 필름이 마지막으로 상영된 것은 매달 포르노 영화 상영을 하는 모임에서였다. 뉴욕의 유명한 법률회사 사장은 친구들을 위해서 정기적으로 그런 자리를 마련했는데 그의 친구들 중에는 변호사와 판사들도 있었다. 그 자리에 있었던 한 사람은 그 영화를 보던 많은 사람들이 "황당"해서 "무슨 말을 해야 할지 몰랐다"고 보고했다. 그러나 아무도 그만 보자고 하지 않았고 그것을 살인 사건의 증거로 경찰에 신고하려는 사람은 더더욱 없었다. 검열에 대한 걱정은 포르노 반대 운동이 검열과 사전 억제를 주장하고 있다고 잘못 알려진 결과이다. 그리고 포르노그라피를 잘못 정의하고 그것을 모두 검열하기를 원하는 우익 집단과 혼동한 결과이다. 하여간 검열에 대해 걱정하는 것은 진실해 보이긴 하지만 그 중 많은 부분은 좌익 우익 연합으로 포르노그라피가 범람하는 기존 질서를 보존하려는 의도를 위장하고 있다. 그들 모두 심리적으로든 경제적으로든 그 거대한 산업에 의존하기 때문이다.

포르노그라피를 둘러싼 주장은 모든 여자는 처녀 아니면 창녀라는 이분법과 비슷해 보인다. 우익의 주장은 순결이나 모성을 그린 것이 아니면 모두 포르노이며, 그렇기 때문에 자신들은 누드 그림 등 도덕적이지 않은 모든 성을 반대한다는 것이다. 반대로 좌익은 섹스는 모두 좋은 것이며 – 남성이 정의할 때에 한에서 그렇다는 것이지만 – 그러므로 자신들은 섹스를 옹호하는 운동을 하겠다고 주장한다. 여성이 피해자가 되는 것을 보면서 위험을 느끼는 여자들과 남성이 가해자인 것을 보면서 스스로의 품격이 떨어지는 것을 두려워하는 남자들 앞에는 긴 투쟁이 기다리고 있다. 남자아이들이 자신의 남성성을 증명하기 위해 여성을 지배하거나 정복해야 한다고 믿도록 키워지는 한, 어떤 형태로든 포르노그라피는 존속할 것이다. 그리고 성공하기 위해서, 또는 일상생활을 하기 위해서 여자의 복종이 필수적이라고 생각하는 남자들에게 유리한 사회가 지속되는 한 포르노그라피가 사라지지는 않을 것이다.

그러나 이제 적어도 우리는 우리의 분노를 언어로 설명해야 한다. 그리고 섹스를 폭력으로부터 분리해내야 한다. 용기를 가지고 포르노그라피를 반대하는 시위를 공개적으로 벌이고, 포르노 잡지와 영화를 집 밖으로 내던져야 한다. 포르노 상품을 파는 가게들에 대해 불매 운동을 벌여야 한다. 그리고 가까운 사람이 파시즘 작품을 즐기거나 KKK단의 교의를 지지하는 경우에 그것을 심각한 일로 받아들이듯이, 만약 친구와 가족이 포르노를 즐겨 본다면 그것을 중대한 문제라고 생각하고 대응해야 한다.

그러나 폭력과 공격성을 섹스와 동일시하는 남성 지배가 종식되기 전까지는 우리 삶에서 에로티카보다는 포르노그라피를 더 많이 만나게 될 것이다. 우리의 침대 위에서는 포르노만 재현될 뿐이고 사랑을 찾아보기는 힘들 것이다.

—1977년, 1978년, 1993년

3부

다섯 명의
여성들

마릴린 먼로, 너무 일찍 세상을 떠난 여인

그녀가 어릴 적부터 만난 남자들은 결코 훌륭한 사람들이 아니었다.
그녀는 요람도 사주지 않는 남자의 사생아로 태어났다.
그녀의 할아버지는 화가 나면
애완용 고양이를 집어던지는 사람이었다.
양아버지는 어린 마릴린을 겁탈했다.
그녀는 또 다른 양부모들을 견딜 수 없었기 때문에
집을 나오기 위해 결혼을 했다.
하지만 그 후에도 살기 위해서 남자들의 호의와 인정에 기댈 수밖에 없었다.

　어렸을 적에 나는 토요일 오후에 상영되는 영화들은 빼놓지 않고 보려고 했다. 아무리 엉성하게 만들어졌건, 아무리 말도 안 되는 줄거리건, 나는 영화를 보는 동안은 온갖 걱정거리를 떨쳐버리고 그 속으로 빨려들어가곤 했다. 참으로 여러 가지 영화가 있었다. 속편에 속속편을 거듭하는 영화가 있었는가 하면, 도리스 데이 류의 영화, 싸구려 여행물, 괴물의 등에 지퍼가 보이는 공상과학 영화 등……. 하지만 나는 모든 영화를 좋아했고, 그 모든 이야기들을 믿었다. 그리고 화면이 완전히 까매지는 마지막 순간까지 자리를 뜨지 않았다.

　그렇지만 나는 마릴린 먼로에게만은 정을 붙일 수 없었다. 스크린 속의 그녀는 마치 거대한 인형 같았고 조심스럽게 속삭이듯 말하면서 아주 연약한 여자 티를 냈다. 그런 그녀를 보고 있으면 화가 났고 심지어 모욕당한 기분이 들 때도 있었다. 하지만 왜 내 마음 속에서 그런 감정이 솟구치는지는 알 수 없었다.

하지만 제인 러셀의 경우는 달랐다. 그녀 역시 마릴린처럼 〈신사는 금발을 좋아한다〉 류의 영화에 출연했지만 가슴 큰 여배우들이 공통적으로 보이는 연약한 모습만을 보여주지는 않았다. (여자들이 오드리 헵번 타입의 작고 마른 여배우들을 싫어하는 이유는 남자들이 생각하는 것처럼 풍만한 몸매를 질투하기 때문이 아니다. 영화 속에서 그 육체 때문에 끊임없이 위험에 놓이게 되는 여배우와 자기를 동일시하고 싶지 않기 때문이다.) 마릴린에 비하면 제일 러셀은 최소한 영화 속의 바보 같은 상황과 자기 몸을 통제하고 있는 듯 보였다.

어쩌면 내가 마릴린을 싫어한 이유는 그 어린애 같은 금발 여인의 눈에 깃든 불안함 또는 두려움 때문이었는지도 모른다. 다른 사람들에게 인정받기를 갈구하는 그 눈빛이 바로 그녀가 제인 러셀과 다른 점이었다. 마릴린은 수많은 여자들이 느끼지만 감추고 싶어하는 불안감을 그냥 드러냈다.

'어떻게 대스타란 사람이 나만큼이나 약해 보일 수 있을까?'

나는 아마 그런 생각을 했던 것 같다.

그래서 나는 그녀를 싫어했고, 그녀의 영화를 보지 않았다. 그건 마치 내 자신에 대한 두려움을 드러내기를 피하는 것과 같았다. 친구들이 모이면 마릴린의 이름이나 이미지를 가지고 농담을 했다. 나 역시 그녀를 비웃고 조롱하는 농담을 하면서 나는 그녀와 다르다는 것을 증명하곤 했다.

나 또한 그리 형편이 좋지 않은 집안에서 어린 시절을 보냈고, 좀 커서는 집을 떠나왔다. 마릴린은 나보다 훨씬 어려운 생활을 했다. 그녀는 사랑이 없는 가정에서 학대를 받으며 자랐고, 나중에는 여러 양부모 밑을 전전했다. 그런 상황에서 벗어나기 위해 달력 누드 사진을 찍고 스타가 되려고 발

버둥쳤다. 하지만 나는 그녀와는 달랐다(오하이오 주 톨레도의 예쁜 여자 아이에게 누드 사진을 찍을 기회가 생겼다 해도, 나에겐 그런 일을 할 용기가 없었을 것이다). 물론 나도 보통 미국 소녀들과 마찬가지로 연예계에서 성공하는 것이 꿈이었다. 우리 동네 남자아이들은 평생 공장에서 일해야 하는 상황에서 벗어나기 위해 운동 선수가 되고 싶어했고, 여자아이들은 모두 우리보다 조금 수준이 높은 남자를 만나 결혼하거나 연예계에서 스타가 되기를 갈망했다. 하지만 나는 고등학교 시절 톨레도의 쇼 무대에서 댄서로 일한 적이 있었는데, 내가 생각해도 그 쪽으로 성공하기는 무리라는 판단이 들었다.

결국 나는 열성적인 엄마와 약간의 행운 그리고 글솜씨 덕분에 톨레도를 벗어날 수 있었다. 입시 준비를 거의 안 했는데도 내가 대학에 합격할 수 있었던 것도 바로 글솜씨 때문이었다. 하지만 대학 입학시험을 치른 여자아이나 마릴린처럼 미인대회에 나간 여자아이나 장래가 불안하긴 마찬가지였다.

대학 시절, 다시 마릴린을 볼 기회가 있었다. 액터즈 스튜디오 소속의 유명한 배우들이 아주 인상적이고 고상한 장면들(내 기억에는 아서 밀러와 유진 오닐의 작품이었던 것 같다)을 시연하는 날이었다. 그 자리에 마릴린은 리 스트라스버그의 제자로서 그들이 연습하는 것을 참관하고 있었다. 미국에서 스타니슬라브스키 연출법의 최고 권위자였던 리 스트라스버그는 액터즈 스튜디오의 리더였다. 마릴린이 그 자리에 학생으로서 참석한 것이기는 하지만, 그녀가 섹스 심벌이라는 사실 때문에 사람들은 영화배우인 그녀를 배우로서 진지하게 받아들이지 않는 것 같았다. 그녀는 참관하는 것은 허용되었지만 다른 배우들과 함께 연기를 하지는 않았다.

그래서 우리 둘은 함께 앉아 있었다. 내 생각엔 우리 둘 다 벤 가자라와 립 톤 같은 대단한 연극배우들을 보고 경탄하고, 고급문화라는 남성의 세계 속에서 불편함을 느끼며, 그저 사람들 눈에 띄지 않게 숨고 싶은 심정으로 앉아 있는 것 같았다.

그때 나는 스트라스버그와 배우들이 마릴린을 무시하면서 자기들이 대스타를 무시하고 있다는 생각을 즐기고 있다고 느꼈다. 그들은 마릴린에게 약간은 어색하다 싶을 정도로 가볍게 인사를 했고, 마릴린이 안 보는 사이에 자기들끼리 깔보는 듯한 표정으로 귓속말을 나누곤 했다. 그 날 마릴린은 검은색 스카프를 두르고 검은색 스웨터와 바지를 입고 뒷자리에 앉아 있었지만 점점 그 존재감이 커져갔다. 하지만 단원들이 그녀를 쳐다보지 않으려고 지나치게 애쓰지만 않았다면, 그녀의 존재는 별로 두드러지지 않았을 것이다.

시연이 끝나고 사람들이 천천히 방을 빠져나갔다. 마릴린은 우리 앞에서 걸어가고 있는 벤 가자라 등이 강평하는 것을 주의깊게 들었다. 그녀는 마치 자기 같은 사람이 그 자리에 참석해서 미안하다는 듯 불안한 표정으로, 화장기 없이 빛나는 얼굴을 자꾸만 손으로 가렸다. 갑자기 나는 마릴린이 그 시연에 합류하지 않아서 다행이라는 생각이 들었다. 만약 그랬다면 이 독수리 같은 사람들은 혹평을 해대면서 마릴린을 괴롭혔을 것이다. (아마도 나의 이런 반응은 무지의 소치일지도 모른다. 하지만 그 날 스트라스버그가 남녀 배우 두 명에게 러브신을 시키면서 모욕적인 언사로 그들을 책망하는 모습을 보고 있자니 너무 불쾌했다.) 나는 용기를 내서 이 부끄럼 잘 타는 금발의 여인에게 이 사람들과 같이 한 장면쯤 연기하지 그랬냐고 물었다.

"오, 말도 안 돼. 난 이 분들을 존경해요. 나 같은 건 상대도 안 되죠."

여전히 어린아이 같은 목소리였지만 영화에서 들을 때보다는 훨씬 덜 간지러웠다. 잠시 후 그녀는 한 마디 더 덧붙였다.

"리 스트라스버그는 천재예요. 난 그 분이 시키는 대로만 할 거예요."

그녀가 아서 밀러와 결혼한 것은 나뿐 아니라 다른 여자들 모두 이해할 수 있는 일이었다. 밀러가 이 젊은 글래머와 결혼하기 위해 중년의 아내를 버린 걸 못마땅하게 여기는 여자들도 마릴린을 이해할 수는 있었을 것이다. 만약 어떤 여자가 자기 분야에서 진지하게 대접받지 못한다면, 또 정서적, 지적 콤플렉스가 있다면, 해결 방법은 그런 진지함이 있는 남자와 결혼하는 것이다. 이는 전통적으로 여자들이 택해온 방법으로서, 자기 힘으로 새로운 정체성을 구축하는 것보다 훨씬 쉬운 일이다.

하지만 그 후에도 마릴린의 이미지에는 별 변화가 없었다. 성적 이미지로 유명해진 여성은 아무래도 진지한 느낌을 주지 못하는 것이다. 사실 진지한 대우를 받는 여성은 위대한 인물의 미망인밖에 없다. 마거릿 미드는 이 사실을 꼬집어 이 나라가 공식적으로 명예를 부여하는 여성은 미망인뿐이라는 말을 남겼다.

그들의 결혼 당시 의회의 반미활동조사위원회[1]는 밀러를 전복적인 인물로 분류하고 그를 소환하여 증언을 시키려 했으나 밀러는 증언을 거부했다. 이 사건은 마릴린에게도 영향을 미쳐 그녀가 밀러와 결혼할 경우 더 이상 할리우드에서 일하지 못할 거라는 협박을 받았음에도 불구하고, 마릴린은 개의치 않았다. 하지만 그녀의 이러한 용기는 사람들에게 무시되었을 뿐 아니라, 신문에 거의 보도도 되지 않았다.

어쩌면 마릴린 자신도 그 일이 그리 용감한 행위라고는 생각하지 않았을지도 모른다. 그녀는 영화와 연기를 사랑했지만 결혼을 위해서라면 그런 것들은 과감히 포기할 수 있었는지도 모른다. 밀러 부인이 된 그녀는 코넷

---

1) 1950년부터 극우파 상원의원 조지프 매카시가 주도한 공산주의자 색출 조직. 특히 할리우드 주변의 여러 작가와 배우들을 공산주의자로 몰아서 직장과 일거리를 빼앗았다. 증언을 거부하면 법정모독죄로 처벌받아야 했기 때문에 많은 작가와 배우, 감독들이 마음에도 없이 동료들이 빨갱이라고 증언했다. 증언을 거부했던 아서 밀러는 어려운 상황에 처하게 됐다.

티켓에 있는 농장에서 밀러와 그의 친구들 그리고 아이들 둘을 보살피는데만 주력했다. 돈이 궁할 때, 어쩔 수 없이 영화에 출연하기도 했다. 그녀가 그렇게 해서 출연한 영화는 남편이 시나리오를 쓴 〈어긋난 관계〉였다.

하지만 보통 사람들의 해석은 아주 달랐다. 사람들은 그녀가 이기적인 배우여서 미국에서 가장 중요한 극작가에게 그녀의 엉터리 재능에 어울리는 극본을 쓰도록 강요했다고 생각했다. 미국과 유럽에서 이런 이야기가 가십거리로 나돌았다. 하지만 그녀가 살아온 과정을 보면 사실은 그렇지 않다는 것을 알 수 있다. 열여섯 살에 시작한 비행기 공장 노동자와의 결혼생활과 그 후 조 디마지오와의 결혼생활에서 마릴린은 다른 일을 모두 버리고 가정주부의 역할에만 모든 힘을 쏟았다. 그리고 그게 제대로 되지 않자 마릴린은 주부 역할이라는 일이 문제 있는 것이라고 생각하기보다는 자신이 잘못이라고 생각했고 자신이 잘 못하는 여러 가지 일들 중에 집안일도 포함시켰다. "나는 가정 주부가 되는 것에 대해 환상을 갖고 있었어."라고 여자친구에게 서글프게 말하기도 했다. 그리고 어느 인터뷰에서는 다음과 같이 말하기까지 했다.

"저는 환상 속에서 사는 사람이에요."

〈어긋난 관계〉에는 마릴린의 진짜 모습들이 잘 나타나 있다. 이 영화에서 그녀의 정직함과 천진난만함, 신뢰, 다른 여자들에 대한 친절함, 식물과 동물에 대한 사랑 등을 볼 수 있다. 이 영화에서만큼은 그녀가 성적 대상이나 피해자가 아니었기 때문에, 나는 기분좋게 그녀의 연기를 관찰할 수 있었다. 또 이 영화를 보고 난 후, 나는 그녀가 섹시한 글래머로 나오는 〈신사는 금발을 좋아한다〉류의 영화 말고 그녀가 예전에 출연한 다른 영화들도 보기 시작했다.

다른 많은 사람들도 마찬가지였겠지만 나에게도 그녀는 대단히 중요한 존재로 느껴졌다.

몇 년 전, 나는 그녀의 성격을 알려주는 또 다른 에피소드를 들었다. 흑인 예술가이자 위대한 대중가수인 엘라 핏제럴드는 50년대 로스앤젤레스의 어느 나이트클럽에서 무대에 오를 수 없었던 적이 있었다. 그러자 마릴린은 클럽 소유주에게 엘라가 노래를 부른다면 매일 밤 앞자리에 앉아 노래를 듣겠노라고 약속했다. 클럽 주인은 엘라가 노래를 할 수 있게 했고 마릴린은 매일 밤 그 약속을 지켰다. 언론에서 앞다투어 보도를 했고 엘라는 유명해졌다.

"그 이후로 나는 조그만 재즈 클럽에서만 노래하는 신세를 벗어나게 되었죠."

엘라는 마릴린에게 감사하는 표정으로 이렇게 술회했다.

마릴린의 마지막 인터뷰는 더욱 감동적이었다. 그녀는 기자들에게 마지막에 자기가 하고 싶은 말을 하게 해달라고 요청했다.

"정말 제가 말하고 싶은 건, 세상 사람들이 모두 서로를 가족처럼 대해야 한다는 거예요. 스타, 노동자, 흑인, 유태인, 아랍인, 우리는 모두 형제입니다……. 아, 내 말을 진지하게 들어줘요. 이 인터뷰에서 내 생각을 이야기할 수 있게 해주세요."

그리고 그녀는 우리 곁을 떠났다. 나는 유럽에서 학생들의 집회에 참석하고 있을 때 그 소식을 들었다. 정확히 1962년 8월 5일이었다. 그 때의 장소, 내 주변 사람들도 또렷이 기억난다. 나중에 나는 다른 사람들도 그 소식을 들었을 때의 상황을 선명하게 기억하고 있다고 말하는 걸 들었다. 가족이나 대통령의 죽음을 전해 들었던 순간이 뇌리에 깊이 새겨지는 것처럼 말이다.

그녀는 그저 한 사람의 여배우에 불과했고 타인의 운명을 짊어진 존재도 아니었다. 그럼에도 불구하고 그녀의 에너지와 삶에 대한 유연한 태도는 많은 여자들이 그녀에 대해 친밀감을 느끼게 만들었다. 그녀의 시신이 발견된 후 며칠 동안 여덟 명의 젊고 아름다운 아가씨들이 그녀와 같은 방식으로 죽었다. 그 중 몇몇은 유서에 마릴린을 언급하기도 했다.

마릴린이 세상을 떠나고 나서 2년 뒤 아서 밀러는 자전적인 희곡 「타락 이후」에서 마릴린을 매기라는 인물로 등장시켰다. 하지만 어쩐지 매기는 마릴린과는 꽤 달라 보였다. 매기 역시 정서가 불안하고, 성적 매력을 이용해 사람들에게 인정받고 자기 가치를 확인받고 싶어한다는 점에서는 마릴린과 공통점이 있었지만, 그 연극은 기본적으로 마릴린의 고통이 아니라 밀러 자신의 고통에 관한 것이었다. (예를 들어 그는 작가로서 영화배우 아내에 대해 계속 일기를 쓰고 있었다. 마릴린은 그 사실을 알고 큰 충격을 받았다. 마릴린은 생각했다. 지적인 방식을 사용한다는 점은 다르지만 그도 역시 다른 남자들과 마찬가지로 마릴린 자신을 이용하고 있는 걸까? 그것이 파경의 시작이었다.) 그럼에도 불구하고 그 희곡은 주로 항상 정서불안에 시달리는 여인, 이상하게도 자신감이 결여되어 있는 그 여인을 보살피는 것이 얼마나 어려운가를 주로 이야기하고 있다.

여자들이 보기에는 그 자신감의 결여라는 것이 그리 이상하지 않다. 작가 다이아나 트릴링은 한 번도 마릴린을 직접 만난 적이 없지만 그녀가 죽은 직후 그녀에 관한 글을 하나 발표했다. 마릴린의 친구들은 그 글이 밀러의 희곡보다 마릴린을 더 잘 묘사하고 있다고 칭찬했다. 트릴링은 사람들이 '교양에 대한 마릴린의 갈망'을 조롱했으며, 오로지 밖에서만 (즉 남자들로부터) 유래한 성적인 자각은 "그녀가 따뜻한 인간관계 속의 한 사람의 인간이 되지 못하도록 만들었고, 그녀에게 깊은 공허만을 남겼을 뿐이다."라고 썼다. 트릴링은 마릴린이 진짜로 죽고 싶어했는지 아니면 토요일 밤의 외로움을 잊으려고 수면제를 먹은 것인지에 대해서도 의문을 제기하고 있다.

또한 트릴링은 다른 많은 여자들이 마릴린이 느꼈던 외로움을 공감하여 그녀에 대해 특별한 유대감을 가지고 있었다고 썼다. 특히 마릴린의 극단적인 유약성에 보호본능이 발동한 여자들이 그녀의 죽음을 가슴 아파했다. 그래서 '우리가 그 자리에 있었다면 그녀를 구할 수 있었을 텐데.' 라고 생각했다.

"하지만 그녀는 우리가 있다는 걸 몰랐다."

트릴링은 이렇게 슬픈 어조로 말한다.

"마릴린 먼로는 특별한 사람이었어요. 시대를 조금 앞선 인물이었죠. 다만 그녀 자신이 그 사실을 알지 못했을 뿐이죠."

엘라 핏제럴드는 이렇게 말했다.

이제 여자들의 자아관이 변하고 있다. 그리고 우리는 마릴린 먼로의 생애를 다시 생각한다. 만약 그때 여성의 삶이 남성의 승인을 얻건 말건 독자적으로 영위할 수 있는 것이란 자신감이 있었다면 서른여섯 살의 재능있는 여인이 그런 식으로 파멸하는 일은 없지 않았을까? 마릴린이 자신을 괴롭혔던 불안과 조롱을 이겨낼 수 있지 않았을까? 그녀가 자기 가치를 증명하는 유일한 증거로 성적 매력을 이용하지 않아도 되지 않았을까? 그러면 나이가 들수록 더욱 자신감을 얻을 수 있지 않았을까? 아이를 낳을 수 없다는 사실 때문에 그토록 고통스러워하지 않을 수도 있지 않았을까? 그녀가 고통을 털어놓았던 프로이트학파 정신분석가들 없이도 자신있게 살아갈 수 있지 않았을까?

무엇보다도 우리는 여성 친구들이 그녀를 도와줄 수 있었을 거라고 생각한다. 그녀가 어릴 적부터 만난 남자들은 결코 훌륭한 사람들이 아니었다. 그녀는 요람도 사주지 않는 남자의 사생아로 태어났다. 그녀의 할아버지는 화가 나면 애완용 고양이를 집어던지는 사람이었다. 양아버지는 어린 마릴린을 겁탈했다. 그녀는 또 다른 양부모들을 견딜 수 없었기 때문에 집을 나오기 위해 결혼을 했다. 하지만 그 후에도 살기 위해서 남자들의 호의와 인정에 기댈 수밖에 없었다. 그녀는 여자 기자들이 성적 경쟁심 때문에 자신을 싫어할까 봐 두려워했다. 그 때문에 남자 기자들만 그녀를 인터뷰하고 기사를 썼다. 그녀를 아는 여성들은 그녀를 돕고 싶어도 그럴 힘이 없었다. 영화, 사진, 책 등에서 그녀는 오로지 남성의 눈에 비친 마릴린이었고, 그것은 그녀가 죽고난 후에도 변함이 없다.

　우리가 노마 진 베이커(마릴린 먼로의 본명)를 돕기에는 너무 늦었다. 하지만 지금이라도 그녀가 바라던 일을 할 수는 있다. 그녀가 간절히 원했던 것은 우리가 그녀를 진지하게 생각하는 것이다.

—1972년

　「미즈」의 공동창립자이자 편집자인 해리엇 라이언스에게 감사를 드리고 싶다. 이 글은 그녀의 착상으로 씌어진 것이다.

린다 러블레이스의 〈목구멍 깊숙이〉의 진실

그가 어느 파티에 참석했을 때 린다는
줄을 늘어선 남자들의 성기를 입으로 애무하는 게임을 하고 있었다.
그 게임은 그녀의 남편이자 소유주인 척 트레이너가 가르친 것이었다.
그녀는 페니스 전체를 입 속에 넣고
질식하지 않기 위해 목 근육을 유연하게 하는
특별한 테크닉을 개발해야 했다.
그녀로서 그것은 살아남기 위한 기술이었지만,
고객든은 신기하고 재미있다고 생각했다.

　　〈목구멍 깊숙이〉란 영화를 기억하는가? 이 영화야말로 포르노 영화를 유행시킨 장본인이다. 또한 포르노 영화가 X등급영화 전용상영관의 한계를 넘어 대중적인 인기를 끌게 한 영화이기도 하다. 1972년, 사만 달러라는 적은 제작비로 겨우 며칠 동안 촬영해서 만든 이 영화는 그 후 10년 동안 관람료와 속편, 비디오, 티셔츠, 범퍼 스티커, 섹스 기구 등으로 약 육억 달러를 벌어들였다.

　　놀랍게도 〈목구멍 깊숙이〉를 우리의 언어와 의식 안에 자리잡게 하는 역할을 한 건 언론이다. 워터게이트 사건을 폭로한 「워싱턴 포스트」에서는 일급비밀 뉴스 출처에 '목구멍 깊숙이'라는 제목을 붙여 그 말이 영원히 사라지지 않게 만들었다. 저질 도색잡지 「스크루」는 말할 것도 없다. 그리하여 결국 이 싸구려 영화는 모든 음담패설의 원천이자 국제적인 이윤생산 공장이 되었다.

그 중심에는 린다 러블레이스(본명은 린다 보어맨)가 있다. 사실 이 영화가 성공할 수 있었던 가장 큰 이유는 린다의 앳된 얼굴과 순진한 태도였다. 관객들은 그녀를 보면서 바로 자기네 옆집에 사는 소녀도 포르노 스타일의 섹스를 좋아할 거라는 응큼한 생각을 했다.

린다를 기용한 것은 〈목구멍 깊숙이〉의 시나리오 작가와 감독을 겸한 게리 다미아노의 아이디어였다.

"린다는 정말 멋져. 진짜야. 린다의 가장 큰 장점은 착하고 순진해 보인다는 거야."

다미아노는 제작자 루 페라니오에게 부산을 떨면서 이렇게 말했다고 한다. 하지만 페라니오는 린다가 자기가 생각했던 '가슴 큰 금발머리'가 아니라고 불평했다고 한다(후일 페라니오는 포르노영화 산업과 관련된 조직범죄 혐의로 FBI에 체포됐다). 린다가 명령을 받고 그에게 성적 서비스를 제공한 후에도 그는 계속 불평을 늘어놓았다.

사실 다미아노는 린다가 대중 앞에서 매춘행위를 하는 걸 보고 〈목구멍 깊숙이〉의 아이디어를 얻었다. 그가 어느 파티에 참석했을 때 린다는 줄을 늘어선 남자들의 성기를 입으로 애무하는 게임을 하고 있었다. 그 게임은 그녀의 남편이자 소유주인 척 트레이너가 가르친 것이었다. 그녀는 페니스 전체를 입 속에 넣고 질식하지 않기 위해 목 근육을 유연하게 하는 특별한 테크닉을 개발해야 했다. 그녀로서 그것은 살아남기 위한 기술이었지만, 고객들은 신기하고 재미있다고 생각했다. 이걸 본 다미아노는 재미있는 생각을 떠올렸다.

프로이트가 질 오르가즘을 만들어내어 음핵이 여성의 쾌락의 근원임을 부인한 이후 최초로 그는 여성의 쾌락의 장소를 남성 마음대로 정의해 버렸다. 그는 음핵이 목구멍 속에 있어서 끊임없이 오럴 섹스에 몰두하는 여자를 상상했던 것이다.

프로이트가 '모든' 여성에 관한 허구적인 이야기를 했던 데 비해 그의 이야기는 '한' 여성에 대한 것이어서 덜 야심찬 이론이기 했지만 이 포르노 영화는 폭발적인 효과를 발휘했다. 프로이트의 이론이 갖지 못했던 시청각 교재를 활용할 수 있었기 때문이다.

영화관을 찾은 건 남자들만이 아니었다. 말 그대로 수백만의 여자들이 남편이나 남자친구의 손에 이끌려 영화를 보았다(매춘 여성은 포주의 손에 이끌려 극장을 찾았다). 여자가 진짜로 남자를 즐겁게 해주기를 원한다면 그런 일도 할 수 있어야 한다는 것을 그 영화가 가르쳐줄 수 있으리라고 기대했기 때문이었다. 바로 그런 교육적인 이유 때문에 이 영화는 대성공을 거뒀고 여자들까지 많이 불러들일 수 있었다.

물론 침착한 여성 관객이라면 스크린 속의 여성과 자신을 동일시해서 그녀의 모멸감, 불안, 고통 등을 같이 느낄 수 있었을지도 모른다. 그러나 린다 러블레이스가 환하게 미소지으며 행복해하는 표정을 보고 있으면 그런 감정이입이 불가능했다.

'저 여자는 진짜로 좋아서 하는 거야. 억지로 시키는 사람도 없잖아? 보라구. 저 여자가 웃고 있는 걸 봐. 정말로 저걸 즐기고 있잖아.'

그로부터 8년 후, 린다는 자서전 『수난』에서 당시의 모욕적이고 고통스러웠던 경험들을 낱낱이 털어놓았다. 그녀는 그 당시 몇 년간 자신이 성노예로 살고 있었다고 고백했다. 사람들을 만나지도 못하고, 학대받으며 지냈다고 폭로했다.

그런데도 그 당시에(그리고 어쩌면 지금도) 사람들이 그런 진실을 알기가 얼마나 어려웠는지가 중요하다. 한 가지 예를 들어보자. 〈목구멍 깊숙이〉의 인기가 절정에 달했을 때, 노라 에이프런은 그 영화의 인기에 대한 글을 썼다. 그녀는 "비정치적인 영화를 정치적인 기준으로 비판하는 미친 페미니스트들"처럼 굴지는 않기로 결심했다.

하지만 유리로 된 모조 남근을 린다의 질에 삽입하고 거기에 콜라를 따라서 그 콜라를 수술용 빨대로 빨아마시는 장면을 보고 공포에 질려버렸다 ("'저 장면에서 만약 유리가 깨지면 어떻게 하나?' 하는 생각뿐이었다."고 그녀는 고백했다). 그녀는 화가 났고 모욕당한 기분이었으나, 남자 동료들은 그녀가 과민반응을 보인다면서 그 콜라 장면이 재미있지 않았냐고 반문했다. 그녀는 자신이 기자라는 사실을 이용해서 린다 러블레이스와 전화 인터뷰를 할 수 있었다. 린다는 이렇게 말했다.

"나는 그 영화를 찍는 동안 정말 즐거웠어요. 난 섹스에 대한 편견이 없거든요. 많은 사람들이 그 영화를 보고 나처럼 편견에서 벗어날 수 있으면 좋겠어요."

그래서 노라는 린다가 정말로 주당 250달러의 보수와 영화상영 수입 중 일부를 가지게 된 것을 즐거워하는 포르노 배우라고 판단하고 기사를 썼다. 게다가 영화를 본 후의 자신의 반응을 "섹스 이야기만 나오면 진저리를 치는 전형적인 청교도적 페미니스트의 반응"이라고 썼다. 하지만 그녀가 몰랐던 사실은(실제로 아무도 몰랐지만) 린다의 대답이 모두 척 트레이너가 준비해둔 홍보용 답변이었다는 점이다. 그는 린다가 싫은 기색을 보일 때마다 그녀에게 난폭하게 굴었다(예를 들면 어느 모텔에서 다섯 명의 남자가 그녀를 윤간했을 때, 그녀가 울었다는 이유로 손님 중 하나가 화대 지불을 거부하자 린다를 심하게 때렸다). 트레이너는 그녀를 일상적으로 때리고 강간해서 그녀의 직장과 다리 혈관에 회복할 수 없는 상처를 남기기도 했다.

노라가 몰랐던 또 다른 사실은 린다가 세 번이나 도망을 쳤고 그때마다 도로 잡혀왔다는 것이다. 첫 번째 시도는 동료 매춘부가 그녀를 배신하는 바람에 실패했고, 그 다음 번엔 척 트레이너의 친절에 속아넘어간 린다의 어머니가 린다의 도망 사실을 척에게 알려줘서 다시 잡혀왔다. 세 번째 시도가 실패한 이유는 그녀를 숨겨준 친구들 두 명의 목숨이 걱정돼서였다. 린다에게 개와 섹스하는 영화를 찍으라고 한다는 이야기를 듣고 친구들이 그녀를 숨겨줬는데 친구들의 집 앞에 트레이너의 차가 나타난 것이었다. 그가 늘 말하던 대로 분명히 수류탄과 기관총을 가지고 왔을 거라고 생각한 린다는 하는 수 없이 그에게 돌아갔다.

그런데 지금도 트레이너의 범행 사실들은 공식적으로는 모두 혐의에 지나지 않는다. 왜냐하면 린다가 도망친 후 너무 오랫동안 숨어 있었기 때문에 법적 시효가 소멸했고, 강제에 의한 것이었지만 트레이너와 결혼했다는 사실 때문에 법적 기소가 어렵기 때문이다. 하지만 린다의 자서전에는 2년 동안의 공포와 학대 그리고 강제 매춘에 대한 사실들이 상세하게 적혀 있다. 트레이너는 린다의 책이 "너무 말이 안 되는 이야기여서 대꾸할 필요도 없다."고 말했다고 한다. 또 그는 다음과 같이 말하기도 했다.

"내가 맨 처음 린다를 만났을 때만 해도 그녀는 수줍기 짝이 없었죠. 남자 앞에서 벗은 몸을 보인다는 건 상상도 못 하는 아가씨였다니까요.……. 그러니까 내가 바로 린다 러블레이스를 창조한 사람이라 할 수 있죠."

바로 그 린다 러블레이스를 창조하기 위해 그는 그녀의 머리에 총을 들이대고, 달아나지 못하게 벽에 구멍을 뚫어 감시하기도 했으며, 린다가 식당이나 고속도로에서 옷을 벗으라는 명령을 따르지 않으면 그 벌로 정원용 호스로 그녀의 직장을 찌르는 야만적인 행동을 했다.

『수난』은 매우 읽기 힘든 책이다. 쓰기는 더욱 힘들었을 것이다. 하지만 린다는 자신이 자발적으로 '린다 러블레이스'가 되었다는 생각을 불식시키고 싶었다고 말했다. 돈을 벌기 위해 그 책을 쓴 건 아닐까? 물론 그녀는 돈이 절실히 필요했다. 세 살 짜리 아들이 있고, 둘째 아이가 곧 태어날 예정이었다. 어린 시절 친구였던 남편 래리 마르치아노는 TV 케이블 설치 일을 했으나 동료들이 린다의 과거를 알아냈기 때문에 직장을 그만두어야 했다. 그들은 한동안 정부보조금으로 살아야 했다. 하지만 린다는 〈목구멍 깊숙이〉류의 또 다른 포르노 영화를 찍는 대가로 삼백만 달러 이상을 주겠다는 제안을 거절했음을 밝히고 있다. (〈목구멍 깊숙이〉의 출연료는 천이백 달러였다. 하지만·린다는 매춘부 시절에 화대를 받지 못했듯이 그 돈도 받지 못했다.)

"다시는 그런 일은 안 할 거예요. 억만금을 준대도 싫어요."

그녀는 이렇게 단호하게 말한다.

그녀가 『수난』을 집필한 데에는 중요한 동기가 있었다. 어떤 여성이 린다에게 엽서를 보내왔는데, 그 여성은 강제로 매춘을 하고 있었다. 그녀는 린다가 TV에 출연한 걸 보고 달아날 용기를 얻었노라고 편지를 썼다.

"그런 여성들에게 탈출할 용기를 주어야 합니다. 자존심을 되찾을 수 있다고 알려줘야 합니다. 내 글이 한 명의 여성이라도 구할 수 있다면 그걸로 족하지요."

린다의 말이다.

역설적이게도 린다가 탈출하는 데는 〈목구멍 깊숙이〉의 성공이 대단히 중요한 역할을 했다. 그 성공 때문에 린다는 귀중한 재산이 되었다. 그녀는 때때로 이전까지 접촉이 금지되었던 외부 사람들을 만나야 했으며, 라디오나 신문에 나가기도 했다. 그녀는 지금에 와서야 담담하게 술회한다.

"그 때 그들이 스너프 필름(섹스 도중에 사람을 실제로 죽이는 장면을 찍은 영화)를 만들지 않았던 게 천만다행이에요."

그녀는 도망갈 생각이 없는 척하며 감시자들의 주의를 흐려놓았다. 그렇게 6개월을 지낸 후 감시가 소홀한 틈을 타서 탈출에 성공했다. 하지만 탈출한 후에도 그녀는 몇 주 동안 아무 일도 하지 못하고 호텔에 숨어 있었다. 이번이 네 번째 탈출 시도이니만큼 잡히면 죽음을 당할지도 모르는 상황이었다. 하지만 이번에는 혼자 목숨만 걱정하면 되는 상황이어서 덜 불안했다. 그래도 공포심이 어느 정도 줄어들 때까지 오랫동안 변장을 하고 숨어살았다. 그것도 트레이너가 새로 고용한 비서가 그녀를 동정해주었기 때문에 가능한 일이었다(하지만 경찰은 아무런 도움도 주지 않았다. 그들은 "당신 방에서 그 남자가 총을 겨누기 전까지는 당신을 보호할 수 없다."고 린다에게 말했다). 트레이너는 계속해서 그녀를 찾아다녔다. 마침내 그는 그녀를 계약 위반으로 고소했다. 그리고 자신의 포르노 영화에 출연시키기 위해 또 다른 여성을 찾아냈다. 모델 출신의 마릴린 챔버스는 비교적 덜 폭력적인 포르노 영화 〈녹색문 뒤에서〉에 출연했다.

그러던 어느 날 갑자기 린다는 변호사로부터 트레이너가 이혼에 동의하겠다고 했다는 말을 들었다. 돌아오라는 간청과 위협이 모두 중단되었다. 마침내 변장하고 숨어살 필요가 없어지자 린다는 이전 이미지를 벗어버리고자 새 영화를 찍었다. 그 영화는 〈린다 러블레이스를 대통령으로〉라는 코미디물이었는데, 섹스 장면은 없었지만 제작자들은 그녀에게 배역을 준 대가로 누드 장면을 많이 찍을 것을 요구했다. 그녀는 칸 영화제에도 참석했다. 하지만 유명인사들이 자신을 대하는 태도에 매우 실망했다.

"난 지저분한 사람들과 지저분한 영화를 찍은 적이 있어요……. 그런데 그 영화를 보는 사람들은 도대체 뭐예요?"

린다가 기자들의 질문에 솔직하게 답변하고 악몽 같았던 시절을 이야기하기 시작하자, 기자들은 보도하기를 꺼렸다. 그녀의 이야기가 재미있지도 않고 독자들을 피곤하게만 한다는 것이었다. 예전에 그녀의 성적 서비스가 남자들 사이에서 물건처럼 거래될 때에 그 상대 중에는 유명한 남자들도 포함되어 있었기 때문에 더욱 보도하기를 꺼렸다.

1978년이 되어서야 그녀의 말에 관심을 가지는 사람이 나타났다. 그녀는 새 남편과 함께 롱아일랜드로 이사를 갔는데 그 곳의 유명한 신문기자인 마이크 맥그래디가 그녀와 인터뷰를 했다. 그는 그녀의 말을 믿어주었다. 맥그래디는 그녀 이야기를 책으로 내기 위해 거짓말 탐지기 테스트까지 하면서 신빙성을 높여서 출판사들을 설득했지만 큰 출판사들은 대부분 초고를 거절했다. 그러다 마침내 논쟁적인 주제를 자주 다루기 때문에 출판계에서는 좀 모험적인 인물로 알려진 라일 스튜어트가 그들의 말을 믿어주었고, 드디어 책이 나오게 되었다.

만약 어떤 남성 정치범이 비슷한 이야기를 했다면 이 정도로 믿어주는 사람이 없었을까? 아닐 것이다. 이제까지 여성들은 매저키즘을 즐긴다고 알려져왔다. 즉 여성은 성적으로 지배당하는 것을 즐길 뿐 아니라, 심지어 고통도 즐긴다는 것이다. 그녀의 이야기는 이런 잘못된 상식을 공격하고 있다. 그런데 그런 잘못된 믿음이 매춘과 포르노의 기초이고 매춘이나 포르노는 너무나 큰 산업으로 성장해 있다. 더 일찍 탈출할 수 있지 않았느냐는 물음에 대해 린다는 다음과 같이 썼다.

"이제서야 나는 사람들이 왜 진실을 받아들이기 힘든지를 알 것 같다. 예전에는 나도 강간당하는 여자들을 이해하지 못했다. 난 마음 속으로 '나한테는 그런 일이 일어날 수 없어. 나라면 그런 일이 일어나도록 하지 않을 테니까 말이야.' 라고 생각했었다. 이제 나는 그 생각이 '나라면 눈사태가 나지 않게 할 텐데.' 라고 생각하는 것과 다름없다는 걸 안다."

이 책에는 린다 외에도 매춘과 포르노 산업의 이름없는 수많은 희생자들의 이야기가 나온다. 미네소타 농촌 출신 가출소녀들인 젊은 금발 아가씨들은 포주가 주는 마약에 취해 타임즈 광장에서 매춘을 하고, 생활보호 대상에서 제외된 미혼모들 역시 매춘에 빠져든다. 가난한 나라에서 수입된 이국적인 무용수들이 포르노 영화와 토플리스 바에 출연한다. 여자들이 고문당하다 죽음을 당하는 스너프 필름이 남미에서 제작되어 미국에 수입된다. 여자들은 스너프 필름을 위해 살해당해 캘리포니아의 어떤 영화제작자의 집 근처에 암매장되었다. 어떤 매춘 여성은 타임즈 스퀘어 호텔에서 머리와 손이 잘린 채 발견되었다. 포주 말을 안 들으면 어떻게 되는지 다른 매춘·여성들에게 보여주기 위한 것이었다. 그런 피해자들 중 어떤 이들은 그들 자신이 문제라고 비난받고 침묵당하는 것에서 벗어나 그들을 착취하는 자들이 비난받아야 한다고 말하기 시작할지도 모른다. 그러면 아마 린다의 예는 그들에게 희망을 줄 것이다. 그들이 돌아온다면 사회가 그들을 받아들일 것이라는 희망 말이다. 하지만 몇 년 전까지만 해도 사람들이 강간피해자들이나 매맞는 아내들의 말을 믿지 않았듯이 많은 사람들이 이들의 말을 믿지 않는다.

린다가 자기 책을 홍보하기 위해 〈필 도너휴 쇼〉에 출연한 적이 있다. 이 날 린다는 예전에 트레이너에게 맞아서 생긴 정맥 상처를 보호하기 위해 바지 안에 외과용 스타킹을 신고 있었다. 그녀는 발길질과 손찌검을 당할 때 배와 가슴을 보호하기 위해 태아처럼 웅크리고 있었기 때문에 다리를 다치게 되었다고 했다. 도너휴의 질문에 그녀는 아기가 태어난 후에 외과 수술을 받아야 한다고 대답했다. 또 예전에 가슴에 투입한 실리콘이 파손되어서 매우 고통스럽기 때문에 그것도 수술해야 할 것 같다고 말했다. (트레이너는 그녀를 전문가에게 데려갈 때마다 그녀의 성적 서비스로 비용을 대신했다. 실리콘을 넣어준 의사도 마찬가지였다.)

그런데 평소에는 친절하게 인터뷰를 하던 도너휴가 이 날은 심리학자라도 되는 것처럼 꼬치꼬치 린다의 과거에 대해 캐물었다. 어릴 때 부모님과의 사이는 어땠나요? 부모님이 섹스에 대해 뭐라고 말해주었나요? 당신이 그렇게 된 건 열아홉 살 때 임신을 하고 그 아이를 입양시킨 사실과 어떤 관련이 있나요?

방청객들 중에는 이런 식의 말을 하는 여성들도 있었다.

"나도 가난하고 엄격하고 권위적인 부모 밑에서 자랐지만 포르노 영화를 찍지는 않았다."

방청석에는 자기들은 린다와 다르다는 자화자찬의 분위기가 흘러넘쳤다. 도너휴는 십대 임신의 비극에 대해 이야기했고, 자녀들이 린다처럼 되지 않게 하려면 어떻게 해야 하는지 이야기했다.

어쨌든 트레이너가 린다와 결혼했기 때문에 (린다는 그 결혼이 그의 마약혐의에 대해 불리한 증언을 못하도록 하기 위한 것이었다고 말했다), 도너휴는 트레이너를 지칭할 때 '당신 남편'이라고 말했다. 하지만 린다는 그를 '트레이너 씨'라고만 칭했다.

린다는 온갖 의심과 반박을 참을성 있게 들었고 사람들을 이해시키려는 노력을 포기하지 않았다. 만약 다른 여성이 그런 가학적인 남자를 만났다면(그녀는 책에서 그를 '고통에 중독된' 사람이라고 표현했다), 그 여성도 린다와 똑같은 길을 걸을 수 있다고 말이다. 트레이너를 사랑했느냐는 질문에 린다는 단호하게 아니라고 대답했다. 그는 공포와 증오의 대상이었을 뿐이다. 처음 만났을 때 그는 신사였고, 섹스를 요구하지도 않았다. 그리고 그녀에게 아파트까지 마련해줬다. 하지만 그 때부터 그는 180도 달라졌다. 그녀는 감금되었고, 매일같이 폭력과 공포에 시달리는 죄수가 되었다. 그녀는 그런 이야기를 조용히 들려주었다.

그녀는 공식석상에서는 말을 하지도 못하고 트레이너의 허락 없이는 화장실도 가지 못하는 생활을 해야 했다. 그것은 그녀가 선택한 것이 아니었고 누구에게나 일어날 수 있는 일이었다. 그녀는 바로 이 점을 간단명료하게 반복해서 이야기했다. 마침내 많은 방청객들이 이해했으나 어떤 이들은 절대 이해하지 못했다. 그리고 도너휴는 계속해서 그녀의 성장 과정을 따졌다. 어떤 성장 과정 때문에 그런 생활을 하게 되었나? 우리 딸들이 그 운명을 피하려면 어떻게 키워야 할까? 린다 이야기가 진실이라고 받아들인다면 이런 질문들은 린다를 격분하게 만들기에 충분한 것이다. 그것은 나치에게 희생된 유태인에게 이렇게 묻는 것과 다름없다. "어떤 성장 과정 때문에 강제수용소에 가게 되었나요?"

척 트레이너 같은 악한을 만들지 않으려면 아들을 어떻게 키워야 할지를 질문한 사람은 아무도 없었다. 무엇 때문에 수백만 명이 〈목구멍 깊숙이〉를 보러 갔을까를 묻는 사람도 없었다. 섹스에서 어느 정도의 폭력은 상관없다고 생각하는 수백만의 정상적인 남성들을 어떻게 할 것인가를 질문하는 사람도 없었다.

방청성의 한 여성이 이건 페미니즘의 이슈가 아니겠냐고 물었다. 린다는 그렇다고 하면서 포르노 반대 단체가 있다는 이야기를 들었다고 말했다. 린다는 강간 문제를 다룬 『우리의 의지에 반하여』라는 책을 쓴 수잔 브라운밀러와 접촉하고 있다고도 했다. 브라운밀러는 그 책에서 강간은 실천이고 포르노는 이론이라고 주장하고 있으며, 따라서 여성에 대한 포르노적 폭력에도 비판을 가하고 있었다.

린다에게는 분명히 이런 일이 새로운 희망이고 새로운 관계망을 갖는 것이다. 하지만 현재 린다를 지원하고 자신의 의지에 반하여 성적으로 이용당하는 여성들을 구하기 위해 노력하는 많은 여성들에게는 이제서야 그녀와 함께하게 된 것이 매우 유감스러운 일일지도 모른다. 린다가 고통받던 기간과 달아나서 숨어 있던 동안에 그녀를 도와줄 페미니스트들이나 여성 운동 단체가 있다는 사실을 그녀가 알 수 있었다면 더 좋았을 테니 말이다.

반유태주의의 희생자라면 자신을 도와줄 유태인 공동체를 찾을 수 있다. 또 인종차별의 희생자는 인권단체에 자신의 고통을 호소할 수 있다. 하지만 페미니스트 단체들은 아직 포르노와 매춘의 세계에 충분히 알려져 있지 않다. 린다처럼 복지 혜택을 받아 겨우겨우 살아가는 가난한 노동 계급의 여성들 역시 그런 단체와는 거리가 멀다.

지금도 린다에게 도움을 주는 사람들은 대부분 그녀를 가엾게 여기는 남자들이다. 맥그래디는 그녀의 말을 믿고 책을 출판할 수 있도록 도와주었고, 남편은 아내의 명예를 위해 직장을 희생했다. 힘들 때마다 그녀는 가톨릭의 (남성)신에게 기도했다.

그녀가 느끼는 배신감도 어머니가 아니라 아버지를 향한 것이었다. 오랜 시간 거짓말 탐지기 테스트를 받는 동안 아버지의 이름이 언급되자 린다는 자제력을 잃어버리고 울부짖었다.

"〈하드 코어〉란 영화를 봤어요. 그 영화에서 조지 스캇은 딸을 찾아 사방을 헤매 다녔어요. 그런데 왜 아빠는 날 찾지 않았을까요? 아빠도 〈목구멍 깊숙이〉를 봤으면 알았을 텐데…… 아빠가 어떻게든 했어야지요? 무슨 일이든 말이에요!"

사실 딸을 구하고 무슨 일이든 할 수 있는 힘을 가진 어머니가 얼마나 되겠는가? 우리는 그런 걸 기대하지도 않는다. 신화에서는 데메테르 여신이 명부의 왕에게 잡혀가서 능욕당한 딸을 구출한다. 딸이 맞이한 운명에 분노한 데메테르는 온 세상을 겨울로 바꿔놓을 만큼 강력한 어머니이다. 하지만 현실에서는 포르노라는 지하 세계에서 딸을 구출할 강력한 어머니가 어디 있을까? 할리우드에서도 그런 이야기는 만들어지지 않는다.

나직이 얘기하고 있던 린다는 최근 포르노가 더욱 폭력적으로 변하고 있는 상황이라 여자들이 더 많은 위험에 처해 있다는 이야기에 이르자 분노를 드러내기 시작했다.

"만약 이런 상태가 계속된다면, 다음에는 길가에서 여자들 가죽을 팔게 될 거예요."

그녀는 계속해서 다음과 같은 것들을 말했다.

이제 여성들은 자매처럼 서로를 구하는 활동을 개시했다. 매맞는 여성을 위한 단체를 만들고 전화번호를 널리 홍보했다. 그러나 폭력 남편이 찾아오지 못하도록 매맞는 여성을 위한 쉼터의 위치는 공개하지 않는다. 매춘과 포르노의 희생자들을 위해서도 이와 비슷한 기관이 있다면, 그리고 그런 단체와 기관이 있다는 것이 여러 여자들에게 알려진다면 정말 큰 도움이 될 것이다.

책이 나온 후 지금까지 린다는 롱아일랜드의 조그만 집을 청소하고(그녀는 "저는 하루에 두 번씩 청소한답니다."라고 자랑스럽게 말했다), 성노예로 살고 있는 여자들에게 희망의 메시지를 전하는 일 등을 하고 있다고 했다. 또 다른 여성들과 함께 포르노를 반대하는 강연을 했으며 그 여성들과 친구가 되었다. 그리고 도너휴의 질문보다 더 적대적인 질문들에 대답하는 인터뷰도 많이 한다고 했다.

"언젠가 아들이 『수난』을 읽을지도 모른다는 점에 대해서는 어떻게 생각하는가?"

"이미 아들에게 설명해줬어요. 오래 전에 엄마를 괴롭힌 사람들이 있었다고 말이에요."

"당신 남편은 아내가 과거에 그런 성적 경험을 했다는 것을 어떻게 생각하고 있는가?"

"그건 성적인 게 아니었어요. 전 한 번도 성적 쾌락이나 오르가슴을 느낀 적이 없어요. 맞지 않기 위해 즐거워하는 척 했을 뿐이지요."

그리고 대부분의 사람들이 의심스러워하는 것, 만약 그녀가 진짜로 도망치고 싶었다면 훨씬 더 일찍 도망칠 수 있지 않았을까?

린다는 이 질문에 최대한 성의껏 대답했다. 그녀를 바라보고 있는 동안 나는 질문이 잘못되었다는 걸 알았다. "어떻게 도망칠 용기를 얻었나?"라고 물어야 했던 것이다.

이런 질문들에 답하면서 그녀가 보여준 인내심(그것은 착한 소녀가 되어야 한다는 어린 시절 교육의 결과이기도 하고 그 때문에 많은 여자들이 피해자가 되지만)은 그녀의 강한 힘과 꿋꿋함을 보여주는 것이었다. 바로 그 것이 그녀가 어떻게 용기를 얻었는가를 알려주고 있었다. 그녀는 결코 포 기하지 않고 끝까지 사람들을 이해시키려 할 것이다. 익히 보아 온 기적이 한 사람의 여성에게서 일어났다. 여성이 어려운 상황을 견디고 그것에 맞 서 싸우는 것 말이다.

〈목구멍 깊숙이〉는 아직도 뉴욕과 전 세계 도시에서 상영되고 있다. 영 화 속에서도 린다의 다리에 난 상처는 선명하다. 그 상처는 그녀의 진술을 뒷받침한다. 그렇지만 관객들은 그 상처보다 린다의 억지 미소를 본다.

그 영화의 상영을 중단시키기 위한 노력은 모두 실패했다. 사생활권 침 해를 주장하는 것도, 법적 조치를 동원하려 한 것도 성공하지 못했다. 그것 은 사생활권 제한의 법규 때문이기도 하지만 감금 등 그녀의 이야기가 섹 스에 관한 사람들의 생각에 맞지 않기 때문이기도 하다. 그녀 이야기를 뒷 받침해주는 다른 사람들을 인터뷰하지 않았다면 나도 이런 일이 일어났다 는 사실을 믿지 못했을 것이다. 그대로 둔다면 〈목구멍 깊숙이〉는 그녀의 굴욕적인 이미지를 이용해서 계속 돈을 벌어들일 것이다. 이 영화는 새로 운 장르의 포르노를 유행시켰다. 이제까지 나와 있던 다양한 종류의 강간 에다 오럴 섹스 강간이 추가된 것이다. 이러한 테마는 포르노 소설에서도 끊임없이 다루어지고 있다. 그런데 일부 응급실 의사들은 질식환자들이 늘 었다고만 믿고 있다.

척 트레이너는 이제 마릴린 챔버스의 남편이자 매니저가 되었다. 필라델 피아 「데일리뉴스」의 칼럼니스트인 래리 필즈가 그들을 인터뷰한 적이 있 었다. 당시 마릴린은 지방의 한 나이트클럽에서 노래하고 춤추는 쇼를 하 고 있었다. 트레이너는 자신이 린다 러블레이스에게 그녀가 아는 모든 걸 가르쳤다고 자랑하면서 "하지만 마릴린은 린다가 갖지 못했던 재능이란 걸 지니고 있죠."라고 덧붙였다.

트레이너가 마릴린 대신 대답하고 있을 때, 마릴린이 화장실에 갔다와도 되냐고 물었다. "지금은 안 돼."라고 트레이너가 대답했다. 곧 무대에 올라가야 하기 때문에 화장실에 가야겠다고 그녀가 이의를 제기하자 그는 "입닥치고 가만히 앉아 있어!"라고 윽박질렀다. 화장실에 다녀오게 하라고 필즈가 말하자 트레이너는 화를 버럭 내면서 말했다.

"나는 당신이 칼럼을 어떻게 쓰든 간섭하지 않아. 그러니 내가 내 계집을 어떻게 하든 상관마!"

—1980년

후기

신체적 학대 때문에 생긴 많은 건강상의 문제를 겪고 사람들에게 많이 려져 있음으로 인한 괴로움을 당한 후에, 린다와 남편 그리고 10대 자녀 두 명은 뉴욕에서 멀리 떨어진 곳에서 조용하게 살고 있다. 그녀는 아직도 매체에서 납치, 살인, 가정 폭력 등의 이야기를 들으면 과거의 기억이 떠올라 괴로움을 겪지만, 그래도 자기 경험을 이야기하기 위해 멀리 다른 주로 여행하기도 하며 성매매와 포르노그라피의 현실에 대해 증언하기 위해 법정에 서기도 한다. 다른 사람들을 돕는 데 자기 삶을 바치는 것은 치유의 마지막 단계이다. 아직도 〈목구멍 깊숙이〉를 만든 사람들에게 피해액을 받아내거나 그것의 배포를 중단시킬 법적인 방법은 없다.

—1995년

재클린 케네디 오나시스를 다시 생각하며

그녀는 케네디나 오나시스의 미망인으로 살지 않았으며,
대중이 생각하는 매혹적인 이미지와도 다른 모습으로 살았다.
그녀는 진지하고 부지런한 사람이었으며, 정감 있고 재치 있으며
부당함에 대해 약간은 잘 분개하는 사람이기도 했다.
(그녀와 대화를 하다 보면 전에는 차마 입 밖에 내놓지 못했던 말들을 풀어놓게 된다.)
또한 그녀는 공적인 삶의 한가운데에 있으면서도
자신의 관심사를 포기하지 않고
창조적인 삶을 영위하는 인물이다.

1964년 재클린 부비에 케네디가 아직 상중에 있을 때, 나는 내가 잘 알지 못하는 이 여성에 대해 긴 기사를 쓴 적이 있다. 나는 그녀의 친구, 친척, 적, 정치인들 등 여러 유명인사에게 당시 세계가 궁금해하던 질문을 던졌다. 그것은 이제 이 서른다섯살의 과부가 어떻게 살까 하는 것이었다.

대부분의 사람들은 앞으로 그녀가 국제적이고 공적인 역할을 해야 한다고 말했다. 프랑스 대사로 부임하거나, 엘리노어 루즈벨트 같은 사람이 되거나, 아들라이 스티븐슨과 결혼하여 그를 대통령 후보로 만드는 일 등을 할 수 있을 것이라고 했다.

하지만 몇몇 사람들, 특히 그녀의 친구들과 친척들은 그녀가 이미 세상을 위해서 할 만큼 했다고 생각했다. 어떤 백악관 출입기자는 미망인이 된

그녀가 케네디 대통령 서거 당시와 장례식이 진행되는 동안 품위와 용기, 역사의식을 잃지 않음으로써 나라를 바로잡는 데 기여했다고 말했다. 로버트 케네디는 모든 일을 그녀에게 맡기는 듯한 태도로 발언했다.

"재키는 항상 주관이 뚜렷한 사람이에요. 보통 사람들과는 좀 다른 인물입니다."

하지만 재키 자신은 아무 말도 없었다. 그녀가 아직 백악관에 머무르고 있을 당시 자신의 장래에 대한 질문을 받으면 그녀는 재치 있는 대답으로 응수하곤 했다.

"우선은 보스턴으로 돌아가야죠. 그리고 아들한테 아버지가 대통령이었다고 말해줘야죠."

그녀는 상중엔 모든 인터뷰를 거절했기 때문에(그리고 공적인 발언도 거의 하지 않았기 때문에), 사람들은 그녀가 앞으로 무얼 할지 지레짐작할 수밖에 없었다. 우선은 그녀가 남편의 업적을 지속시키는 데 관심을 갖고 있다는 점을 염두에 둘 수 있었다.

"그는 전 세계를 바꿔놓았어요. 전 사람들이 평생 그를 기억하고 그리워하길 바랍니다."

또 다른 가능성은 그녀가 다른 보통의 홀어머니들처럼 가정을 지키는 것이었다. 그녀는 한 기자에게 다음과 같이 말했다.

"칼라일의 책을 읽다 보니, 가장 가까이 있는 의무부터 다해야 한다는 말이 나오더군요. 내게 제일 가까이 있는 의무는 아이들이죠."

지금 와서 생각해보면 그녀의 미래에 대한 그 많은 추측들은 모두 틀린 것이었다. 로버트 케네디는 예외라 할 수 있겠지만, 다른 어떤 사람도 그녀가 자신만의 독자적인 삶을 꾸려갈 것이라고 예상하지 못했던 것이다. 나중에 페미니즘의 관점에서 보니 이것은 나 자신이나 내가 인터뷰한 어느 누구도 그녀를 독립된 인간으로 생각하지 않았기 때문이었음을 알 수 있었다. 케네디와 결혼했다는 것과 무관하게 그녀가 어떤 사람인지는 생각하지 않았던 것이다. 물론 그녀는 케네디와 결혼함으로써 많은 변화를 겪었을 것이다. 하지만 그녀는 케네디와 함께 역사적인 사건들을 거치면서도 자신만의 세계를 잃지는 않았다. 그럼에도 불구하고 우리는 그녀가 케네디의 강력한 이미지와 무관한 독립적인 미래를 만들 것이라고는 생각하지 못했다.

재키가 아리스토텔레스 오나시스와 결혼하자 모든 사람들이 충격을 받았다. 그것도 그녀를 독립된 인간으로 보지 않으려 했기 때문이었다. 사람들이 생각하기에 그녀가 재혼을 한다는 건 말도 안 되는 일이었다. 사람들은 그녀의 개인적인 문제와 일상생활에 대해서는 이해하려 하지 않았고, 케네디 시대의 살아있는 상징으로 사는 것이 얼마나 괴로운 일인지도 생각하지 않았다. 이제 그녀 옆에는 케네디와 전혀 다른 남자가 서 있게 되었고, 따라서 재키마저 이전과는 다른 여자로 보게 된 것이다.

오나시스가 죽고 재키가 다시 홀로 되자, 그녀가 이제 어떻게 살 것인가에 대해 또다시 추측이 난무했다. 재키가 다시 케네디가의 여인이 될 것인가(정치적이고 미국적이며 진지한 인물이 될 것인가), 아니면 계속해서 오나시스의 여인으로 살 것인가(국제 사교계의 부유한 중심인물로 살 것인가)가 쟁점이었다. 한때 그녀가 일했던 출판계로 돌아가리라고는 아무도 예상하지 못했다.

매일 아침마다 나는 출근길에 커다란 햄버거를 파는 조그만 식당 앞을 지나간다. 그 식당의 창문에는 재키가 카운터에 앉아 있는 사진이 확대되어 붙어 있다. 그녀는 카메라가 있는 줄도 모르고 커피잔을 손에 들고 있다. 몰래 찍은 이 사진은 그녀의 허락 없이 신문에 실렸고 이제 햄버거 광고로 활용되고 있다.

이렇게 그녀의 사적인 삶이 항상 공개의 위험에 처해 있었다는 점을 감안하면, 그리스에 개인 소유의 섬을 가지고 있고 강력한 보호자 역할을 할 수 있는 남자에게 끌렸던 게 당연하다는 생각이 든다. 특히 케네디 암살 후 그녀의 아파트 밖에는 매일같이 기자들이 무리지어 대기하고 있었다. 또한 햄버거 가게의 그 사진의 예를 보면 그녀가 새로이 직업의 세계에 뛰어들기 위해선 얼마나 큰 용기와 결심이 필요했을지도 알 수 있다. 하지만 그녀는 지금 그녀를 비판하던 사람들이 짐작 못 했거나 무시하던 그녀 자신의 일을 4년 동안이나 열심히 하고 있는 중이다.

먼저 그녀는 자신의 사진을 찍고 기사를 써서 밥벌이를 하는 전문적인 재키 감시꾼들을 이겨내야 했다. 그들은 구석구석에 숨어서 그녀를 기다리고 있었다. 또한 그녀는 케네디 암살이나 케네디의 사생활에 관한 신문기사, 먼저 세상을 뜬 두 남편에 대한 책과 그녀의 과거를 극적으로 묘사하는 영화들을 무시해야 했다. 그리고 무엇보다도 그녀의 능력을 의심하는 뉴욕 출판계의 회의적인 시선을 극복해야 했고 구설수에 오르는 것도 참아야 했다. 물론 출판계에는 그녀를 좋아하고 존경하는 친구와 동료들도 있었을 것이다. 하지만 나 역시 그랬듯이, 그런 이들조차 그 사실을 잘 밝히려 들지 않았다. 이상하게도 그녀와 아는 사이이고 그녀와 일 때문에 점심을 같이 하게 되어도 다른 사람에게 그런 이야기를 하는 것이 유명인사를 잘 안다며 거들먹거리는 것 같아서 꺼려졌기 때문이다. 그래서 그녀는 우호적인 사람들에게서도 도움을 받지 못했다.

그렇지만 이런 상황에도 불구하고 그녀는 차차 자신만의 삶을 찾아가고 있었다.

1975년 오나시스가 사망한 직후, 「뉴욕 포스트」의 발행인인 도로시 쉬프가 재키를 초대해서 다니엘 패트릭 모이니헌에 대항해 상원의원에 출마해 보지 않겠느냐고 제안했다. 재키는 이 제안을 일언지하에 거절했지만, 「뉴욕 포스트」의 편집국과 기자실 등을 구경하며 즐거워했다. 그녀는 도로시에게 자신이 워싱턴에서 기자로 일하던 젊은 시절이 떠올라 기분이 좋다고 말했다. 얼마 지나지 않아 그녀는 『뉴요커』지에 국제사진센터 개막식에 관한 훌륭한 기사를 무기명으로 실었다. 하지만 이런 일들에도 불구하고 앞으로 그녀가 할 일을 예측하는 사람은 아무도 없었다. 그녀는 바이킹 프레스의 객원편집자로 일하기 시작했다. 출판계에서는 모두들 충격을 받았고 회의적인 견해를 표명했다. 그녀의 남편들은 출판과는 상관없는 인물들이었다. 어떻게 해서 직장을 가질 생각을 하게 되었을까? 사람들은 그녀의 봉급에 대해서도 쑥덕거렸고, 변덕이 오래 가지 않을 거라는 등의 이야기를 했다. 그녀가 처음으로 출근하던 날, 기자와 카메라맨들이 마치 어린아이를 초등학교에 처음 보내는 부모들처럼 연도에 늘어서서 그녀가 출근하는 모습을 지켜보았다.

이런 회의적인 반응에도 불구하고 그녀는 그곳에서 2년 동안 주 4일씩 성실하게 일했다. 편집회의에 참여하고, 아이디어와 작가를 제안하고, 자신이 직접 커피를 끓여 마시고, 직접 전화를 걸고, 복사하기 위해 줄을 서고, 출판계획을 세우고, 1년에 만 달러를 벌었다.

물론 평범한 사람에겐 이런 자질구레한 일상 작업들을 하는 것이 당연한 일이다. 하지만 그런 일은 사람들이 생각하는 그녀의 이미지를 뒤엎는 것이었다. 그 외에도 그녀의 이미지와 반대되는 일화가 많이 있다. 재키는 『이 여성들을 기억하라』라는 제목의 18세기 미국여성사를 편집했는데, 그때 그녀는 노동계급과 흑인 그리고 미국 원주민 여성들을 포함시키자는 작가의 제안을 지지했다. 또한 그녀는 여자들이 유산을 하기 위해서 어떤 식물 뿌리를 씹어 먹었다는 등의 정보가 담겨 있는 18세기의 섹스 지침서를 검토하기도 했다. 그 책을 제안했던 머피 브랜든은 당시 그녀의 모습에 대해 다음과 같이 말했다.

"재키는 바닥에 사진 레이아웃들을 늘어놓고 바닥을 기어 다녔다."

그녀가 그 출판사를 그만두고 더블데이사로 자리를 옮길 무렵 재키는 부편집장으로 승진해 있었다(재키가 회사를 옮긴 이유들 중 하나는 그녀가 바이킹사가 기획한 로버트 케네디 암살에 관한 소설 작업을 반대했기 때문이었다). 직장을 옮긴 후 그녀는 사무실이나 집에서 근무하든지 아니면 작가들과 점심을 같이 하며 바깥에서 근무할 수도 있게 되었다. 더 이상 아마추어 취급을 받을 염려가 없었기 때문이다. 그녀의 아파트는 온통 그녀가 편집한 책들의 레이아웃으로 덮여 있었다. 하지만 출판계의 많은 사람들이 아직도 비서를 통하지 않고 그녀에게서 직접 전화가 걸려올 때 놀라기는 마찬가지였다. 그리고 세상 사람들은 그녀가 아직도 작가들을 만나고 책을 만드는 일을 하고 있다는 소식을 듣고 놀라곤 한다.

세상에서 가장 유명한 여성이 보통 사람들과 똑같이 살았다는 이야기가 아니다. 오히려 그 반대로 그녀는 어떤 누구와도 달랐다. 그녀는 자신을 사람들 머릿속의 이미지와 분리할 줄 아는 사람이었다. 그녀는 사람들의 강박적인 관심을 무시했고, 자신에 대해 쓴 기사를 읽지 않는 보기 드문 유명인이었다.

그녀는 이런 능력 덕분에 유머와 품위를 모두 유지할 수 있었다. 아마도 그녀가 지닌 명성을 여러 가지 정치적인 목표를 위해 사용할 것을 기대했던 많은 사람들은 실망했을 것이다(나도 그 중의 한 사람이었다. 나는 그녀가 사회적 약자 집단과 여성들을 위해 힘을 써주기를 바랐던 것이다). 하지만 사실 그녀가 남편들로부터 물려받은 명성을 이용하기를 바란다면 명분이 아무리 좋은 것이라 해도 불공정하게 그녀를 이용하는 것이 된다.

그녀는 여성의 권익을 향상시키기 위한 기획들에 돈을 기부했다. 하지만 남녀평등 수정조항 운동에 대해 개인적으로는 찬성했지만 공개적인 활동을 하지는 않았다. 다른 정치적 사안에 대해서도 마찬가지였다. 물론 그녀는 뉴욕에서 가장 큰 흑인 게토인 베드포드 스터이베선트를 복구하는 일 등 케네디가 시작했던 작업들을 위해 지속적인 노력을 아끼지 않았지만, 자신의 관심 분야인 예술과 문화계에서 더 많이 활동했다. 그녀는 뉴욕시 예술인협회를 위해 건물을 마련하고 포르노와 범죄의 소굴이 된 42번가를 정화하는 사업을 조용히 지원했다.

그녀는 케네디나 오나시스의 미망인으로 살지 않았으며, 대중이 생각하는 매혹적인 이미지와도 다른 모습으로 살았다. 그녀는 진지하고 부지런한 사람이었으며, 정감 있고 재치 있으며 부당함에 대해 약간은 잘 분개하는 사람이기도 했다(그녀와 대화를 하다 보면 전에는 차마 입 밖에 내놓지 못했던 말들을 풀어놓게 된다). 그녀는 부당함에 대해 부드럽지만 분명하게 저항하는 사람이어서 부유한 주부가 혼자 힘으로 설 수 있도록 용기를 주고, 금방 이혼한 친구에게 일자리를 알아봐 주는 등의 일도 기꺼이 해 주었다. 여성운동의 의식화 그룹이 하는 역할을 혼자서 조용히 해 주는 것이다. 또한 그녀는 공적인 삶의 한가운데에 있으면서도 자신의 관심사를 포기하지 않고 창조적인 삶을 영위하는 인물이다.

그녀의 삶은 우리에게 흥미로운 물음을 제기한다. 만약 우리가 재키처럼 케네디의 권력이나 오나시스의 부를 나누어 가질 수 있었다면 별로 화려하지 않은 원래의 직업으로 되돌아가려 하는 사람이 몇 명이나 될까? 물려받은 영향력 대신 자신의 일을 선택하는 사람은 얼마나 될까?

아마도 장기적인 관점에서 보면 그녀가 자기 일을 계속했다는 사실이 누구의 '미망인' 재키로서 힘을 사용하는 것보다 훨씬 많은 여성들에게 도움이 될 것이다.

—1979년

비행기에서 만난 패트리샤 닉슨

그때 갑자기 둑이 무너졌다.
통제력을 잃지는 않았지만 낮은 목소리의 분노에 찬 이야기가
마치 긴 고소장처럼 흘러나왔다.
'나는 그런 것, 이를테면
내가 무엇이 되고 싶고 내가 누군를 존경하는가 따위를
생각할 기회를 한 번도 가져본 적이 없어요.
다른 누군가가 되는 것에 대해 꿈꿀 시간도 없었어요.
일을 해야 했으니까요.'

1968년, 나는 『뉴욕』의 정치부 기자로서 10일 동안 닉슨의 선거운동 비행기에 동승했다. 나는 리처드 닉슨과의 인터뷰를 요청했지만 대신 그의 아내 패트리샤 닉슨을 만나게 됐다. 그때는 닉슨과 그의 참모들에 관해 긴 기사를 썼지만, 개인적으로는 여기 실은 이 짧은 부분이 나머지 부분보다 더 큰 흥미를 불러일으켰다. 유감스러운 점은 이 기사에 개인적인 감상을 적지 못했다는 것이다. 나는 이 인터뷰 후에 그 전보다 훨씬 더 많이 그녀를 좋아하게 되었다. 분노를 이해하고 공감하게 되었던 것이다. 더욱 더 유감스러운 것은 그녀와 개인적이고 친근한 관계를 만들고자 했던 내 시도가 이루어지지 않았다는 것이다.

덴버에서 다시 세 대의 제트 비행기로 나눠타고 세인트루이스로 가서 십대들의 지지 집회에 참가한 후(집회에 참석한 십대들은 대부분 사립학교와 교구 부속학교 학생들이었다), 또다시 켄터키 주 루이스빌로 날아갔다. 미시시피강에서 마지막으로 출발하는 배를 타기 위해서였다. 루이스빌로 날아가는 도중에 패트리샤 닉슨과 인터뷰를 하게 됐다.

그녀는 대학을 마칠 때까지 줄곧 자기 힘으로 돈을 벌어 학교를 다녔다. 배우가 되고 싶었으나 결국 캘리포니아에 있는 작은 고등학교의 속기, 타자 교사가 되었다. 그 후 2년간의 구애를 받은 끝에 무척이나 망설이면서 스물여덟의 나이에 결혼했다(닉슨은 첫 번째 데이트에서 그녀에게 프로포즈했다). 닉슨은 그의 유명한 체커스 연설에서 아내를 "훌륭한 속기사"라고 소개했다. 그녀는 개인으로서는 대중 앞에 나타나지도 않았는데 온갖 욕설과 칭찬을 모두 듣기도 했다. 나는 그녀를 만나고 싶었으나 그녀와 인터뷰했던 기자들은 모두 닉슨 부인이 그들을 곧 졸리게 만들었다고 했다.

말쑥한 차림새의 남자가 나를 그녀 옆에 앉혀줬을 때, 그녀는 주근깨 있는 손을 가지런히 포개고 앉아 있었다. 발목은 얌전하게 붙인 채 얼굴에는 공식적인 미소를 띠고 있었다.

나는 자료를 보고 글을 쓰는 것이 별로 좋지 않다고 생각한다고 말하고, 혹 언론이 그녀에게 실수를 해서 내가 그걸 되풀이하지 않았음 하는 게 있냐고 질문했다.

"아니, 아니에요."

그녀는 치마가 평평해지도록 매만지면서 말했다.

"당신 같은 여자 기자들은 매우 잘 하고 있습니다. 신문에 실린 이야기는 아주 좋았다고 생각해요."(다른 여자 기자가 내게 전해준 바로는 그녀는 자기 이야기가 신문에 실린 것은 모두 읽으며, 시애틀 기사를 보고 불쾌해했다. 그 기사는 그녀가 너무 긴장해서는 미소만 짓고 있었다고 묘사했다.)

"선거 운동 과정에 씌어진 기사들이 모두 마음에 드십니까?"

"예, 물론이에요. 저는 기사화된 것에 반감을 갖지 않습니다. 기자들은 최선을 다하고 있다는 것을 알아요. 또 지금까지 제가 만난 기자들은 대부분 아주 친절했구요."

우리는 그와 비슷한 이야기를 조금 더 주고 받았다. 나는 자신에 대해 쓴 기사를 모두 좋아하는 사람은 처음 봤다고 말했다. 갈색 눈동자 뒤에서 불쾌감이 깜빡거리는 것이 보였다. 살아있음을 나타내는 최초의 표시였다.

그러나 괴로울 만큼 천천히 질문을 하면서 나는 다음과 같은 것을 알게 되었다. 그녀는 전혀 선거 운동을 지겨워하고 있지 않았다. 책을 갖고 있는 것도 아니고 그렇다고 다른 오락거리를 필요로 하지도 않는 걸로 그걸 알 수 있었다.

"저는 집회에 참석하는 게 언제나 재미있어요. 집회마다 색다른 면이 있거든요. 어떤 경우에는 야외에서 열리고 어떤 경우에는 실내에서 열리죠. 어떤 집회에는 노인들이 오고 어떤 집회에는 오늘처럼 젊은이들만 오죠."

그녀는 퍼스트 레이디로서 특별히 영향력을 행사하고 싶은 일은 없다고 말했다.

"저는 사람은 그저 자기 자신이어야 한다고 생각합니다."

그러나 퍼스트 레이디로서의 역할에 대해서는 자신이 해온 일을 통해 훈련되어 있으니 다행이라는 말을 했다. 그녀가 유일하게 관심을 갖는 분야는 교육이라고 했다.

"저는 교사로서 딕의 교육 정책에 전적으로 찬성합니다. 저는 모든 사람들이 취업과 교육의 기회를 가질 수 있도록 하는 일을 하고 싶어요. 현재 학교의 탈락 제도는 좋지 않다고 생각해요."

그녀는 딸들을 위해 닉슨 부인으로서의 삶에 대해 일기를 쓰고 있지만 실제 인물의 이름을 거론해야 하는 이야기는 쓰지 않는다고 말했다. 그녀는 연극을 좋아하는데 특히 〈마이 페어 레이디〉를 좋아하고 〈헬로, 달리!〉는 세 번이나 봤다. 두 번은 방문객들과 함께 봤고 한 번은 그들의 가족 친구인 진저 로저스가 공연을 하고 있었기 때문에 봤다.

"저는 세상에는 심각한 일이 충분히 많이 있어서 극장에서까지 심각한 것을 볼 필요는 없다고 생각해요."

그녀는 역사 소설, 특히 빅토리아 여왕과 매리 토드 링컨의 생애를 다룬 소설과 토머스 울프의 소설들을 좋아한다. 그러나 그냥 재미삼아 독서를 하거나 패션쇼에 갈 시간은 없다.

"그런 일에 있어서는 자신보다 다른 사람을 더 생각하는 성격입니다. 저는 우리의 모든 친구들 때문에 언제나 바쁘죠. 오래 점심을 먹는 대신 친구들과 함께 박물관이나 공원에 가는 것을 좋아합니다. 모두들 그냥 사교적인 대화를 하는 것보다는 그걸 훨씬 좋아하거든요."

그녀의 가족 사이에는 세대 차이가 없다.

"바로 얼마 전 일인데, 트리샤와 줄리가 파티에 가지 않더라구요. 그래서 '너희들 안 나가니?' 라고 물어봤죠. 그랬더니 이렇게 대답하는 거예요. '아, 안 가요. 엄마 아빠랑 같이 저녁 먹는 게 훨씬 더 낫겠어요.'"

그녀가 가장 존경하고 닮고 싶은 역사 속의 여성은 아이젠하워 부인이다. 이유는? "그녀는 젊은 사람들에게 매우 큰 영향을 미치는 사람이기 때문"이다.

이런 대답 하나를 끌어내기 위해서는 매번 서너 개의 질문을 던져야 했다. 그녀는 딸들과 남편 외에 어떤 사람들의 생각을 지지하거나 공감하는지 같은 주관적인 것에 대한 대답을 생각해내는 것이 즐겁지 않은 듯했고 (그 질문에 대해서는 대답하지 않았다), 나도 김빠진 대답만 듣는 것이 즐겁지는 않았다. 그런데 아이젠하워의 부인 이야기에 이르러서는 더 이상 참을 수 없었다.

내가 아이젠하워가 재직할 동안 대학에 있었는데 아이젠하워의 부인이 젊은이들에게 특별한 영향력을 미치고 있었다고는 생각하지 않는다고 말했다.

"그래요?"

긴 침묵.

"음, 저는 그렇게 생각해요."라고 마침내 그녀가 말문을 열었다.

"젊은이들이 그녀를 존경한 이유는 남편이 전쟁 때문에 멀리 있는 동안 그녀가 항상 용감하게 행동했기 때문이죠."

긴 침묵. 내가 새로운 주제를 생각해내는 동안 우리는 조심스럽게 서로를 바라보았다.

그때 갑자기 둑이 무너졌다. 통제력을 잃지도 않았고 낮은 목소리였지만, 분명 분노에 찬 이야기가 마치 긴 고소장처럼 흘러나왔다.

"나는 그런 것, 이를테면 내가 무엇이 되고 싶고 내가 누구를 존경하는가 따위를 생각할 기회를 한 번도 가져본 적이 없어요. 다른 누군가가 되는 것에 대해 꿈꿀 시간도 없었어요. 일을 해야 했으니까요. 내가 십대 때 부모님이 돌아가셨기 때문에 난 대학을 졸업할 때까지 내 힘으로 돈을 벌어 공부해야 했어요. 이 나라를 가로지르는 먼 길을 겨우 차를 얻어 타서 뉴욕까지 왔어요. 뉴욕에서 방사선 기술자로 훈련을 받았고 그래서 대학까지 다닐 수 있었죠. 딕이 군 복무 하는 동안 나는 은행에서 일했어요. 아아, 그때 몇 달 동안은 다른 사람들처럼 아무 것도 하지 않고 앉아 있을 수 있어서 좋았죠. 하지만 은행에서는 사람들을 대하는 일을 해야 했고 별별 웃기는 사람들에게 다 시달려야 했어요. 이제 나는 전 세계 모든 나라에 친구들이 있어요. 가만히 앉아서 내 자신에 대해 생각하거나 내가 가진 생각에 대해서 내가 무엇을 원하는가에 대해 생각해본 적이 없어요. 아니죠, 난 언제나 사람들에게 관심을 쏟아 왔어요. 계속 그런 일을 해왔지요. 바로 여기

비행기 안에서도 자리에 앉자마자 감사 편지를 씁니다. 한 사람도 빼놓지 않고 모든 사람에게 개인적인 편지를 보내죠. 내가 누구를 존경하는지 내가 누구 주장에 동의하는지에 대해 걱정할 시간이 없어요. 나는 편하게 살아 본 적이 없어요. 당신네들하고는 다르죠……. 쉽게 살 수 있는 사람들하고는 달라요."

남자 스탭이 정해진 시간이 됐다고 계속해서 내게 신호를 보내고 있었다. 비행기는 착륙해서 진입로에 멈추었다. 나는 틀에 박힌 말로 그녀의 말을 가로막았다. 닉슨 부인은 잠시 손에 긴 구식 다이아몬드 반지를 만지작거리고 나서 다시 단호하게 공식적 미소를 되찾고는 내 팔을 가볍게 두드렸다.

"정말 즐거운 대화였습니다. 안녕히 가십시오."

나의 의례적인 말에 그녀는 다음과 같은 의례적인 말로 답했다.

"그럼 곧 다시 만나뵙기를 진심으로 바랍니다. 이제 헤어져야겠군요. 안녕히 가세요."

처음으로 나는 닉슨 부인과 그녀의 남편의 공통점을 볼 수 있었다. 두 사람은 대단한 정력을 가지고 있고, "쉽게 살 수 있는 다른 사람들"이 그들의 모든 노고에도 불구하고 우아하게 그들을 앞설지도 모른다는 생각을 가지고 있었다. (그런 사람들을 그녀는 "반질반질한 녀석들"이라고 표현했고 그는 "팔자 좋은 놈들"이라고 불렀다.) 그들은 파티의 불청객들처럼 엄혹한 세상에서 서로를 지지해주고 있었다. 케네디 가에 맞서 후보로 출마한 것은 그들에게는 아주 특별한 지옥이었을 것이다. 마치 그들의 뿌리깊은 불안이 사실로 증명되는 것 같았을 테니 말이다.

—1968년

앨리스 워커를 아시나요? 그녀는 당신을 알고 있습니다만

이 손으로 총을 쏠 수 있을까
의자 뒤에서 우리를 침팬지라고 부른 그 판사에게.
이 손으로 비소를 넣을 수 있을까
주지사의 찻주전자에.
또는 당신의 주전자에 청산가리를 떨어뜨릴 수 있을까.
말해주지 않아도 알고 있다
이것이 이천오백만의
닮고 닮은 상상이라는 것을.

앨리스 워커가 얼마나 중요하고 독특한 작가인지를 자기만 알고 있다고 생각하는 사람을 모두 모으면 이 나라 여기저기에 흩어져 있는 사람이 수천 명은 될 것이다.

앨리스 워커를 '작가'라고 부르는 것은 독자들에게 너무 거리감이 느껴지는 말이다. 앨리스 워커의 독자들은 그녀를 자기 친구로 생각한다. 앨리스 워커 덕분에 수동성과 분노를 벗어던질 수 있었고, 관능이나 자기 존중, 유머나 구원에 대해서도 이해하게 되었다고 그들은 말한다.

"앨리스 워커의 글이 제 마음에 보살핌과 영양분을 제공해준 이후로 저는 훨씬 더 건강한 인간이 됐습니다."

한 젊은 소설가는 방을 가득 채운 동료 작가들에게 이렇게 말했다. 그 말

뒤에 앨리스가 일어나 자기 작품을 읽었다. 미천하지만 영웅적이었기에 많은 사람의 사랑을 받았던 한 노인의 죽음을 그린 감동적인 단편소설이었다. 작품의 결말 즈음에는 방 안에 가득했던 경쟁심과 적개심이 모두 사라진 뒤였다.

"그녀 소설을 읽고 있을 때 문체는 전혀 의식하지 못한다"고 자신이 작가이기도 한 어떤 문학비평가가 말했다. "그녀의 소설은 거울처럼 독자가 보았으면 하고 그녀가 바라는 것을 모두 담고 있다. 나는 몇 문장만 읽어도 금방 알 수 있다. 앨리스로군, 하고."

민권 운동을 하면서 특히 흑인 여성의 인권 회복을 위해 싸워 온 한 여성은 이렇게 말했다. "개인적 차원에서의 부당함과 사회적 부정의를 다루는 작가가 그녀뿐인 것은 아니다. 그러나 내가 아는 작가들 중에서 그녀는 모든 것을 보는 유일한 사람이다. 이 곳의 흑인들에게 어떤 일이 일어나고 있는가, 전세계의 여자들은 어떤 일을 겪는가, 역사와 지구의 유린 등 모든 것을 알고 있다. 그러나 그녀가 또한 내게 가르쳐 준 것은 잔혹함은 그것이 나온 곳으로 되돌아간다는 것이다. 그래서 나는 계속 싸워야한다는 신념을 가지게 되었다. 그녀는 완전히 구제불능처럼 보이는 사람들을 주인공으로 택하고 그런 사람들의 구원에 대해 쓴다. 그것이 내게 변화에 대한 신념을 주었고 나 자신도 변화할 수 있게 했다. 앨리스가 쓴 글을 다 읽고 나면 읽기 시작할 때와는 아주 다른 사람이 되어 있다."

나는 지난 십여 년간 그런 논평을 많이 들었다. 사람들은 내가 「미즈」에서 일한다는 것을 알고 있고, 앨리스 워커는 「미즈」에 글을 발표했으며 여러 해 동안 편집자로 활동하기도 했다. 그 때문에 나는 어디를 가든 그런 개인적인 고백을 듣게 된다. 사람들은 내가 앨리스를 개인적으로 알지 못할 거라고 생각할 때는 다음과 같은 질문을 한다.

"새 소설은 언제 나오나요?"

"왜 그녀의 책을 파는 서점이 많지 않죠?"

흥미롭게도 유명인사에 대해 흔히 하는 질문은 듣기 어렵다. "앨리스 워커는 실제로 보면 어때요?" 같은 물음 말이다. 독자들은 자신들이 이미 앨리스 워커의 작품을 통해 그녀를 개인적으로 알고 있다고 느낀다. 그녀의 작품에 감동받은 수많은 사람들이 거의 모든 대학과 도시를 포괄하는 하나의 작고 은밀하고 광범위한 네트워크를 형성하고 있다.

물론 그런 독자들이 존재한다는 것은 앨리스 워커가 무명 작가는 아니라는 의미다. 그녀의 장편소설 세 편, 시집 세 권, 소설집 두 권은 상당히 많이 팔렸고 여기저기서 그녀의 작품을 비평하기도 했다. 그녀는 흑인 민속 연구가이자 1930년대의 잊혀진 작가 조라 닐 허스턴의 작품 모음집을 펴냈으며 그의 전기에 서문을 쓰기도 했다. 젊은 독자들을 위해서 랭스턴 휴의 전기를 발표하기도 했다. 그녀의 첫 번째 단편집 『사랑과 괴로움』은 국립문예연구소의 로젠탈 상을 수상했다. 두 번째 소설 『메리디안』은 민권운동에 대한 최고의 소설이라고 자주 언급되며 문학 수업뿐 아니라 미국사 수업에서도 교재로 사용된다. 두 번째 시집 『혁명적 페추니아』는 릴리안 스미스 상을 수상했고 내셔널 북 어워드 후보로 선정되었다.

그러나 이처럼 미국의 주요 작가로 평가받을 만한 주목을 받았던 데에 비하면 세상에 많이 알려지지는 않은 편이다. 그것은 우리가 익히 아는 편견 때문이다. 백인 남성 작가와 그들이 만들어낸 문학만이 표준이라고 여겨지므로 흑인 여성 (그리고 유색인 여성)은 이중으로 배제되고 이중으로 "별난" 존재가 된다. '흑인 여성' 이라는 말이 '작가' 앞에 붙으면 보편성을 가지지 못한다는 의미라고 여겨졌다. 최근에야 그런 인식이 사라지고 토니 모리슨이나 마야 앤젤루 같은 소설가들의 작품이 읽히기 시작했다. (백인 남성만이 아무런 수식어 없이 그냥 '작가' 라고 불린다. 그러나 이제 노먼 메일러 등을 '백인 남성 작가' 라고 부르기 시작해야 할 것이다.) 실제로 토니 케이드 뱀바라, 준 조르단, 폴 마샬, 느토제이크 쉐인지 등 최근의 중요한 작가들은 그들 이야기에는 보편성이 없다는 편견 때문에 아직도 주류에 포함되지 못한다. 과거의 조라 닐 허스턴과 넬라 라스스도 마찬가지다. 그들 작품은 절판되고 사람들 마음에서도 멀어져 갔다.

흑인학, 여성학, 그 외 불평등의 교정을 위한 새로운 이론들에도 불구하고 학계와 문화계의 믿음을 바꾸는 데는 조금 시간이 걸릴 것이다. 미국 독자들이 국경과 시간, 언어의 장벽을 뛰어넘어 도스토예프스키나 톨스토이에게 공감할 수는 있지만, 이웃집에 사는 볼드윈이나 엘리슨을 만나러 가지는 않을 것이라고 생각한다. 그들은 또 여자들이 남자 주인공들과 동일시할 수 있고 동일시해야 한다고 믿는다. 하지만 남성 독자가 여성의 눈을 통해 인생을 볼 수는 없다고 생각한다. 물론 앨리스는 남자 주인공도 만들어낸다. 그녀의 첫 소설 「그레인지 코플랜드의 세 번째 인생」의 주인공도 남자다. 그런데 그녀는 앞서 말한 것과 비슷한 다음과 같은 편견에 부닥쳤다. 남자 예술가가 여자들을 창조해 낼 수는 있지만 여자 작가가 신뢰감 가는 남자 인물을 만들 수 있을까?

언제나 대중은 지도자보다 앞서나가고 독자들은 학자나 비평가보다 앞서나간다. 구하기 어려운 앨리스 워커의 책들을 찾아보는 사람들 중 대다수가 흑인 여성들이고 그 점은 매우 중요하다. 그것은 그녀의 작품이 경험을 거쳐 보편성에 이르고 있기 때문이다. 그리고 그녀는 용감하게도 흑인과 백인의 섹스나 아프리카의 여성 억압 같은 미묘한 주제에 대해서도 글을 쓰고 있다. ("그녀가 우리에게 어떤 의미인지 당신은 조금도 이해할 수 없을 거예요."라고 스펠먼 대학의 흑인 여학생이 눈에 눈물을 머금고 내게 말한 적이 있다.) 그러나 흑인이 아닌 다양한 여자들도 개인적으로 앨리스 워커와 공통점이 있다고 생각한다. 자기 일과 자기 생각을 갖는 일의 어려움, 쉽게 성폭력의 대상이 되는 우리의 몸, 어머니에 대한 우리의 부채 의식, 출산의 현실, 여자들의 우정, 우리를 하찮은 존재로 취급하는 남자를 사랑하는 일의 파괴적인 결과, 관능, 폭력 등…… 이 모든 것이 그녀의 소설과 시의 주제이다. 『그레인지 코플랜드의 세 번째 삶』에서 그녀는 여성에 대한 폭력을 직접적으로 다뤘다. 우리가 남편과 애인에 의한 여성 구타의 진상을 공개적으로 말하기 몇 해 전이었다. 그녀의 소설은 시대를 앞서 나간 데 대해 상당한 대가를 치러야 했다. 어쨌든 그녀가 여성의 경험을 강력하게 말할 수 있었던 것은 인종과 계급의 경계를 넘어서는 여성 경험을 드러내고 묘사할 수 있었기 때문이었다.

그리고 그녀는 절대 신념을 포기하지 않는다. 여자 등장인물은 절대 성역할에 함몰되어 버리지 않고 흑인 등장인물도 인종에 대한 고정관념 속으로 가라앉지 않는다.

그 젊은 소설가가 "훨씬 더 건강한 인간이 되었다."고 말했지만 그것은 그녀의 소설에 대한 흑인 남자 독자들의 공통적인 반응이다. 흑인 남자들은 그녀가 흑인 영어를 아름답게 쓰고 남녀 사이에 벌어지는 일 중 무엇이 옳고 그른지를 이해하고 있으며 남부의 흑인 농촌 지역을 잘 표현하고 있다고 비평한다.

그녀에 대한 부정적인 비평 대다수가 흑인 남자들의 비평인 것도 사실이다. 그들은 백인 남자가 가졌던 모든 것을 흑인 남자도 가져야 한다는 생각을 하고 있었고, 흑인 여성이 진실을 말하는 것이 인종 차별 사회에서 잘못 이용될 위험이 있다고 주장했다. 흑인 남자 비평가들은 아무도 그와 같은 믿음과 두려움에 대해 깊이 생각해보지 않았다. 사실상 그들이 그녀를 경계하는 이유는 그녀의 "삶의 방식" 때문이었다. 그녀의 "삶의 방식"이란 앨리스가 백인 민권 운동가와 십 년간 결혼 생활을 했다는 사실을 에둘러 표현한 것이다. 대체로 문학 비평가들이 그녀의 삶의 방식을 문제 삼았다. 앨리스는 그에 대해 다음과 같이 썼다.

"그들 자신이 백인과 결혼해 있는 경우가 많았다. 그뿐만 아니라 그들이 떠받드는 리처드 라이트, 진 투머, 랭스턴 휴, 제임스 볼드윈, 존 A. 윌리엄스, 르로이 존스 등을 비롯해서 수많은 작가들이 삶의 어느 시기에는 다른 인종과 관계를 맺은 적이 있었다. …… 흑인 여자인 내가 감히 그들과 똑같이 그런 특권을 행사했다는 것이 문제인 듯하다."

앨리스는 다음과 같이 지적하기도 한다.

"흑인 비평가들이 혹평을 하는 것은 적어도 내 작품에 관심은 보인다는 뜻이다. 백인 비평가들 대부분은 그저 약간 당황스러운 감정만 느끼는 것 같았다."

백인 남자 독자들이 그녀의 책을 읽을 때 처음 맞부딪치게 되는 생각은 그 작품이 자신들을 위한 것이 아니라는 생각일 것이다. 그러나 앨리스의 작품을 읽은 많은 백인 남자들은 흑인의 분노를 잘 이해할 수 있게 됐다거나 자신들이 이제껏 세상 전체를 보지 못했음을 새롭게 알게 해준 책이라고 말한다. 흑인 남자 비평가들이 두려움을 표한 것을 생각하면 역설적이다. 영문학 교수 수전 커쉬너는 『메리디언』에 대한 모든 서평을 연구한 결과, 그 소설의 도덕적인 주제를 진지하게 검토한 비평가는 그레일 마커스뿐이라고 했다. 그는 백인 남자 비평가로 『뉴요커』에 그 서평을 실었다.

그러나 다음과 같은 시를 쓴 시인의 분노를 공유하지는 못했다.

몇 시간이나 내 오른손을 들여다보며 앉아 있다.

이 손으로 총을 쏠 수 있을까

의자 뒤에서 우리를 침팬지라고 부른 그 판사에게.

이 손으로 비소를 넣을 수 있을까

주지사의 찻주전자에.

또는 당신의 주전자에 청산가리를 떨어뜨릴 수 있을까.

말해주지 않아도 알고 있다
이것이 이천오백만의
닳고 닳은 상상이라는 것을,
다음 세대에게서도 그 다음 세대에게서도
저절로 솟아나올 갈망이라는 것을.
모두가 알고 있는 것을
쓰는 건 내겐 어려운 일이다
그러나 내 생각에
나는 이미 죽은 자들은 용서했다
충분히[1]

백인 남자 비평가는 이런 저항 정신에 거부감을 느낄 것이다.

내 안에 있는 열망은
별들의 질서를
그 예쁜 무늬를 휘저어놓는 것.
지금 천사에 대해 떠벌리고 있는
신들이
신에게 대들고픈 내 갈망을 날려버릴 수 있는지
내가 휘저어놓은 것을
다시 질서 있게 만들 수 있는지
알아보기 위해서.[2]

---

1) "January 10, 1973," *Goodnight, Willie Lee, I'll See You in the Morning* (New York: Dial, 1979).
2) "Rage," *Revolutionary Petunias & Other Poems* (New York: Harcourt, Brace, Jovanovich, 1973).

또한 남자 비평가는 이렇게 자유롭게 말을 내뱉고 싶은 욕구를 이해하지 못할 것이다.

나는 사랑을 걱정하지 말라고
하지만 사랑이 올 때는
마음을 다바쳐 감사히 맞으라고 배웠다.
피의 어두운 신비를
조심스럽게
소용돌이치듯이 알아보라고.
감정이
물처럼
빠른 속도로 흘러넘치는 것을
몰아치는 것을 알아야 한다고.
그 근원은
마르지 않는 샘처럼 보인다
우리의 또 다른 그리고 세 번째 자아 안에 있는 샘
내가 당신에게 보여주는 새로운 얼굴은
이 세상 누구도 한 번도 본 적 없는 것.[3]

나는 오래 전부터 형성된 앨리스 워커 독자들이 한자리에 모인다면 아마 엄청나게 많고 다양한 사람들이 모이게 될 것이라고 생각해왔다. 그것은 마치 하나의 국가와 비슷한 것처럼 보일 것이다.

---

3) "New Face," *Revolutionary Petunias & Other Poems* (New York: Harcourt, Brace, Jovanovich, 1973).

앨리스 워커의 독자들은 이제 매우 많아진 듯하다. 앨리스 워커의 세 번째이자 마지막 소설인 『컬러 퍼플』은 소수 독자들의 열광을 대중적인 인기로 바꾸어놓은 문학사적 사건이라 할 만하다.

우선 『컬러 퍼플』은 서술 방식이 아주 매혹적이다.

화자 셀리는 여성 중에서도 가장 낮은 지위에 있는 주변적인 인물이다. 그녀는 매우 어려운 역경을 이겨내야 했고 곁에는 이야기 상대가 아무도 없었다.

이 소설은 셀리가 남부 특유의 말투 그대로 솔직하게 자기 삶을 이야기해 하나님에게 편지를 보내는 방식을 취한다. 그녀가 사랑하는 여동생 네티가 죽지 않고 아프리카에 살고 있다는 것을 알게 된 후에는 그녀는 네티에게 편지를 쓰기 시작한다. (작가는 신의 기원에 대해 이야기하고 있음이 분명하다. 언제 우리는 보이지 않는 강력한 친구를 만들어낼 필요가 있는가 언제 그런 친구가 필요 없게 되는가를 보여준다.) 핵심은 자기 글을 누군가 읽든 말든 셀리는 자신의 생각과 느낌을 씀으로써 자신의 존재를 확인해야 했다는 점이다. 밤마다 재미있는 이야기를 해 주지 않으면 죽음을 당하게 되는 세헤라자드처럼 그녀는 자기 목숨을 구하기 위해 글을 쓴다.

그 결과 매우 정직하고 놀라우며 시적인 소설이 만들어졌다. 그것은 앨리스 워커가 표준 영어의 안전함을 벗어나 등장인물들의 구어 속으로 길고 긴 여행을 한 노력의 결실이다. 여기서 그녀는 이전과는 완전히 다른 방식을 택한다. 독자가 느낌과 사건으로부터 거리를 느끼게 하는 삼인칭 화자는 없다. 우리는 셀리의 머릿속으로 들어가서 그녀의 눈으로 보고 그녀의 고통과 즐거움을 경험한다. 그리고 밑바닥에서 세상을 바라볼 때에만 가질 수 있는 명료함을 지니게 된다.

뿐만 아니라 셀리는 복잡한 사건 전개와 인물의 본질적 성격을 아주 짧은 말로 함축해서 설명할 줄 아는 이야기꾼이다. E. L. 닥터로의 『래그타임』에서처럼 리듬감 있는 말이 긴장감 넘치는 전개에 덧붙여진다. 여러 개의 일화와 몇 개의 장으로 서술할 수도 있는 내용을 셀리는 한 줄, 한 문장, 한 단어로 압축한다. 시인만이 그렇게 함축적이고 전개가 빠른 소설을 쓸수 있다. 만약 하나님이 셀리의 편지를 받게 된다면 틀림없이 하나님도 그이야기에 푹 빠질 것이다.

왜 항상 앨리스 워커가 등장 인물들의 말을 사투리라고 부르지 않고 흑인 영어라고 지칭하는지를 비평가들은 이해해야 한다. 그녀는 흑인의 말을 사투리라고 부르는 것은 흑인의 언어를 백인의 그것보다 못한 것이라고 평가하는 인종차별적 습성이라고 생각한다. 작가가 실제로는 정확한 철자법과 문법을 알고 있다는 것을 보여주기 위해 말을 줄여쓰는 일도 전혀 하지 않는다. 독자가 작품과 거리를 유지하게 하는 따옴표도 없다. 셀리는 들리는 대로, 느끼는 대로 쓴다. 말 그대로 자기 마음을 쓰고 있는 것이다.

앨리스 워커의 모든 작품이 그렇지만 『컬러 퍼플』을 읽으면 다음과 같은 즐거움을 얻을 수 있다. 사람들이 자신을 구원하고 성장하는가, 그렇지 않으면 자기 안으로만 관심을 쏟으면서 시들어가는가를 보게 되는 것이다. 그것은 자기 삶에서 도덕적 명령을 실행하느냐 그렇지 않느냐에 달려 있다. 그러나 항상 그렇듯이 이 도덕은 외부의 명령 체계가 아니다. 당신이 사랑해서는 안 된다고 사회에서 정해둔 사람들을 사랑하는 것은 아무 문제가 되지 않는다. 그들과 함께 아이를 가질 것인가 아닌가도 중요하지 않은 문제다. 당신이 돈이 많은지, 교회에 가는지, 법을 지키는지의 여부도 중요하지 않다. 중요한 것은 타인에게 부당한 짓을 하지 않고 자신의 인생을 낭비하지 않는 것이다. 진리를 필요로 하는 사람들에게 진리를 감추거나, 누군가의 의지나 재능을 억압하거나, 필요한 것 이상을 자연에게서 착취하거나, 자신의 재능과 의지를 사장시키지 않는 것이다. 그것이 품위와 자율성, 보살핌과 균형의 유기체적인 도덕이다.

또한 겉으로 보기에는 아무리 비천하거나 수동적인 사람이라 해도 누구나 자기 내면에 구원의 가능성을 지니고 있다는 점이 중요하다.

아마도 그래서 앨리스는 셀리가 직접 이야기하는 형식을 택했던 듯하다. 셀리는 남부 지방의 가난한 집안에서 태어나, 고된 일을 해야 했고, 말수가 적었고, 영리하지도 예쁘지도 않았다. 책의 처음 몇 쪽 도입부에서 그녀는 의붓아버지에게 수차례 강간당하고, 임신을 해서 어쩔 수 없이 좋아하던 학교를 떠나야만 했다. 그리고 강간으로 생긴 두 아이마저 빼앗기고 홀아비에게 시집 보내진다. 남편은 그녀를 자기 아이들 여러 명을 보살피는 일꾼으로 부린다. 그녀의 삶은 희망도 기쁨도 없는 끝장난 인생인 듯 보인다.

사실상 이 책의 위험은 독자들이 책의 앞부분 몇 쪽을 읽다가 절망해서 책을 덮을 수 있다는 것이다.

그러나 의붓아버지가 그녀를 강간한 후 "하느님 외에는 누구에게도 말하지 말라."고 협박한 것이 그녀가 비밀 편지를 시작하는 계기가 된다. 그녀는 모든 것을 편지에 쓰면서 남편의 일상적인 폭력을 '나무처럼' 견디었고, 자신의 고통을 다른 여성에게 가하는 것을 거부함으로써 잔혹함의 고리를 끊었다.

셀리는 공감과 용기라는 작은 재능으로 자신을 구원한다. 남편인 모 씨에게도 저항한다.

남편은 매우 냉혹하고 잔인한 사람이어서 그녀는 남편의 이름을 편지에 쓰지 않기로 한다. (소설 끝부분에서 모 씨는 앨버트라는 아주 상냥한 남자로 변했다. 이것이 바로 앨리스 워커의 구원의 힘이다.) 남편은 셀리더러 자신이 진심으로 사랑하는 여인 셔그 애버리가 건강을 되찾을 수 있게 그녀를 보살피라고 한다. 셔그는 베시 스미스의 재능과 조라 닐 허스턴의 독립심을 가진 가수였다. 셀리가 셔그에게 느끼게 된 사랑은 자매애와 관능적인 사랑 두 가지 방식으로 되돌아온다. 그러던 중 모 씨가 아프리카에 있는 여동생 네티에게서 온 편지를 가로챘다는 것을 알게 되자, 네티가 죽었다고 생각했던 셀리는 분노를 폭발시킨다. 그녀는 남편을 죽이려 하지만 셔그가 겨우 살인을 막는다. 셔그는 좀더 효과적인 방법으로 그를 혼내준다. 셀리는 용감히 맞서서 그를 비웃어 주고 그를 혼자 남겨두고 떠난다.

이것은 줄거리를 아주 간단히 요약한 것이다. 복잡한 가족 관계, 광범위한 배경, 인간사의 우연의 일치 등에서 어떤 러시아 소설보다도 뛰어나다. 이런 소설적 재미 외에 유머 감각도 있고 미국적인 정의의 실현에 대한 기대도 있고 신의 존재, 종교의 정치학에 대한 간단한 논의도 있으며 아주 일상적인 일에 대한 관찰도 있다. 앨리스의 소설은 이런 모든 것을 담고 있다. (그녀의 소설에서는 뜻밖의 즐거운 일들도 많이 일어나는데 되돌아보면 그것은 인생에서도 마찬가지다.) 그러나 어떤 뜻밖의 사건이 벌어지더라도 줄거리와 주제는 매우 함축적으로 짧게 표현된다. 앨리스의 소설에는 꼭 필요한 문장만 있어서 모든 것을 바꾸지 않고는 아무것도 지워버릴 수 없다.

네티의 편지가 발견된 후 이야기의 무대는 남부 농촌 지방을 벗어나서 영국과 아프리카로 확대된다. 네티는 영국 고무 플랜테이션이 자신이 선교 활동을 하던 마을을 사들이고 나서 무슨 일이 일어났는가를 매우 자세히 이야기하고 있는데, 그녀의 이야기는 묵직한 학술서들보다 식민지 지배의 효과를 더 잘 보여준다. 그러므로 국제경제학 수업에서 이 장(章)을 읽도록 해야 한다. 도덕적 균형과 재분배에 대한 작가의 감각은 매우 전염력이 강해서 우리 자신도, 현재 영국이 과거 식민지 지배의 죄에 대해 셀리의 남편처럼 보상을 하고 있는 건 아닌지 생각하게 된다.

소설의 끝에 이르면 우리는 미국 남부의 이 가난하고 이름 없는 땅이 세계 전체를 축약적으로 드러내고 있음을 알게 된다. 전 세계가 그곳에 투영돼 있는 것이다. 셀리와 셔그의 대화는 철학과 윤리학, 형이상학 이론을 전달하며, 그 모든 것이 진심에서 우러나오는 이야기투의 문체로 나타난다. 자연에서 가장 보기 드문 색이라는 자줏빛은 인간 잠재력의 기적을 상징하게 되었다.

고리키, 스타인벡, 디킨스, 어니스트 게인스, 허스턴, 볼드윈, 우스메인 쎔빈, 베시 헤드를 비롯한 많은 작가들의 전통을 이으며 앨리스 워커는 가장 가난한 자들에 대한, 그들의 감정을 공유하는 소설을 썼다. 그러나 인종과 계급 문제를 다룬 대부분의 소설들과 달리『컬러 퍼플』은 남녀의 불평등을 부차적이고 자연적인 문제로 다루지는 않는다. 페미니즘 소설이라는 많은 소설들처럼 인종이나 계급 때문에 일부 여성들을 제외하지도 않는다. 가난한 사람들과 사회적 약자들에 대한 다른 책들과는 달리 그녀의 소설은 한 집단에 '대한' 것이 아니라 다른 집단을 '위한' 것이며 가난한 자들에 '대한' 것이 아니라 중간 계급을 '위한' 것이다. 그녀의 작품은 가장 좋은 의미의 대중소설이다. 소설의 등장인물처럼 가난하고 못 배운 사람들도 앨리스 워커의 소설을 읽고 즐길 수 있다.

사실상 미국 사람 중에서 이 소설의 독자가 될 수 없는 사람을 찾기는 어렵다.

앨리스와 나는 샌프란시스코에 있는 그녀의 아파트에서 차를 마시면서 조용히 이야기를 나누고 있었다. 우리는 10년 동안 함께 일하고, 파티하고, 같이 시위 행진을 했지만 단둘이 대화를 나누는 건 그게 겨우 두 번째인가 세 번째였다. 다른 많은 사람들처럼 그녀의 작품을 통해 그녀를 알고 있다고 나는 생각했다. 하지만 정말 나는 그녀를 알고 있는가?

앨리스만의 공간에 있는 것도 처음이다. 그녀가 글을 쓰는 작은 방에는 커다란 나무 책장이 있고, 다른 방에서는 열두 살짜리 딸 레베카가 무지개를 주제로 그림을 그리는 중이다. 앨리스의 침실은 한쪽 벽에서 다른 쪽 벽까지 화려한 조각의 옛날식 나무 침대가 채우고 있고 부엌에는 싱싱한 허브와 미시시피 강 진흙으로 만든 도기들이 가득 있다. 거실에는 큰 소파와 화초들, 퀼트, 오래 된 흔들의자, 그리고 많은 정말 많은 책들이 있다.

밖은 대도시지만 이 공간에 들어서면 셀리와 네티, 셔그 모두가 집에 온 것 같은 편안함을 느낄 것 같다. 따뜻하고 평화롭고 안전한 이 곳은 셀리를 위해서는 벽에 걸린 남부 농촌 지방의 사진들과 여성 미술 작품을, 네티를 위해서는 많은 책과 아프리카 옷감을, 블루스 가수 셔그를 위해서는 아주 밝은 섬세함을 갖추고 있는 듯 보인다.

앨리스는 이렇게 설명했다.

"책 속의 인물이 나를 찾아오곤 했지요. 내가 비행기를 타고 시 낭송회나 강연을 다니지 않을 때 그들이 날 찾아와요."

소설가들이 대부분 그렇긴 하지만, 그녀는 자기 소설의 등장인물들이 자기 머릿속에 살고 있다고 매우 강하게 느끼고 있었다.

"그래서 머릿속이 시끄럽고 다른 데 주의를 기울이기 어려울 때가 많아요. 레베카가 그 애 아버지와 지내다가 처음으로 돌아왔을 때 잠시동안 내게는 딸애를 받아들일 만한 마음의 여유가 없을지도 모른다고 생각했어요. 그런데 어느 날 그 애가 학교에서 엉망으로 얻어맞고 와서는 이렇게 말했어요. '걱정 말아요, 엄마. 그러니 엄마는 이제 다른 남자를 만나야 해요!' 그래서 곧 셀리가 그 애를 좋아하게 됐죠."

"오랫동안 조용하게 있으면 사람들이 마음속으로 들어와요. 그러면 세상이 침묵 속에서 창조되었다는 생각이 들죠."

이야기 내용만큼이나 독특하게 들리는 앨리스의 목소리를 듣는 것도 뜻밖의 즐거움이다. 그녀가 내가 사는 뉴욕을 떠나 멀리 이사한 후 3년 동안 내게는 그녀의 등장인물들의 목소리가 그녀 목소리보다 더 친숙했다. 나는 소설 속 인물들의 언어가 모두 앨리스 자신의 언어라는 걸 깨달았다.

"『컬러 퍼플』집필은 내 첫 번째 언어를 쓰는 일이었어요."

앨리스는 이렇게 말했다. 그녀는 조지아주의 소작인 집안의 여덟 남매중 막내로 태어났다.

"공부를 하기 위해서는 돈벌이를 해야 했지만 글쓰는 일은 쉬웠어요. 하지만 표준말과 다르게 말하는 흑인이나 다른 유색인 사람들은 말하는 대로 자연스럽게, 물 흐르듯이 글을 쓰지 못한다는 것에 대해 분노를 느꼈던 순간이 있었죠."

그녀의 과거는 현재의 그녀를 만든 중요한 동력이었던 것 같았지만, 그녀가 자란 작은 도시나 그녀 집안에서 시인이나 작가가 된 사람은 아무도 없다고 했다. 그래서 나는 그녀도 다른 창조적인 사람들과 마찬가지로, 자신이 다른 식구들과는 다르며 주위온 아이나 입양된 아이일지도 모른다고 생각했는지 궁금해졌다.

그녀는 "때때로 하느님이 실수를 해서 날 우리 집에 태어나게 한 거라고 생각한 적이 있었어요."라고 시인했다.

"난 항상 평화로움과 고요함이 필요했어요. 서너 개의 방에서 열 식구가 살면서 그걸 누리긴 정말 어려웠죠. 그래서 제가 생각해낸 방법은 들판을 걸으면서 혼자만의 시간을 갖는 거였어요. 우리는 샘에서 물을 길어다 먹었는데 물을 길어 집으로 돌아오는 동안에도 혼자 있을 수 있었죠. 내가 글을 쓰기 시작했을 때는 밖에서 아주 많은 시간을 보냈어요. 그래서 첫 번째 시집『옛날에』도 케냐의 나무 밑에서 쓰게 되었는데 밖에서 글을 쓰는 건 아주 익숙한 일이었어요."

앨리스는 감회에 어린 듯했다.

"저는 훌륭한 선생님들을 만났어요. 제가 네 살 때, 어머니가 들에 일하러 가야 했기 때문에 1학년 선생님이 제가 수업을 들을 수 있게 해주셨어요. 그 후 중·고등학교와 대학에서도 계속 좋은 선생님들을 한두 분 씩은 만났어요. 그분들이 날 외로움에서 구해주셨어요. 내가 찾고자 하는 세상이 존재하지 않을지도 모른다는 걱정에서 날 구해주셨죠.

물론 학교에는 모두 흑인들뿐이었고 그래서 선생님들도 우리와 같다는 느낌을 가질 수 있었습니다. 학교에서 책상이나 무대가 필요하면 그 지역 사회의 어른들이 만들어줬어요. 부모님은 내가 다니던 중학교의 기금 마련을 위해 사친회라는 것을 마련하기도 했어요. 서로 돕는 공동체의 특성이 강했지요.

선생님들은 제게 책을 많이 빌려 주셨죠. 『제인 에어』는 아주 오랫동안 제 친구였어요. 제가 사는 세상이 너무 힘든 것이었기 때문에 책 속의 세상으로 피했죠. 어머니는 가정부로 일하시느라 아침 여섯 시 반부터 해질 때까지 집에 안 계셨어요. 언니 한 명은 북부에 살고 있었고 다른 언니는 미용사로 일했기 때문에 제가 집안일과 요리를 해야 했어요. 저는 그 때 겨우 열두 살이었는데 아무도 없는 집으로 돌아와서 집안 청소를 하고 저녁을 준비했지요. 제 노고에 별로 고마워하지도 않는 식구들을 위해서요. 그 때 어머니를 아주 많이 그리워했어요.”

앨리스의 소설 속 이야기와 등장 인물들이 모두 그녀의 삶 속에서 메아리치고 있었다. 셀리처럼 그녀도 살아남기 위해 글을 쓰기 시작했다.

“여덟 살 때부터 공책을 가지고 다녔어요. 최근에 그걸 발견하고는 아주 놀랐죠. 그건 시집이었어요. 형편없는 시였지만요. 시를 들어준 모든 사람들에게 감사한다는 서문도 있어요. 모든 사람들이라고 해야 어머니, 선생님, 장님 삼촌뿐이었죠.”

그녀의 시와 소설에 나오는 일인칭 화자처럼 그녀에게는 용기있고 지혜로운 어머니가 있었고 어머니는 큰 의지가 되었다. 지금도 그녀는 어머니에게 많이 의지하고 있다. 거의 일흔이 다 되신 그녀 어머니는 조지아 주의 그 도시에 아직도 살고 계시는데 몸이 약해지기 전 아주 최근까지도 계속

해서 일을 하셨다. 앨리스는 어머니를 자주 방문한다. 옛날에 어머니가 절약하고 저축해서 그녀에게 여행용 가방과 타자기를 선물한 것은 모험과 일에 대한 확실한 허락을 표현한 것이었다고 그녀는 생각한다. 구 년 전에 돌아가신 아버지는 근심이 많고 복잡한 사람이었다. 어릴 때는 아버지와 아주 가까웠지만 아버지는 어른이 된 후의 그녀를 이해하지는 못했다.

에세이 「내 아버지의 나라는 가난한 나라」에서 그녀는 이런 부녀간의 거리를 다루고 있다. 그 거리감은 자식을 잘 키우기 위해 희생한 아주 가난한 부모와 다 자란 자식 사이에서 흔히 생기는 거리감이다.

두 번째 소설의 주인공 메리디언처럼 그녀는 장학금을 받아서 스펠먼 대학에 갔다. 스펠먼은 애틀랜타에 있는 흑인여자대학이다. 앨리스에게 그 기회는 그녀의 인생에 그림자를 드리우고 그녀에게 "장애"를 남긴 어린 시절의 사고가 남긴 아이러니한 결과라 할 수 있다.

여덟 살 때 오빠들과 놀던 중에 그녀는 오빠의 BB탄 총 한 발을 맞았다. 그 때문에 오른 쪽 눈을 실명하게 되었다. 동네 의사는 결국 나머지 한쪽 눈마저 실명하게 될 것이라고 했다. 그렇게 되지는 않았지만 그녀는 여러 해 동안 완전히 실명할지도 모른다는 두려움에 떨었다.

또 다친 눈 위의 흉터 조직이 아래로 흘러내리면서 크게 자라나왔다.

"매일 밤, 자고 일어나면 그것이 없어지게 해 달라고 기도했어요."

그녀는 이렇게 회상한다.

"내가 아주 추하다고 생각했기 때문에 사람들을 똑바로 쳐다보지 못했어요. 플래너리 오코너는 작가는 응시할 수 있어야 한다고, 무슨 일이 일어나는지 전부 볼 수 있어야 한다고 말했지요. 나는 똑바로 올려다보지도 못했어요."

"열네 살 때 여름방학 동안 조카들을 봐주러 오빠 빌의 집에 갔는데 오빠가 날 병원에 데리고 갔어요. 거기서 흉터 조직을 대부분 제거했어요. 그 후 나는 완전히 다른 사람이 됐죠. 나는 집으로 오자마자 제일 잘생긴 남자 아이를 낚아챘고 고등학교를 졸업할 즈음에는 '가장 인기 있는 아이'로 뽑혀 그 학교의 여왕으로 선정되기도 했어요. 졸업식에서는 졸업생 대표로 고별 연설도 했구요."

그녀는 웃으면서 자기 이야기를 했지만 어린 시절에 겪은 공포는 아직도 많은 부분 생생하게 남아 있는 듯했다. 작품을 통해서는 이해할 수 없었던 앨리스에 대한 미스터리가 풀리는 순간이었다. 왜 그녀가 자신이 아름답다는 것을 모르는 것처럼 보이는지를 이해할 수 있게 된 것이다.

그녀가 셸리 같은 사람의 가슴 속에서 우러나오는 글을 쓸 수 있었던 것도 아마도 그러한 어린 시절 때문일 것이다. 그런 경험으로 인해 그녀는 가난한 흑인인데다 못생겨서 사회에서 버림받은 셸리의 마음을 이야기할 수 있었던 것이다.

앨리스는 생각에 잠겨서 이렇게 말했다.

"나는 이런 꿈을 꾸곤 했어요. 버스 한 대가 길 아래로 내려오다가 내가 가방을 들고 기다리고 있는 곳에서 멈추더니 버스 기사가 내리는 거예요. 요금을 내라고 기사가 손을 내밀면 난 그 손에 눈알 하나를 쥐어주었죠.

그럼요, 진짜예요. 한쪽 시력을 잃지 않았더라면 조지아 주 장애인 재활과가 장애인에게 제공하는 반액 장학금과 무료 교재 혜택을 받지 못했을 겁니다. 등록금의 나머지 반은 스펠먼 대학에서 받았는데 고등학교 성적이 좋았고 교장 선생님과 선생님들이 정성껏 추천서를 써준데다가 내가 고등학교 졸업생 대표였던 덕분이었죠. 저희 고등학교 선생님 중 한 분은 지원서에 사진을 붙이지 못할 정도로 집안이 가난해서 스펠먼에 들어갈 수 있었다고 했지요. 그런데 저는 말 그대로 눈 하나를 내고 학교에 들어간 셈이에요."

그렇게 해서 그녀는 스펠먼에 들어가는 것으로 긴 여행을 시작해서 다른 장학금을 받아서 뉴욕에 있는 사라 로렌스 대학으로 옮겼고 그 다음에는 네티처럼 아프리카를 여행하고 돌아왔고 메리디언처럼 미시시피에서 민권 운동가로 활동했다. 그러는 동안 그녀는 계속 글을 썼다.

앨리스에 대한 미스터리 중에는 작품을 통해서만 설명될 수 있는 것도 있다. 지금 내 맞은 편에 앉아 있는 그녀는 상냥하고 말이 많지 않은 친절한 사람이다. 나는 그녀가 여러 시간 동안 모임에서 말없이 앉아 있는 것을 본 적이 있다. 자기가 잘 알고 있는 주제였는데도 말이다. 어떤 작가는 그녀를 "투사 같지 않은 투사"라고 불렀다. 그러나 그녀의 글에서 볼 수 있는 분노와 징벌, 정당한 살인에 관한 상상은 그녀 안에도 있다. 그런 분노가 터지는 것을 보려면 아주 오랫동안 그녀를 알고 지내야 한다.

앨리스가 '새로운 남부 지방'에 관한 글에 대해 의논하기 위해 「뉴욕 타임즈」의 편집자들을 만났을 때의 일을 이야기한 것이 기억난다. 그들은 그녀에게 글을 다시 쓸 것을 요구했는데 글에 백인이 충분히 포함되어 있지 않다는 것이 이유였다. 그뿐 아니라 설상가상으로, 그들은 그녀가 "백인 남자와 결혼했으니"라고 덧붙이기까지 했다.

"난 백인 남자 집단과 결혼한 게 아닙니다. 내 남편은 멜이라는 개인일 뿐이에요."

그녀는 이렇게 사납게 말했다.

그녀는 나중에 그 편집자들에게 편지를 보냈다고 한다. 자신은 7년간 미시시피 주에서 소방 호스와 개까지 동원하는 남부 지방 보안관들에 맞서 싸우기도 했지만, 그들과 함께한 점심에 비하면 개들 쪽이 낫다고 썼다.

"부당함에 대한 복수를 꿈꾸는 게 사실이에요."

그 분노에 찬 편지를 내가 기억해내자 그녀는 미소지으며 이렇게 말했다. 하지만 전혀 그 일을 후회하지는 않는다고 했다.

"흑인들을 억압하는 백인 남자를 죽이면 얼마나 기분이 좋을까 하고 상상해요. 수류탄을 가지고 인종을 차별하는 정치인의 무릎 위에 앉아 있다가 둘이 같이 폭발해버리는 꿈을 꾸곤 했어요."

살인을 꿈꿀 정도로 극심한 분노를 느끼면서도 그녀는 자신이 죽지 않고 다른 사람만 죽이는 일은 상상할 수 없었다. 『메리디언』과 『그레인지 코프랜드의 세 번째 삶』의 주인공처럼 그녀는 정당한 이유로 적을 살해하는 것에는 찬성했지만, 그건 의로운 목숨 하나를 대가로 치를 때에 한해서이다. 그와 같은 도덕적 균형 감각이 복수에 대한 그녀의 욕망을 제어하는 역할을 한다.

또 그녀는 다음과 같이 말한다.

"최근 저는 정의를 위해 싸울 때는 어디선가 도움을 받게 된다고 믿게 되었어요. 국가나 개인이 사람들을 억압하면 그에 대한 대가를 지불하게 되어 있죠. 그런 일은 자주 일어납니다. 인디언들이 강제 이주를 당하면서 '눈물의 길'에서 수없이 죽은 몇 년 후 그 당시 대통령이던 앤드루 잭슨은 큰 부상을 입어서 미이라처럼 붕대를 감고 있어야 했죠.

흑인들이 반핵운동에 참가하지 않는 것도 그런 정의의 개념과 관련이 있다고 생각해요. 백인들이 지구를 강탈하며 살았고 우리 모두를 위협하는 폭탄을 만들었으니 그것 때문에 죽도록 내버려두면 될 것 아니겠어요? 그렇지만 그들과 함께 우리도 같이 죽고 싶지는 않죠. 그래서 이제 우리도 핵전쟁 반대를 위해 행동하기 시작하고 있습니다."

어린 시절에 그녀는 흑인 린치에 대한 이야기를 무수히 들으며 자랐다. 자라서는 그 이야기들이 불완전한 것이었음을 느끼게 되었다. 그녀는 "젊은 흑인 여자가 강간당한 후에 살해되어 강에 던져졌을 때는 아무도 그 여자가 린치를 당했다고 말하지 않았어요."라고 말했다. 그녀가 열두 살 때 어른들은 그녀더러 어릴 적 놀이 친구였던 백인 여자아이를 아가씨라고 부르라고 했지만 그녀는 절대 그렇게 하지 않았다. 목사, 교사, 이웃 사람 등 모두가 흑인인 작은 동네에서 살았기 때문에 그런 강인함과 자존심을 가질 수 있었다. 백인 어른들은 개인으로 보이지 않았고 멀리 있는 적들의 집단으로만 보였다.

하지만 대학생 때 당시 매우 돈이 궁했던 그녀는 스펠먼 대학에서 주는 상과 장학금을 거부했다. 흑인 학장이 백인 교수 하워드 진을 해고했기 때문이었다. 그 백인 교수는 너무 좌익 성향이 강하고 민권운동에 깊이 개입하고 있으며 수업 시간에 학생들을 웃기려고 하고 너무 "교수답지 않다."는 이유로 해고됐다.

사라 로렌스 대학에서는 글쓰기에 대한 지원을 받을 수 있었지만 난생처음 거의 백인들로만 이루어진 곳에 있게 되어 소외감을 느꼈다. 그래서 그녀는 연구비를 받아서 여름 동안 영적인 고향을 찾아서 아프리카로 떠났다. 그러나 그녀는 돌아온 딸이 아니라 특이한 종류의 미국인으로 여겨질 때가 더 많았다. 그녀는 여자들의 고통과 많은 남자들의 남성우월주의를 보았다. 이 시기에 쓴 미간행 단편소설 「어떤 미국 소녀의 자살」은 미국의 젊은 흑인 여자와 아프리카 출신 남학생의 만남에 관한 이야기다. 남자는 여자에게 끌리면서도 그녀의 독립심에 화가 나서 그녀를 강간한다. 그녀는 저항하지 않는다. 그녀는 권력을 증명하고픈 그의 욕구를 위한 희생양으로서, 그가 떠나고 난 후 가스를 틀어놓고 조용히 죽음을 기다린다. 이것은 의지와 가치의 갈등인데 앨리스는 이제 더 이상 포기함으로써 문제를 해결하려 하지 않는다. 가장 최근의 시집 『잘 자요 윌리 리, 내일 아침에 봐요』와 『컬러 퍼플』에서 그녀는 모순과 분노로 가득 찬 아프리카 여인들의 운명을 이야기했다.

"우리는 아프리카가 흑인들을 위한 특히 흑인 여자들을 위한 천국이라는 생각이 잘못된 것임을 폭로해야만 합니다."

그녀는 단호하게 말한다.

"우리는 저쪽 세상에서도 노새처럼 일만 해왔고 이쪽 세상에서도 노새처럼 일만 해왔습니다."

1960년대 후반, 앨리스는 미시시피주에서 남부 지방의 평범한 흑인 여자들, 자기 어머니와 비슷한 여자들의 일생에 대해 글을 쓰기 시작했다. 흑인들에게 유권자 등록을 권하고 그들의 복지권을 위해 일하는 한편, 민담을 수집하고 흑인들이 어떻게 살았는지를 조사해 상세히 기록했다. 이런 작업을 하는 동안 조라 닐 허스턴의 작품을 발견했다. 그것은 우월감을 가지고 흑인 민담을 기록했던 백인 작가들로부터 그녀를 구원해주는 반가운 작품이었다. 허스턴의 작품은 앨리스의 인생에 중요한 영향을 미쳤다. 그 작품을 다시 출판하고 사람들에게 알리기 위한 노력도 그녀의 인생에 중요한 계기가 되었다. 그녀는 복지 기관에서 가난 속에 죽어간 휴스턴의 묘지를 찾으려 했지만, 흑인과 백인의 자리가 구분된 공동 묘지에서 휴스턴의 묘를 찾을 수 없었다. 그래서 그녀를 기리기 위해 묘비를 하나 사서 세워두었다.

미시시피에서 이렇게 몇 년을 보내던 중에 멜 레벤탈을 만났다. 그는 민권운동 변호사로 10년간 그녀의 남편이었으며 그녀의 딸 레베카의 아버지이기도 하다. 그들은 이혼했지만 지금도 계속 친구로 지내고 있다.

"멜과 나는 거의 1년간은 완벽하게 행복했어요. 하지만 그간의 경험을 통해 우리가 결혼하지 않고는 세상으로 나갈 수도 없고 정치적 활동을 할 수도 없다는 것을 알았죠. 우리가 결혼하면 인종간의 결혼 관련 법률에 도전할 수도 있고, 무엇보다 우리는 정말로 서로 사랑했으니까요. 사랑과 정치 활동, 일이 모두 환상적으로 결합되어 있었죠. 그 사람은 글을 쓰려는 내 노력을 일관되게 지지해 주었어요. 이사를 할 때마다 그가 제일 먼저 한 일은 내가 글쓰는 자리를 정하는 것이었죠. 제 글들을 보고 놀라기도 하고 때로는 무섭기도 했겠지만 그는 언제나 변함없었어요."

그녀는 「흑인학자」의 편집자이자 작가인 로버트 앨런과 몇 해 동안 친구로서 함께 살고 있지만, 재혼은 상상도 않는다고 했다. 그들은 다른 아파트에 살지만 주말에는 함께 시골에 가서 지낸다.

『컬러 퍼플』이 세상에 나온 뒤부터 앨리스는 이따금씩 시 낭송회에 초청받거나 강연을 하게 됐다. 버클리 대학 아프로아메리칸학과에 저명작가로 초빙되어 '내적인 삶-영혼의 희망'이란 과목을 가르쳤고, 브랜다이스 대학교에서는 한 학기동안 창조적 글쓰기를 가르치기도 했다. 강사이자 비평가, 편집자로서 그녀는 미국 학생들과 독자들에게 메시 헤드와 아마 아타 에이두 같은 아프리카 작가들을 소개한다. 그녀는 흑인 작가들의 작품이 여성학 과정에 포함되어야 하며 흑인학은 여성을 간과해서는 안 된다고 주장한다.

오랜 침묵의 시간 동안 강의와 시 낭송으로 생계를 유지했던 그녀는 "모든 것은 침묵으로부터 나온다."고 이야기했다. 그리고 이제 새로운 소설을 쓰려는 중이라고 말했다.

그 동안 그녀는 자신의 에세이를 모아서 『우리 어머니들의 정원을 찾아서: 여성주의 시 모음집』이란 이름으로 출판할 준비를 해왔다. 그녀는 페미니즘보다 우머니즘womanism이라는 말을 더 좋아하는데 그것이 더 강하고 더 포괄적으로 들리기 때문이라고 한다. 또한 그녀는 집회를 싫어하는 사람이 할 수 있는 정도에 한해서는 매우 활발하게 정치적인 운동에 참여한다. 앨리스는 소설가 틸리 올슨과 함께 핵무기 반대 행사 '생존을 위한 여자들의 파티'라는 샌프란시스코 집회를 주관하기도 했다. 그녀가 새로 쓰고 있는 시들의 주제는 우리의 불안한 미래에 관한 것이다.

그녀는 이렇게 말한다.

"책은 우리 삶의 부산물입니다. 저는 자신이 어떻게 살든 그런 사적인 문제는 중요하지 않다고 말하는 작가들 틈에 끼고 싶지 않습니다. 나쁜 사람이 좋은 책을 쓸 수 있다고는 생각하지 않으니까요. 예술이 우리를 더 좋은 사람으로 만드는 역할을 하지 않는다면 도대체 예술이 존재할 필요가 뭐 있겠어요?"

운동에 관한 이야기를 하다 보니, 1970년대 초반에 마틴 루터 킹의 생일을 축하하는 행진에 참석하러 앨리스와 함께 애틀란타에 갔던 일이 떠올랐다. 사람들이 붐비는 거리에서 나는 앨리스를 놓쳤는데 그녀를 찾고 있는 스펠먼 학생들 무리를 만났다. 그들은 그녀의 작품을 줄줄 외우고 있었고 그녀를 만날 희망으로 애틀란타에 왔다고 했다. 그들은 심지어 조지아주에 있는, 그녀가 어린 시절에 살던 집에까지 가보았다고 했다. 앨리스가 조라 닐 허스턴의 생가를 찾아갔던 것처럼 말이다.

그때는 아직 앨리스의 작품이 아주 유명해지기 전이어서 나는 그 유사성에 전율을 느꼈다. 지금도 그 생각이 내 머리에서 떠나지 않는다. 그 생각은 이런 것이다. 앨리스 워커와 그녀의 작품도 사라지게 될 것인가? 그녀가 글을 발표한 시기가 우연히도 사회 운동이 일어난 시기여서 그 글이 사람들에게 널리 알려질 수 있었던 거라면, 그 우연의 일치의 시기가 지나가면 어떻게 될까? 미국 사람들은 자신들의 전성기가 끝나고 도덕적 우위를 잃어버리기 전까지는 진지한 소설을 읽지 않으려 한다는 랠프 엘리슨의 말이 옳은 걸까?

훌륭한 정치가를 뽑기 위해 노력하는 만큼 좋은 책이 계속 출판되도록 열성적으로 운동을 벌일 필요가 있다. 비평가와 학자들은 안전하게 먼 나라의 작품들로 명작의 전당을 채우고 있다. 우리는 우리 자신의 네트워크와 출판사를 만들어내고 기존 질서를 바꾸기 위한 압력도 가해야 한다. 실제로 현재 많은 페미니스트와 다른 사람들이 그런 일을 하고 있다.

그렇다면 나는 어떤 책을 출판할 것인가에 대해 기준을 하나 제시하려 한다.

"작가가 우리 자신의 삶의 현실과 복잡함을 이해하고 있다고 신뢰할 수 있는가? 그 작가는 우리에게 유리하거나 불리한 편견 없이 우리를 공감할 줄 아는 마음을 가지고 우리를 바라보고 있는가?"

나는 앨리스 워커가 우리를 알고 있다고 믿는다. 그리고 우리가 그녀를 안다면 우리는 더 나은 사람으로 변화할 수 있다.

—1982년

후기

『컬러 퍼플』은 1983년에 아메리칸 북 어워드를 수상했고 흑인 여성이 쓴 소설로는 처음으로 퓰리처상을 받았다. 이 작품은 전 세계에서 번역되어 남부 지방 흑인들의 말이 처음으로 외국 독자들에게도 전해졌다. 1985년에는 『컬러 퍼플』이 영화로도 제작되었는데, 그 과정은 그녀의 최근작 「똑같은 강을 두 번이나: 어려움을 찬양함」의 소재가 되었다. 이 에세이 이후 그녀는 소설 두 편과 책 한 권을 세상에 선보였고 여성 성기절단에 대한 영화, 에세이들, 여러 편의 시를 발표했다. 이것이 위에서 제기한 물음에 대한 답이 되기를 기대한다. 앨리스 워커의 작품은 세상에서 사라지지 않을 것이다.

—1995년

4부

이 땅에서

여자로

살아간다는 것

룻의 노래

"왜 엄마는 아빠를 떠나지 않았나요?"
"왜 그 직장을 포기했어요?"
그러면 어머니는 항상, 어쨌든 두 딸을 얻지 않았느냐며
그런 건 문제가 아니라고 손을 내저었다.
만약 내가 더 캐물었다면 아마
"만약 내가 떠났다면 네가 세상에 태어나지 않았을 것 아냐?"라고 반문했을 것이다.
나는 "하지만 엄마는 새로 태어날 수 있었잖아요."라고
말하고 싶었지만 차마 그렇게 말하지 못했다.

행복한 가족이건 불행한 가족이건, 가족이란 건 참으로 미스테리로 가득하다. 가족들은 서로를 잘 안다고 생각하지만 실은 그렇지도 않다. 내가 죽은 다음에 가족들이 나에 대해 설명한다고 생각해보라. 그들은 모두 나를 다르게 설명할 것이다. 하여튼 내가 질문하고 싶은 것은 왜 가족 내의 어떤 미스테리가 다른 미스테리보다 더 중요한가 하는 것이다.

우리 집안에서는 에드 삼촌의 인생 유전이 가장 큰 미스테리였다. 우리는 젊고 영리하던 전기 기사가 결국 마을의 잡일꾼으로 변모한 이유를 알아내기 위해 몇 년 동안이나 머리를 짜냈지만 그 이유를 알지 못했다. 삼촌은 학급 투표에서 베스트 드레서로 뽑히기까지 했던 링컨 대통령 스타일의 단정한 학생이었다는데 어떤 경위로 수염투성이의 수척한 어른으로 변했

을까? 그는 자신과 같은 종교를 가진 양가 출신의 아내와 어린 아들을 버리고, 다른 신을 믿고 못배운 여자와 재혼해서 아이들을 낳고 살았다. 활주로 부근의 버려진 집이었던 삼촌네 집에는 바람막이 철판이 너덕너덕 붙어 있었다. 왜 삼촌은 그런 삶을 택했을까? 왜 자기 이야기는 아무에게도 하지 않았을까?

여러 해 동안 나는 삼촌이 알래스카에서 보낸 1년 동안 어떤 비밀스럽고도 극적인 사건이 벌어진 게 틀림없다고 상상했다. 하지만 나중에 알아보니 그 여행은 그가 이미 변한 후의 일이었고, 따라서 그 변화가 여행을 만들어냈다고 보는 게 옳았다. 여러 가지 잡일을 그에게 시켰던 사람들은 그가 대공황이 만들어낸 또 하나의 비극이라고들 이야기했다. 사실 에드 삼촌의 아버지, 그러니까 나의 할아버지가 그에 해당하는 경우였다. 들은 바로는, 할아버지는 주식시장 붕괴로 전재산을 잃고 화병에 폐렴이 겹쳐 돌아가셨다. 하지만 1929년의 공황 역시 에드 삼촌이 변한 후에 일어난 일이었다. 어떤 사람들은 그가 정신병으로 평생 고생했다고 주장했다. 그러나 에드 삼촌은 뛰어난 일꾼이었고 평생 남에게 도움을 청하지 않고 독립적으로 살아갔다.

어쩌면 그는 20세기 초 이 나라에 사회주의와 무정부주의가 인기를 끌던 때 어떤 급진적인 교수에게서 영향을 받았는지도 모른다. 이건 나의 외삼촌 중 한 분이 제기한 가설이다. 에드 삼촌은 아무리 돈이 급한 때라도 자기 일에 대한 대가로 재료비에 10%를 더한 액수 이상을 요구한 적이 없었다. 그리고 항상 낡은 장화와 안전핀이 달린 작업바지만 입고 다녔다. 어쩌면 삼촌은 한 나라에서 사회주의를 실현하는 대신 한 사람 안에서 사회주의를 실현하고자 했던 것일까? 만약 그렇다면, 몸소 무정부주의자들과 사회주의자들과 연합해서 학교 이사회에 진출하려 하셨던 할머니께서는 왜 당신이 운명하실 때 삼촌이 벌써 쉰이 넘은 나이였음에도 불구하고 삼촌

몫의 유산을 위탁할 정도로 그를 불신하셨을까? 그리고 에드 삼촌은 왜 모든 정치 이야기에 그리도 무관심한 듯 보였을까? 누구 말처럼 에드 삼촌은 유태인은 돈밖에 모른다는 속설을 뒤집기 위해 그런 청빈한 생활을 자청한 것이었을까?

삼촌이 죽고 난 뒤 몇 년 후, 나는 삼촌의 아들(즉 나의 사촌)에게 이 미스터리에 대해 아는 게 있는지 물어봤다. 하지만 그는 아무것도 몰랐다. 자기 아버지가 예전에는 완전히 다른 사람이었다는 것도 몰랐다. 우리는 아무런 대답도 듣지 못했다.

내가 태어나기 전 내 어머니도 내가 아는 것과는 다른 사람이었다는 사실을 나는 상상도 하지 못했다. 내가 어린 시절, 어머니는 누군가의 보살핌을 받아야 하는 존재였고 그저 생활의 일부에 불과했다. 어머니는 항상 침대에 누워 자기만 들을 수 있는 목소리에 응답하며 입술을 조금씩 들썩이곤 했다. 나는 매일같이 어머니에게 토스트와 커피, 볼로냐 샌드위치, 파이 등을 갖다 주었다. 어머니는 정이 많고 매우 지적인 분이었지만 왠지 모를 공포에 사로잡혀 있었다. 가끔 제정신이 들 때면 온통 너저분한 집을 청소하려 했지만 늘상 중간에 멈추기 마련이었다. 여러 해 동안 우리의 역할을 뒤바뀌어 있었다. 내가 엄마 같고 엄마가 딸 같았다. 하지만 내가 엄마처럼 그녀를 돌본다는 사실이 도움이 되는 것 같지는 않았다. 그녀는 여전히 겁에 질린 어머니로서 나를 걱정했고, 위협적이고 적대적인 목소리로 가득한 자신의 세계 속에서 어찌할 바를 모르고 있었다.

하지만 그때는 몰랐다. 내가 태어나기 전만 해도 어머니는 생기있고 모험심 강한 젊은 여성이었다는 사실을. 그녀는 노동계급의 가정에서 태어나 열심히 노력하여 대학에 들어갔고, 좋아하는 일을 찾았으며, 결혼하고 내 언니가 태어난 후에도 계속 그 일을 했다. 당시 어린 나를 제외한 우리 가족과 친척들은 분명 그녀를 성실하고 능력 있는 사람이라 생각했을 것이다. 서른이 되자 그녀는 직장을 그만두고 피서지 리조트를 운영하는 아버지 일을 도왔다. 그녀는 장부 정리에서 바의 매니저까지 모든 일을 도맡아 열심히 일했다. 이렇게 힘이 넘치고 발랄하며 책 읽기를 좋아하던 여성이었던 어머니는 갑자기 혼자 있는 것을 무서워하게 되었고, 마침내 아무 것도 할 수 없는 폐인이 되어 버렸다.

하지만 가족 중 누구도 어머니가 왜 변했는지 그 이유에 대해서 이런저런 추측을 늘어놓지는 않았다. 그녀를 좋아했던 사람들이나 마음씨 착한 사람들은 어머니가 그렇게 된 것이 슬픈 일이라고만 했고, 대부분의 사람들은 어머니가 정신병에 걸렸다고 생각했다.

가족들은 그저 시간이 지나다 보면 좀 낫겠지 하는 심정으로 어머니를 보살폈을 뿐이다. 어머니의 독립심을 못마땅해했던 사람들은 어머니 스스로 병을 자초했다고 말했다. 여자가 조신하지 못하게 나돌아다닌 결과라는 거였다.

그러나 에드 삼촌의 경우와는 달리 어머니가 병에 걸린 이유를 외부적인 요인에서 찾는 사람은 아무도 없었다. 그녀가 직장을 그만둔 것이 에드 삼촌의 대공황처럼 중요한 요인 때문일 것이라고 말하는 사람은 아무도 없었다. (어머니의 경우에 대해 대공황 이야기를 하는 사람도 별로 없었다. 어머니도 그 어려웠던 시기에 다른 사람들처럼 감자 수프를 끓여 먹어야 했고, 담요를 잘라서 가족들의 겨울옷을 만들어야 했는데도 말이다.) 사람들은 실제인지 아닌지도 모르는 에드 삼촌의 정치적 신념은 중요하게 생각하고, 급진적인 교수가 영향을 미쳤다는 확인되지 않은 설은 믿었지만, 어머니가 가난과 의존적인 삶을 두려워하는 독립적인 여성이었고 신문사 편집장이 그녀의 글을 칭찬했다는 점은 중시하지 않았다.

어머니의 경우에는 심지어 정신병도 개인적인 잘못으로 돌려졌다. 내가 태어나기 전 언니가 다섯 살이 될 즈음, 어머니는 처음으로 신경쇠약 증세를 보였다. 그전 몇 년 동안 어머니는 아기를 돌보고, 착하긴 하지만 경제적으로 무능한 남자의 아내 노릇을 해야 했으며, 거기다 기자이자 신문편집자로서 일을 계속했다.

요양소에서 몇 달을 보낸 후 어머니는 회복되었다는 진단을 받았다. 그리하여 그녀는 사랑하는 도시와 직장을 떠나 리조트 건설을 꿈꾸던 아버지를 따라 미시건 주의 호숫가 마을로 떠나게 되었다.

하지만 어머니는 완전히 회복된 게 아니었다. 어머니는 우울이나 불안 또는 환영을 끊임없이 안고 살아야 했고, 결국에는 내가 기억하는 폐인이 되고 말았다. 어머니는 '닥터 하워드의 약'이라 불리던, 톡 쏘는 냄새가 나는 검은 물약을 항상 복용했다. 나중에 안 일이지만 그 약은 일종의 마취제 용액으로 범죄자들이 몰래 음료 속에 넣는 마취제와 같은 성분이었다. 말하자면 현대의 진정제와 같은 효과를 위한 것이었다. 친지들에게 이 약은 어머니가 의지력이 없고 약하다는 또 다른 증거로 보였다. 그것은 내게는 어쩔 수 없는 필요악이었다. 그 약을 먹으면 어머니는 말투와 행동이 느려져서 마치 술 취한 사람처럼 보였다. 하지만 어머니는 그게 없이는 며칠 동안 잠 한 숨도 이루지 못하고, 열에 들뜬 눈으로 전쟁이나 다른 무서운 것들이 식구들을 위협하는 환상을 보곤 했다.

결국 부모님이 이혼하고 언니가 먼 도시로 일하러 가자, 나와 어머니 둘만 남게 되었다. 우리는 미시건주에 있는 땅을 세 주고 거기서 나오는 얼마 되지 않는 돈으로 생계를 꾸려나갔다.

지금도 나는 어느 길었던 추수감사절 주말을 기억한다. 나는 한 손으로는 어머니를 꼭 붙잡고 다른 손에는 8학년 숙제로 읽어야 했던 『두 도시 이야기』를 들고 있었다. 어머니는 바깥에서 전쟁이 벌어지고 있다고 생각하고 자꾸만 창 밖으로 손을 내밀어 도움을 청하려 했다. 내가 한참을 설득하자 어머니는 약을 먹고 잠에 빠져들었다. 그제서야 침묵이 찾아오고 나는 혼자서 두려움에 떨기 시작했다.

친지들이 그 약을 처방해준 의사를 나무라지 않은 것은 놀라운 일이 아니었다. 우리는 '그녀의 고통과 환상이 바로 그 약을 과용한 때문이거나 약 사용 중지로 인한 금단 현상 때문이 아닐까?' 라고 생각해보지도 않았고, 다른 의사에게 그 약의 복용에 대해 상의하지도 않았다. 그 약은 어머니를 안심시켰을 뿐 아니라 우리도 안심시켰던 것이다.

그러면 왜 어머니는 다시 요양소로 돌아가지 않았을까? 아니면 왜 다른 의사를 찾아가보지도 않았을까? 대답하기 어려운 일이다. 부분적인 이유는 어머니가 정신병원을 두려워했기 때문이었다. 또다른 부분적인 이유는 돈이 없다는 것이었다. 우리 가족이, 정신병이란 어떤 개인의 인격 속에 있는 어찌할 수 없는 것이라는 일반적인 생각을 가지고 있었기 때문이기도 하다. 어쩌면 다른 가족들도 나처럼 어머니를 정신병원에 보내는 것이 걱정스러웠을 것이다.

6학년에서 7학년 사이의 무덥고 절망적인 여름의 어느 날, 나는 마침내 어머니를 설득해서 그녀가 그 병원에서 유일하게 무서워하지 않는 의사를 찾아갔다. 그 무뚝뚝한 늙은 의사는 가련하고 멍한 어머니와 20분 동안 이야기하고 나더니 내게 어머니를 주립 병원으로 보내야 한다고 말했다. 당장 보내야 한다고 했다. 하지만 나는 어린 나이에도 『라이프』나 신문을 통해 정신병원에서 무서운 일이 벌어진다는 것을 알고 있었다. 나는 별 도리 없이 어머니를 다시 집으로 데려왔고, 그 후로는 아예 정신병원 생각을 머릿속에서 지워버렸다.

지금 와서 생각해보면, 가족들이 어머니를 돌보긴 했지만 약을 주는 것 외에 특별히 신경쓰지 않았던 이유는 아주 간단하다. 그것은 그녀의 역할이 그닥 세상에 필요한 것이 아니었기 때문이다. 만약 큰 회사의 중역이 술을 많이 마시기 시작하면 비용이 꽤 드는 특별 프로그램을 마련해서 그를 치료하려 할 테지만, 평범한 가정주부가 매일같이 부엌에서 홀짝거린다면 아무도 신경쓰지 않는다. 마찬가지로 남자 환자라면 별별 치료를 다 해보고 관심을 기울이지만, 주부는 진정제로 증상을 완화시키기만 한다.

처음 증세가 나타난 후 입원할 때까지 어머니는 아무 일도 할 수 없었다. 그래서 언니가 대학에 가고 내가 여덟 살 될 무렵까지 아버지가 집안일을 도맡아 했다. 하지만 전쟁 때문에 석유 배급제가 실시되자 리조트는 문을 닫게 되었다. 할 수 없이 아버지는 겨울에만 하던 골동품 판매를 여름에도 해야 했다. 아버지는 골동품을 팔러 여기저기 돌아다니면서 어머니를 돌보기란 불가능하다고 말했다. 사실 맞는 말이었고, 나는 어머니에게 식사를 갖다주고 어머니의 질문에 대답을 할 수 있을 만큼은 나이가 들었기 때문에 아버지가 떠나는 것에 대해서 불평하지는 않았다. 하지만 어머니는 틈만 나면 이런저런 당혹스러운 질문을 해댔다.

"언니가 안 보이는데 교통사고로 죽었니?"

"바깥에 독일군이 와 있지?"

나는 아버지의 자리를 대신했고 어머니는 계속 그런 상태로 지냈다. 그동안 세상은 그런대로 굴러갔다.

마흔여섯이던 어머니가 쉰셋이 될 때까지, 그러니까 열 살이던 내가 열일곱이 될 때까지 우리는 그렇게 같이 지냈다. 메사추세츠에 있는 언니가 다니는 대학 근처에 집을 빌려 겨울 한 철을 보낸 적이 있었는데, 그때 어머니는 잠시 제정신으로 돌아오는 듯했다. 하지만 한적한 교외의 집에서 어머니는 환영으로 괴로워하고 언니는 아르바이트 자리를 얻기 위해 동분서주하던 괴로운 여름도 있었다. 우리는 아버지와 어머니가 태어난 지역이자 어머니가 일했던 신문사가 있는 톨레도에서 대부분의 나날을 보냈다.

우리가 처음 이사간 곳은 깔끔한 동네의 아파트 지하였다. 나는 그 집에서 마지막 어리광을 부려보았다. 감기에 걸려 있었는데, 실제보다 훨씬 더 아픈 척했던 것이다. 그러면 어머니가 제정신으로 돌아와서 명랑한 아줌마가 되어 영화에서처럼 닭고기 수프를 끓여줄지도 모른다고 생각했다. 물론 그런 일은 일어나지 않았다. 오히려 어머니의 마음을 아프게 해서 상태를 더욱 악화시켰을 뿐이다. 나는 꾀병을 그만두었다. 그 후로는 아파본 적이 거의 없다.

어머니와 단둘이 산 세월 대부분을 톨레도의 무너져가는 시골집 2층에서 지냈다. 그 집은 어머니가 어린 시절을 보낸 집이었는데 외할아버지가 어머니에게 남긴 것이었다. 집 뒤쪽으로는 가난하지만 깔끔한 집들이 늘어서 있었고 현관에서 몇 발짝 떨어지지 않은 곳에는 고속도로가 뚫려 있었다. 우리는 한동안 아래층 두 칸을 신혼의 노동자 부부와 정육점을 하는 가족에게 임대하기도 했다. 그런데 보건국에서 우리 집의 낡은 벽난로를 메워버려서 난방을 전혀 할 수 없었다. 얼마나 튼튼하게 메웠던지 솜씨 좋은 에드 삼촌도 불을 다시 피울 수 없었다.

나는 지금도 그 집에 살던 시절을 아련하게 기억한다.

어느 날 이른 아침, 어머니와 나는 온기가 빠져나가지 않도록 서로 꼭 껴안고 라디오에서 흘러나오는 엘리자베스 공주와 필립 공의 결혼식 생중계를 듣고 있었다. 결혼식에 관심이 있어서가 아니라 아래층에 사는 노동자가 임신한 아내를 때리는 소리를 듣고 싶지 않아서였다.

나는 구멍가게에서 사온 종이를 오려서 천장에 매달곤 했다. 또 책들을 팔걸이 의자 모양으로 쌓은 다음 그 위에 담요를 걸쳐놓고 앉아서 놀기도 했다. 나만의 설거지 방법도 개발해냈다. (모든 접시들이 더러워질 때까지 기다렸다가 목욕통에서 한꺼번에 해치우는 것이다.) 어머니는 내가 집 안을 정돈할 때마다 잘했다고 칭찬해주셨는데, 지금 와서 생각해 보니 어머니는 그때마다 자신의 무능을 뼈저리게 가슴 아파하고 있었던 것 같다.

나는 탭댄스 학교 학생들과 함께 이글즈 클럽에서 하룻밤에 두 번 공연하는 대가로 10달러씩을 벌었다. 공연을 마치고 집으로 돌아오다가 어둡고 쌀쌀한 버스 정류장에서 어머니가 코트도 안 입은 채 손전등을 들고 내가 무사히 집으로 돌아올까, 걱정하며 하염없이 나를 기다리고 있던 것도 기억난다.

가끔 즐거운 날도 있었다. 어느 날 우리는 모험심이 발동하여 교회에서 성극을 공연하는 아마추어 극단에 가입했다. 그리하여 '노아의 방주' 따위의 유치한 공연을 몇 번 했는데, 어머니는 천둥소리를 내기 위해 무대 뒤에서 쇳조각을 마구 두드려대기도 했다.

어느 더운 여름 밤, 우리 집과 골목에 잔뜩 살고 있던 쥐들 중 한 마리가 나를 물었다. 나는 공포에 질렸으나 어머니는 어디에 그런 침착함이 있었는지 나를 안심시키고 병원 응급실로 데려갔다. 어머니는 집을 떠나는 걸 지독히도 무서워했는데도 말이다. 알 수 없는 사랑의 힘이 어머니에게 용기를 준 것이라고 생각했다.

1주일에 한 번씩 도서관에 가서 책 세 권을 빌려오곤 했다. 현실에서 벗어나 책 속으로 달아나고 싶었다. 하지만 어느 날 도서관에서 돌아왔을 때, 그 때만은 달아날 필요가 없다는 것을 알았다. 어머니가 고요한 모습으로 정원에 접시꽃을 심고 있었다.

하지만 때때로 어머니는 초저녁에 잠이 깨어 내가 방과 후에 아르바이트를 한다는 사실을 잊고 겁에 질려서 경찰에 전화를 걸어 나를 찾아달라고 소리치곤 했다. 그러면 나는 친구들과 경찰관 앞에서 수치심으로 얼굴이 빨개져서 어머니에게 고함을 질렀다. 어머니는 고개를 숙이고 겁먹은 목소리로 계속 "미안하다. 미안해. 내가 잘못했다."라고 중얼거리기만 했다. 원래는 심성이 착했던 아버지도 절망감에 빠져 종종 어머니를 야단쳤는데, 그 때 어머니는 바로 그런 모습으로 잘못을 빌었다. 고통은 주위 사람들의 마음마저 결국 매정하게 만든다는 게 가장 나쁜 점이다.

내가 어머니를 괴롭힌 적도 수없이 많다. 나는 어머니가 떨리는 손으로 돈을 건네줄 때까지 목을 조르고 졸라서, 친구들과 함께 난방이 잘 된 구멍 가게에서 신선한 도너츠를 사 먹거나 냉방이 잘 된 극장에서 영화를 보면 서 딴 세상을 꿈꾸곤 했다.

하지만 내 마지막 보루는 이런 것이었다.

'나는 그저 지나가는 사람이고 이 집의 손님일 뿐이다. 아마 엄마는 진짜 엄마가 아닐 거야.'

물론 나는 엄마의 딸이라는 걸 분명히 알고 있었다. 그럼에도 불구하고 나는 틀림없이 입양된 아이이고 친부모가 결국 나를 찾아낼 거라고 상상했 다. 그야말로 흔한 상상이었다(만약 아이들이 어른들보다 글을 더 많이 쓴 다면 입양이 공포의 대상일 뿐 아니라 희망의 대상이기도 하다는 사실을 알 수 있으리라). 분명 나는 지금의 내 나이쯤 되던 그 여인의 허망한 인생 에 대해 슬퍼하지 않았다. 내가 걱정한 것은 오로지 어머니의 상태가 더 나 빠져서 내가 더 힘들어지면 어쩌나 하는 것뿐이었다.

거리가 어느 정도 유지돼야 동정심이라는 것도 생기는 법이다. 우리 집 옆의 교회가 우리 집을 사고 언니가 아버지를 설득해서 내가 대학 진학을 준비하면서 어머니가 캘리포니아로 간 후에야 나는 어머니의 슬픈 인생에 대해 생각할 여유가 생겼다. 갑자기 나는 멀리 떨어진 워싱턴에서 언니와 언니 친구들과 함께 한 집을 쓰게 되었다. 거기서 고등학교에 다니는 동안 나는 학교 친구들이 내가 어머니와 함께 살지 않아서 힘들겠다고 말해서 놀랐다. 그런데 언니만 해도 최소한 어린 시절에는 지금의 어머니와는 매 우 다른 어머니, 젊은 날의 룻을 알고 있었다.

아버지가 어머니를 돌보기로 약속한 1년이 지난 후, 언니는 용기를 내 좋은 병원을 수소문해서 그 곳에 어머니를 입원시켰다. 언니가 직장 생활을 하면서 어머니를 돌볼 수는 없었기 때문이다. 정신병원에 입원한 어머니는 내가 알던 어머니와는 아주 다르게 행동했다. 정원에 나무들이 있는 볼티모어 근처의 그 병원은 환자들을 인간적으로 대하는 것 같았다. 나는 대학에서 1년을 보낸 뒤 처음 맞은 여름 방학에 매주 어머니를 방문했다.

어머니는 처음엔 전에 나와 같이 살 때 보여준 겁에 질린 정신질환자의 모습과 크게 다르지 않았다. 길고 긴 병원 복도와 수많은 문을 지나서 만나는 어머니는 더 슬퍼 보이는 것 같기도 했다. 하지만 어머니는 조금씩 나아졌다. 어머니는 지난 날의 기억에 대해 이야기하기 시작했다. 그리하여 내가 몰랐던 롯의 또 다른 모습을 만나게 되었다.

…… 한때 그녀는 농구와 독서를 좋아하는 키가 크고 활달한 황갈색 머리의 여고생이었다. 그녀는 그 동네 최초의 자동차였던 삼촌의 차를 운전하기도 했고 정원 손질을 잘 했으며 때때로 관습에 저항하여 아버지의 작업바지를 입고 다니기도 했다. 교회가 음악이 죄악이라고 설교할 당시 용감하게도 댄스파티에 가기도 했다. 그런 모험심 강한 태도는 종종 검은 머리의 얌전한 언니를 당황하게 했다.

…… 갓 걸음마를 배운 아주 어린 아이였을 때 만지면 기분이 좋아지는 신체부위를 발견했다가 어머니에게 심하게 맞은 기억을 가지고 있다.

…… 그녀는 잘생긴 철도기술자와 '조금 손해보는' 결혼을 했다고 생각하는 여교사의 딸로 태어났다. 크리스마스가 되면 외할머니는 철도 승무원의 공짜 승차권으로 두 딸을 뉴욕에 데리고 가서, 화려한 식당과 극장 등을 보여주었다. 물론 눈 내리는 바깥에 서서 안을 구경하는 것이었다.

…… 어머니는 오벌린 칼리지에 입학했고 자유로운 사고를 하는 그 학교의 전통을 사랑했다. 친구들은 그녀에게 '빌리' 라는 별명을 붙여주었다. 어머니는 수학과 시에 두각을 나타낸 유능한 학생이었지만, 무도회 밤에

기숙사의 모든 화장실 변기에 시럽을 발라놓는 장난꾸러기이기도 했다. 외할머니는 두 딸을 모두 대학에 보내기 위해 한 푼이라도 아끼며 살았고 목사의 설교문을 대필하는 일까지 하면서 열심히 돈을 모았지만 학비가 부족했다. 할 수 없이 어머니는 톨레도에 있는 대학으로 전학했다. 고향으로 돌아온 어머니는 고급 란제리 가게의 경리로 아르바이트를 시작했다. 외할머니는 계속해서 안정된 교사직을 강력하게 권했지만 이 젊은 여성은 대학의 신문사 편집장이었던 아버지와 사랑에 빠지고 말았다. 그는 재미있고 매력적인 청년이었지만 졸업할 생각은 하지도 않고 매일같이 댄스파티만 쫓아다니는 학생이었다. 게다가 유태인이었다.

나는 어머니와 아버지가 결혼식을 두 번이나 올렸다는 이야기를 들어서 알고 있었다. 처음에는 아버지가 어머니를 학교 신문의 문학부 편집자로 초대한 이후에 비밀리에 첫 번째 결혼식을 했고, 그로부터 1년 후에는 공식적인 결혼식을 올렸다. 하지만 당시만 해도 유태인과 기독교인의 결혼은 오늘날 흑백간의 결혼만큼이나 기피되는 금기사항이어서 양가에서 많은 사람들이 불참했다.

그리고 어머니는 교사자격증을 따기 위해 계속 공부했다. 겨울이 와서 아버지가 피서지 리조트의 문을 닫고 우리 가족 모두가 하우스 트레일러를 타고 플로리다나 캘리포니아로 골동품을 팔러 다닐 때, 어머니는 취학아동 감독관을 쫓아버리기 위해 그 자격증을 내밀곤 했다.

어머니가 1년간 대학 수학을 가르치기도 했다는 것은 나중에 알았다. 그건 교사 자격증을 '써먹어야 한다'는 외할머니의 의견을 존중하기 위해서였다. 어머니는 신문 만드는 일을 사랑했다. 어머니는 지방신문에 던킨 맥킨지란 남자 이름으로 가십 칼럼을 썼다. 당시만 해도 여자가 그런 일을 한다는 건 상상하기 힘들었기 때문이다. 얼마 지나지 않아 어머니는 톨레도의 2대 일간지 중 하나에서 사회부 기자가 되었고, 언니가 네 살 쯤 되었을 때는 일요판 편집자라는 모두가 탐내는 자리에 앉았다.

이런 이야기를 듣다가 불현듯 나는 어머니의 갈색 눈이 내 눈과 흡사하다는 사실을 깨달았다. 이상한 일이었다. 난생 처음으로 어머니가 내 진짜 엄마라는 느낌이 든 것이다.

어머니가 신경쇠약 증세를 보이기까지 겪어야 했던 수많은 어려움에 대해 생각해 보았다. 어린 딸을 자신과는 생각이 완전히 다른 시어머니에게 맡기고 직장일에 매진해야 했고, 남편으로부터 사랑하는 직장을 버리라는 말을 들었다. 여자 친구는 뉴욕에 가서 같이 꿈을 실현해보자고 했지만 그런 일은 생각만으로도 나쁜 짓이라고 자책했다. 아버지보다 훨씬 매력적이고 이해심도 많은 직장 동료와 사랑에 빠졌으며(어머니는 그런 사람과 결혼했어야 했다), 의사를 믿지 않는 외할머니 때문에 유산 후 아무 도움도 받지 못해서 거의 죽을 정도로 피를 흘렸다.

어머니가 그런 일을 겪은 후 요양소에서 몇 달을 보내는 동안 프로이트주의나 전통적 정신치료에 세뇌당해 결국 직장과 사랑을 버리는 잘못된 선택을 하게 된 걸까? 알 수 없다. 하지만 그건 그다지 중요한 것이 아니라고 생각한다. 어쨌든 그녀에게 이혼이란 생각할 수도 없는 것이었다. 여자가 딴 남자 때문에 남편을 버린다는 건 안 될 말이었다. 더구나 직장이나 경력 때문에 남편을 떠나는 것은 있을 수 없는 일이었다. 딸들을 아비 없는 자식으로 만들고 생면부지의 뉴욕에서 새 생활을 시작한다는 건 어머니로서는 견딜 수 없는 일이었다. 결혼할 신부는 처녀여야 하고(어머니의 표현에 따르면, '낡은 여자'여서는 안 되고), 남편이 다정하기는 하지만 여성의 쾌락에 대해 무지하다면 그저 그 다정함에 감사해야 하는 시절이었다.

물론 좋아하는 일과 사랑을 잃고도 그런 시련쯤이야 거뜬히 극복하고 아무렇지도 않게 살아가는 여성들도 있다. 하지만 나중에 어머니가 해준 이야기를 생각할 때마다 나는 그것이 그녀가 겪어야 했던 고통의 상징처럼 느껴진다.

"이른 봄이었지. 아직은 꽃이 피기 전이었어. 주변 수마일 내에 우리 말고 사람이라고는 찾아볼 수가 없었어. 아버지는 그 전 해 겨울에 사업을 하러 차를 가지고 떠나버린 뒤라 우리 둘만 호숫가에 있는 집에 살았어. 그때 넌 아직 아기였고, 네 언니는 학교에 있었지. 전화도 없었단다.

바깥 세상과 우리를 연결하는 유일한 고리라고는 라디오가 고작이었는데, 그나마 고장이 나버렸지. 그런 생활을 몇 달 하다 보니 불현듯 내가 누구랑 말을 해본 게, 아니 다른 사람이 말하는 걸 들은 게 태고적 일인 것 같더구나.

널 포대기에 싸서 안고 개를 앞세우고 브루클린 도로를 걸었어. 내 생각엔 4, 5마일쯤 걸어가면 식료품 가게에 도착할 테고, 오랜만에 사람들과 이야기를 좀 하고 나면 돌아갈 때 우리를 차에 태워줄 사람을 찾을 수 있을 것 같았어. 그런데 아무것도 없는 도로를 프리츠가 저만치 앞서 뛰어가고 있는데, 갑자기 언덕 너머에서 차가 나타나더니 프리츠를 치고는 그대로 지나가버리더구나. 운전자한테 고래고래 소리를 질렀지만 본 체도 않고 쌩하고 가버렸어. 돌아보지도 않고 말이야.

불쌍한 프리츠는 온몸이 부서져 피를 잔뜩 흘렸지만 숨이 금방 끊어지지는 않았어. 나는 길 중간에서 개를 안고 주저 앉았지. 지나가는 차를 세워서 돌아갈 셈이었어.

그런데 아무리 기다려도 차가 한 대도 안 오는 거야. 너랑 프리츠를 안고 오지 않는 차를 기다리는 동안 몇 시간이 흘렀는지 모르겠어. 프리츠는 날 애처롭게 쳐다보면서 계속 낑낑거렸지. 날이 어두워질 때쯤 프리츠는 결국 죽었어. 나는 그 개를 길 옆에 두고 널 안고 집까지 걸어왔지. 그리곤 온몸에 묻은 피를 씻어야 했어.

그 날 일어난 사건이 어떤 의미인지는 나도 잘 모르겠다. 하지만 그 날이

분기점이었다는 건 확실해. 네 아빠가 집에 돌아왔을 때 난 '이제부터는 나도 당신과 함께 가겠어요. 절대 방해가 되진 않을 거예요. 차 안에만 있을게요. 하여튼 다시는 혼자 있고 싶지 않아요.' 라고 말했지."

어머니가 내게 이런 이야기를 한 이유는 무얼까? 어머니도 자신을 구하려 애썼다는 걸 보여주기 위해서였을까? 어쩌면 그저 고통스러웠던 기억을 털어놓음으로써 그 기억으로부터 벗어나고 싶었는지도 모른다. 어쨌거나 나는 그 이야기를 듣고 나서야 어머니가 내가 알던 사람, 폐인으로 변하게 된 이유를 이해할 수 있었다. 내가 아주 어렸을 적에 엄마는 항상 차 안에서 혼자 우리를 기다리는 사람이었다. 엄마는 여름에는 땀을 뻘뻘 흘리며, 겨울에는 담요를 둘러쓰고 골동품상에 간 아빠가 돌아오기만을 기다렸다. 그리고 혼자 남지 않았다는 것만으로 고마워했다. 아빠를 따라간 나는 경매로 싸게 사서 딜러들에게 팔 도자기 따위를 신문지로 싸는 일을 도왔다. 그런 일을 하면서 나도 한몫하는 어른이 된 기분으로 우쭐했다. 때론 몇 시간씩 걸리기도 하는 그 일을 마치고 마침내 차로 돌아갈 때까지 엄마는 아무 소리 없이 끈기있게 우리를 기다리고만 있었다.

어머니가 옛날 이야기를 해줄 때마다 나는 묻곤 했다.

"왜 엄마는 아빠를 떠나지 않았나요?"

"왜 그 직장을 잡지 않았어요?"

"왜 다른 남자랑 결혼하지 않았나요?"

그러면 어머니는 항상, 어쨌든 두 딸을 얻지 않았느냐며 그런 건 문제가 아니라고 손을 내저었다. 만약 내가 더 캐물었다면 아마 "만약 내가 떠났다면 네가 세상에 태어나지 않았을 것 아냐?"라고 반문했을 것이다.

나는 "하지만 엄마는 새로 태어날 수 있었잖아요."라고 말하고 싶었지만 차마 말하지 못했다.

이 이야기가 해피엔딩으로 끝난다는 것을 미리 알려두고 싶다.

볼티모어 병원에서 여러 달을 지낸 후, 어머니는 2년간 조그만 아파트에서 혼자 살았다. 그때 나는 대학생이었고 언니는 결혼해서 어머니의 집 근처에 살고 있었다. 어머니는 예전의 증상이 도지는 듯하면 스스로 병원을 찾았다. 어머니의 나이가 예순에 가까워질 무렵, 의사는 어머니가 병원 밖에서 지내기가 점점 더 어려워질 거라고 말했다. 하지만 어머니는 그런 진단을 무색케 했고, 다시는 병원으로 돌아가지 않았다. 어머니는 그 후로도 20년이나 더 살았다. 그 중 6년 동안은 친구도 사귈 겸 하숙 생활을 했다. 언니 부부가 큰 집으로 이사해 어머니더러 같이 살자고 했을 때도, 어머니는 친구들과 즐길 수 있는 독립적인 생활이 더 좋다고 말했다. 어머니는 도자기 가게에서 판매원으로 일하기도 했으며, 1년에 한 번씩 나와 함께 여행을 떠났고, 친척들과 유럽 여행을 하기도 했다. 또 여성클럽의 모임에 나갔고, 여러 인종이 모이는 교회에 다녔으며, 명상 강좌를 듣고, 많은 책을 읽었다. 하지만 슬픈 영화를 보거나 어린 손자들만 있는 집에 혼자 있는 것은 두려워했다. 진정제 없이는 견디기 어려워했으며, 톨레도 시절에 대한 이야기는 금기사항이었다. 어머니의 마음속에는 여전히 오래된 공포가 도사리고 있었고, 매일매일이 두려움을 떨쳐버리기 위한 투쟁과도 같았다.

의사들은 어머니의 병이 너무 오래됐다는 걸 걱정했다. 하지만 의사들은 어머니에게서 그리 심각한 문제를 발견하지는 못했다. 다만 불안신경증이라는 병명을 부여했을 뿐이다. 그 병의 구체적인 증상은 자기비하, 의존에 대한 공포, 혼자 있는 것에 대한 공포, 항상 돈 걱정을 하는 것 등이었다. 이런 증상은 보통 종속적인 여자들에게 나타나는 것으로, 집 밖에 나가기를 두려워하고 낯선 곳이나 공공 장소에 가면 굉장히 불안해한다.

나는 어머니를 진료한 의사 한 명에게 어머니의 정신이 망가진 거냐고 물었다. 그는 이렇게 대답했다.

"그거 좋은 진단이군요. 20년 동안 망가져 있었던 걸 고치는 건 아주 힘든 일이죠."

하지만 일단 병원을 영원히 벗어나게 되자, 어머니는 자기 내부에 있던 또 다른 여성의 모습을 내비치기 시작했다. 나는 어머니에게서 풍자적인 유머, 모험심, 배움에 대한 열정 등을 새롭게 발견했다. 어머니는 수학과 물리학, 신비주의에 관한 책을 잔뜩 읽기 시작했다(어머니는 "종교란 실험실에서 시작되는 법이지."라고 단호하게 말하곤 했다). 어머니는 날 만나러 뉴욕에 올 때마다 택시 기사에게 자기 나이가 여든이라고 말했다. 실제로는 예순이나 일흔 정도였는데 말이다. 그러고는 "그러면 나보고 '할머니는 참 젊어 보이시네요.'라고 하거든." 하면서 웃으셨다. 또 극장에 갈 때면 실은 귀가 잘 들리면서도 매표원에게 아주 귀가 나쁘다고 말했다. 그 이유를 물으니 "그러면 앞자리를 주잖아."라고 대답했다. 어머니는 친구를 쉽게 사귀었다. 그건 아마도 어머니가 다른 사람의 의견에 전적으로 기대고 싶어하는 마음 약한 사람이었기 때문일 것이다. 그녀가 우리 집에 한 번 다녀간 후에는 아파트 주위의 상점 사람들이 모두 그녀가 내 어머니란 사실을 알게 되었다. 집에 돌아오면 어머니는 또래의 노인들이 너무 고루해서 어울리기 힘들다고 불평하곤 했다. 그래서 어머니가 사귄 친구들 대부분은 한참 나이가 어린 사람들이었다. 어쩌면 어머니는 그런 식으로 잃어버린 세월을 보상받으려 했는지도 모른다.

어머니는 조그만 선물에도 너무나 고마워했다. 그래서 나는 옷가지, 보석, 이국적인 비누, 그녀가 수집하는 타로 카드 따위를 줄곧 선물하곤 했다. 물론 어머니나 나나 그 물건들이 별 쓸모 없이 결국 서랍이나 상자에 보관되기만 할 거라는 사실을 알고 있었지만, 하여튼 어머니는 매우 기뻐했다. 어머니는 선물을 주는 것도 좋아했다. 비록 매일같이 돈 걱정을 하고 어떻게 하면 더 절약할 수 있을까 고민했지만, 언제나 조심스럽게 선물을 골라서 손자들이나 친구들에게 보내곤 했다. 또한 어머니는 유럽에 있는 친척들과 독일어로 편지를 나누는 등, 많은 친구들과 편지를 교환했다. 그 모든 편지는 떨리는 손으로 무지 천천히 씌어졌다.

어머니가 이렇게 건강을 회복할 수 있었던 것은 망각 덕분이기도 했다. 톨레도 시절의 참혹했던 기억을 떠올리게 하는 조그만 물건 하나만 발견해도 어머니는 며칠씩 괴로워했다. 때때로 그 사실이 내게 외로움을 안겨주기도 했다. 내 어린 시절 대부분은 어머니와 나 단둘이 살았을 때의 기억으로 채워져 있다. 그런데 그 시절을 추억하는 것은 우리들 중 나뿐이었기 때문이다. 또 후일 내가 기자들에게 어머니가 병원에 입원했었다는 얘기는 제발 쓰지 말아달라고, 톨레도의 친지들을 인터뷰하는 일은 절대 없었으면 좋겠다고 간곡히 부탁했지만, 결국 그들은 어머니의 상처를 도지게 하는 기사를 마구 써댔고, 어머니는 한동안 그로 인해 우울해했다.

한편 어머니는 어떻게 보면 외할머니를 닮은 면도 있었다. 자존심을 내세우거나 허세를 부리면서 다른 사람들을 비난할 때면 그런 면이 나타났다. 어머니는 우리가 하우스 트레일러에 살았다는 기사를 보고 아주 화를 냈다. 마침내 그녀가 하는 말, "최소한 휴가용 이동 주택에 살았다고 쓸 수도 있잖아?" 또 어머니는 아직도 이혼을 수치스럽게 생각하는 것 같았다. 그녀는 종종 친구들에게 유쾌한 목소리로 이렇게 말하곤 했다.

"왜 글로리아가 우리가 이혼했다고 말했는지 모르겠어. 이혼 같은 건 안 했는데 말야."

어머니는 자신이 두 번 결혼하고(한 번은 비밀리에, 한 번은 공개적으로) 이혼은 한 번 밖에 안 했기 때문에 한 번의 결혼이 유효하다고 생각했는지도 모른다. 사실을 말하자면 우리 부모님은 분명히 이혼했다. 그리고 아버지는 얼마 후 다른 여자와 재혼했다.

어머니는 내가 유명한 작가가 된 걸 대단히 자랑스러워했다. 그 점에 대해서 우리는 가치를 공유하고 있었다고 할 수 있다. 어머니가 돌아가신 후, 나는 내가 어떤 여성지에 썼던 「모전여전 퀴즈」라는 기사를 발견했다. 거기에 어머니는 특유의 떨리는 필체로 자신의 답변과 나의 예상 답변(너무나 정확했다!), 그리고 "20년 동안 이상한 관계로 갈라져 있었던 모녀 치고는 차이가 그리 큰 건 아니다."라는 평가까지 적어놓았다. 그렇지만 어머니는 보수적인 여성 클럽에 갈 때면 나와 관련된 불필요한 논쟁이나 질문을 피하기 위해 가짜 이름표를 달고 가곤 했다. 1972년 나는 스스로 낙태 경험이 있음을 밝히고 낙태를 불법화한 법률을 폐지하라고 요구하는 청원서에 서명을 했다. 겨우 용기를 내서 그 사실을 어머니에게 말했다. 어머니는 이렇게 짧게 한 마디만 했지만 나는 마음이 많이 상했다.

"이 나라의 모든 새끼 여배우들이 낙태를 했다고 하는구만. 쯧쯧…… 그런다고 더 유명해지나."

난 어머니가 낙태 합법화에 찬성한다는 것을 알고 있었다. 하지만 어머니는 내가 낙태 합법화 운동을 하는 것 때문에 당신이 다른 사람들을 대할 면목을 잃었다고 생각했고, 그 점에 대해서는 날 용서하지 않으려 했다.

말년에 가서 다른 사람들에게 의존해야 하는 상황이 되었을 때, 어머니는 꽤 심술을 부렸다. 특히 언니가 쉰 살이라는 나이에 법대에 입학하겠다는 용기 있는 결심을 했을 때, 당신을 홀로 내버려둘 작정이냐며 불평을 했다. 집에는 간병인과 사랑하는 손자들이 있었는데도 사랑이 없는 가정이라고 하면서, 냉장고에는 주부가 만든 음식이 없고 우리는 가족이라고 할 수도 없다는 말을 해서 언니를 자주 눈물 흘리게 만들었다. 또 나한테는 「뉴욕 타임즈」에 전화를 걸어 망할 놈의 페미니즘이란 것 때문에 병든 늙은이가 집에 혼자 있게 되었다고 하소연하겠노라고 말했다.

어머니가 불평을 터뜨린 근본적인 이유는 당신의 몸을 예전처럼 마음대로 움직일 수 없었기 때문이었다. 그래서 우리는 어머니를 언니 집 옆의 요양소로 데리고 갔고 비로소 어머니는 만족하셨다. 그 곳에서는 간호사들이 기력이 쇠한 어머니를 24시간 돌보아주었을 뿐 아니라 애정 어린 관심과 주의를 기울여 주었다. 게다가 그들은 모두 어머니를 좋아했다. 어머니는 가족 행사가 있을 때면 밖으로 나올 수도 있었다. 어머니가 그 곳에 있던 몇 개월을 생각하면 나는 지금도 간호사들에게 감사를 느낀다.

여든두번 째 생일을 코 앞에 두고 어머니가 돌아가셨을 때, 나와 언니는 번갈아가며 병상을 지키고 있었다. 그때 언니는 잠이 들어 있었고 나는 어머니의 꺼져가는 심장 박동을 지켜보고 있었다. 어머니는 온몸을 휘감은 튜브들과 병실 분위기 때문에 당황한 듯했다. 하지만 그때까지 아직 정신이 맑았던 어머니는 조용한 목소리로 내게 말했다.

"집에 가고 싶다. 집에 데려가다오."

나는 그러겠노라고 어머니에게 마지막으로 거짓말을 했다.

"고맙구나, 아가야. 나는 널 믿는다."

이것이 내가 알아들을 수 있었던 어머니의 마지막 말이었다.

어머니가 숨을 멈춘 뒤에도 우리는 한참 동안 병실을 지키고 있었다. 어머니가 그렇게 해 달라고 부탁했기 때문이다. 생전에 어머니는 의식 불명 상태가 사망으로 오인되어 무덤에 묻힌 사내 이야기를 듣고 아주 무서워했던 것이다. 어머니는 유언장에 자신의 생명을 지속시키기 위해 특별한 조치를 취하지 말 것이며, 시신은 화장해서 아버지의 뼛가루가 뿌려진 개울에 뿌려줄 것을 부탁했다.

장례식은 교회에서 치러졌다. 생전에 어머니는 그 교회가 가난한 사람들에게 무료 급식을 하고, 집 없는 사람들을 교회에서 재우고, 모든 인종을 다 수용하며, 여자 목사들이 있기 때문에 좋다고 말하곤 했다. 무엇보다 교우들이 당신의 집을 방문해주고, 차로 당신을 교회까지 데려다주면서 보여준 따뜻한 마음씨를 사랑했다. 장례식에서 그들은 각자 어머니를 추억하는 말들을 나누었는데, 아마 돌아가신 어머니도 그 퀘이커적인 자유로운 장례식 분위기를 좋아했을 것 같다. 물론 그 장례식에 많은 친구들이 참석했다는 사실도 어머니에게 큰 위안이었으리라. 어머니는 유언장에 미시건 주에 있는 땅의 일부를 이 교회에 기증하겠다고 썼다. 이 교회가 여러 인종이 화합하는 장소가 되기를 바라는 마음에서였다. 어머니는 그렇게 해서 유태인이란 이유로 아버지를 냉대하던 이웃 마을 사람들에게 복수하는 셈이라고 생각하신 것이었다.

어머니는 아마 당신의 부고 기사도 마음에 들어하셨을 것이다. 그 기사는 초기 여성 저널리스트로서의 어머니의 경력을 강조했고, 어머니가 너무나 좋아했으나 돈이 없어서 중퇴해야 했던 오벌린 대학의 장학금 마련을 위한 기부금을 요청하고 있었다.

아마도 앞으로 나는 어머니의 삶이 내게 남긴 것이 무엇인지를 생각하며 살아갈 것 같다.

왜 어린애들보다 노인들을 보고 감동받는 때가 많은지 이제 알겠다. 특히 몸은 비록 스러져가나 그 속에서는 재능과 희망이 번뜩이고 있음을 느낄 때, 나는 진한 감동을 받는다. 그런 노인들을 보면 나의 어머니가 떠오르기 때문이다.

또한 나는 어머니와 딸 사이의 이야기라면 무엇이든 흥미를 느낀다. 〈꿀맛〉은 영화와 연극으로 몇 번이나 보았지만 볼 때마다 슬퍼진다. 또 〈집시〉도 뮤지컬과 영화 모두 여러번씩 보았다. 탭댄스 스텝을 익히기 위해 또 보는 것이라고 말하지만 볼 때마다 눈에 눈물이 가득 고인다.

한번은 어릴 적 가정 환경이 비슷하다는 이유만으로 어떤 남자와 사랑에 빠진 적도 있었다. 우리는 둘 다 '미친 엄마' 아래 자라났던 것이다. 우리는 집에 친구를 데리고 올 수 없었던 어린 시절 이야기를 하면서 서로 공감했다. 그가 태어나기도 전에 그의 어머니는 평화주의의 신념을 꺾지 않았기 때문에 감옥살이를 했다. 그리고 그녀는 자신을 변호했던 야심있는 젊은 변호사와 결혼하여 많은 아이들을 키웠다. 그리고 또다른 종류의 감옥에 갇혀 천천히 미쳐갔다. 하지만 어느 날 그 남자가 내게 담배를 끊고 일을 그만두기를 바란다고 했을 때 나는 사랑이 달아나는 걸 느꼈다. 그가 어머니의 고난을 통해 배운 것이라곤 자기 연민밖에 없었던 것이다.

난 이제 더 이상 내가 톨레도의 고향집 같은 곳에서 일생을 마칠지도 모른다는 생각 때문에 괴로워하지 않는다. 그보다는 어머니가 살아 계실 때 내가 더 잘해 드릴 수 있었는데, 그런 말을 하는 게 아니었는데, 하는 생각 때문에 가끔씩 잠을 이룰 수 없다.

어머니를 한 사람의 인간으로 보기까지, 어머니의 인생을 괴롭혔던 수많은 고통들이 여성이라면 누구나 겪는 것이란 걸 이해하기까지 왜 그리도 오랜 세월이 걸렸는지 이해할 수가 없다. 아마도 다른 많은 딸들처럼 나 역시, 어머니에게 일어났던 일이 개인적인 원인 때문이거나 우연적인 사건이 아니라 내게도 충분히 일어날 수 있는 일이라는 점을 인정하기 싫었기 때문이리라.

최근 나는 마침내 한 가지 미스테리를 풀 수 있었다. 옛날에는 어머니가 시어머니, 즉 내 할머니 폴린에게 왜 한 번도 도움을 받지 못했는지 이해하지 못했다. 어머니는 친정 어머니보다 시어머니를 더 좋아했다. 할머니는 내가 다섯 살 때 돌아가셨다. 이 때는 어머니의 문제가 시작될 때였지만 최초의 신경쇠약 증세가 나타나기 한참 전이었다. 그런데 폴린 할머니는 한때 여성참정권운동가로서 의회에서 연설을 하고 참정권 쟁취를 위한 행진을 조직했던 사람이었다. 또 오하이오 주에서 여성으로서는 최초로 학교 이사회에 참여하기도 했다. 할머니는 분명 용기있고 독립적인 여성이었을 것이다. 그런데 어머니의 말을 들어보면, 어머니가 독립적인 인생을 살 수 있도록 할머니가 도움은 준 적은 한 번도 없는 것 같았다.

나는 마침내 할머니가 자기 삶 속에서 정치적 신념을 실천하지는 않았다는 것을 알 수 있었다. 할머니는 남편과 반여성주의자 네 아들을 위해 집을 깨끗이 유지하는 페미니스트였던 것이다. 자신은 채식주의자였고 술의 위험을 무척이나 경계했지만, 육식을 하는 다섯 명의 남자들에게 고기와 포도주를 차려주었다. 그렇게 해서 그녀의 신념 때문에 다섯 남자들의 삶과 편안함이 방해받는 일은 없을 것이라는 확신을 심어주었다. 여성에게 투표권이 주어진 후, 할머니는 모든 여성운동 활동을 중단했던 것 같다. 어머니는 할머니가 집 안을 얼룩 한 점 없이 유지하면서 1주일 치의 음식을 한꺼번에 준비할 수 있다는 사실에 경탄했다. 어머니가 보기에 할머니는 팔방미인이었다. 그런 할머니를 마음 속 깊은 곳에서부터 존경하던 어머니는 시어머니에게 성경의 룻기에 나오는대로 "어딜 가시든지 따라가겠나이다."라고 말하곤 했다. 결국 할머니는 어머니의 죄의식만 더욱 심화시킨 사람일 수도 있다.

아마 이후의 다른 많은 여성참정권 운동가들처럼 할머니도 공적으로는 페미니스트였지만 집 안에서는 현모양처였던 것 같다. 그것만으로도 할머니는 영웅적인 일을 한 것이며 그 이상의 일을 하는 건 도저히 불가능했을지도 모른다. 그러나 당시 어머니에게는 법적인 권리뿐 아니라 다른 종류의 도움이 필요했다.

룻이라는 이름의 독특한 여성이었던 어머니는 이제 이 세상에 없다. 그녀는 뉴욕에서 살고 싶어했고 유럽을 여행하고 싶어했지만, 결국 마을을 지나는 버스를 타는 것도 두려워하는 사람이 되고 말았다. 그녀는 마을 최초의 자동차를 운전했지만 운전을 허락하지 않는 남자와 결혼했다.

어머니가 떠나간 지금 나는 일이 제대로 풀렸다면 어머니가 어떤 사람이 되었을까 상상만 할 수 있을 뿐이다. 하지만 나는 어머니가 열정과 유머를 보여준 몇몇 순간들에서 그 단서를 포착할 수는 있다.

어머니가 제정신을 되찾았을 때, 나는 연설 예정이 있었던 오벌린 대학에 어머니를 모시고 간 적이 있었다. 어머니는 최초로 흑인의 입학을 허가했고 최초로 여학생의 입학을 허가한 오벌린 대학의 역사를 모두 기억하고 있었다. 그리고 학생들에게 말할 때 어머니는 교수의 위엄과 저널리스트의 정확성 그리고 자신만의 독특한 매력을 발산했다.

또 워싱턴에 갔을 때, 어머니가 마치 전문적인 계보학자처럼 도서관의 기록을 뒤져서 우리 집안에 있었던 반항자들과 특이한 인물들을 찾아내고 아주 기뻐하던 것이 기억난다.

내가 태어나기 직전, 어머니는 아버지의 리조트에서 일하는 어떤 유명한 댄스 밴드에게 저녁 식사를 대접한 적이 있었다. 그런데 그들이 음식을 남기자 부엌에 걸려 있던 소총을 꺼내 그들에게 겨누고는 마지막 남은 딸기 케이크 한 조각까지 모두 먹어치우게 했다. 그런 다음에야 어머니는 그 총이 장전되지 않은 것이라는 사실을 알려줬다. 어머니는 내게 그 이야기를 해주면서 아주 만족스러운 표정을 지었다.

어머니는 섹스에 대해 직접 언급하지는 못했지만 육감적인 남자들을 높이 평가하는 편이었다. 한번은 우리 집에 초대한 내 친구 하나가 요리에 관한 이야기를 하자, 어머니는 화를 냈다.

"아니 글쎄, 그 녀석이 부엌에서 나오더니 스튜가 어떻다는 둥 흰소리를 하는 거야!"

하지만 수영장에서 어머니는 그를 용서했다. "참 멋진 다리야!"라고 속삭였던 것이다.

어머니는 일흔다섯 번째 생일에 손자들과 해변에서 소프트볼 경기를 했다. 어머니는 바다까지 날아가는 홈런을 치고는 뛸 듯이 좋아했다.

어머니가 돌아가신 해, 언니가 어머니를 모시고 이웃에 새로 지은 호화로운 집을 방문한 적이 있었다. 어머니는 홀에 걸려 있는 추상화에 수직으로 선이 잔뜩 그려져 있는 걸 보고는 "저게 가격 표시 바코드인 모양이지."라고 따끔하게 일침을 놓았다.

어머니는 사람들이 자신을 어떻게 생각할까를 항상 걱정했다. 하지만 절대 겉모습만으로 사람을 판단하지는 않았다. 어머니가 친구를 사귈 때 가난이나 외모, 학력 따위는 장애물이 되지 않았다. 그녀는 줄곧 백인 사회에서 살았고, 또 때때로 내가 '잘못된' 인종과 데이트하는 걸 걱정하긴 했지만, 당신 자신이 '잘못된' 종교를 가진 남자와 결혼했듯이 항상 모든 사람을 개인으로 존중했다.

"그 남자 아주 검지?"

한번은 어머니가 내게 걱정스러운 표정으로 내 친구에 대해 이렇게 물어본 적이 있다. 하지만 그 검은 사람과 만난 후에는 "정말 친절하고 훌륭한 사람이구나!"라고 말했다.

우리 아버지는 반은 유태인의 피를 물려받은 사람이었다. 어머니는 우리가 바로 그 유태 전통에 자부심을 느끼도록 교육했다. 내가 어릴 때 어머니는 강제수용소에 관한 라디오극을 들려주면서 말했다.

"이런 일이 일어날 수도 있다는 걸 알아야 해."

그 말은 우리를 겁주기 위한 것이 아니라 교육하기 위한 것이었다.

어머니는 내게 많은 책을 소개해줬고, 자신이 외우고 있는 많은 시들을 들려주었다. 그리고 그 사람 입장이 되어보기 전에는 다른 사람을 비판하지 말라고 가르쳤다.

나를 대학에 보내기 위해 톨레도에 있는 집을 판 것도 어머니였다. 어머니는 두 딸에게 집을 떠나 대학 4년간 독립적인 생활을 하라고 권했다. 당신 자신은 누리지 못했던 혜택을 딸들이 누릴 수 있게 해주었던 것이다.

어머니가 돌아가신 후, 나와 언니는 유럽여행을 하는 중 보고 들은 것을 기록해둔 어머니의 일기장을 발견했다. 그 여행을 다녀왔을 당시만 해도 어머니는 여행 이야기를 거의 하지 않았다. 어머니는 항상 사람들이 여행 이야기를 지루하게 늘어놓고 슬라이드나 보여주는 것을 싫어했기 때문일 것이다. 하여튼 그녀는 "할머니 유럽에 가다"라는 제목의 묘사가 뛰어난 에세이를 남겼다. 그녀는 그렇게 긴 세월이 지난 후에도 자신이 작가라고 생각했던 것이다. 하지만 그 긴 글을 아무에게도 보여주지는 않았다.

생각할수록 어머니가 그립다. 하지만 나는 어머니가 살아 계실 때도 어머니를 그리워했다. 어머니가 돌아가셨다는 것보다 우리가 온전한 모녀 사이로 지낸 기간이 너무 짧다는 것이 더 슬프다. 하지만 이제 우리는 집안의 미스테리 중에서 다른 모든 룻에 대해서도 의문을 갖게 되었다.

내 어머니 룻에 대한 이 글이 집안의 미스테리가 된 여인들을 돌아보게 하는 역할을 한다면, 어머니도 기뻐하실 것이라 믿는다.

—1983년

자매애

예전에 내가 갖고 있었던 남성우월주의적 편견을 생각해보면,
그 편견 안에는 여성에 대한 경멸, 심지어
나 자신에 대한 경멸이 밑바닥에 깔려 있었던 것 같다.
이것이야말로 사회에서 하등인간 취급을 받는 사람들이 겪는
가장 가혹한 처벌이라 할 수 있다.
사회는 우리를 세뇌하여 우리 스스로 열등하다고 믿게 만든다.
설사 우리가 사회에서 어느 정도 성공한다 해도
자신은 다른 여자들과는 '다르다'고 생각하고 여자들과 어울리지 않으려 한다.

한 삼사 년 전만 해도 나는 여자들이 흔히 하는 말을 하면서 은근히 안심
하곤 했다. 지금 생각하면 부끄럽기 짝이 없다. 이런 식이다.

"내 일은 결혼과 상충되지 않아요. 결혼한다고 해서 타자기를 못 치지는
않을 테니까요."

"여자들 문제에 대해선 글을 쓰고 싶지 않아요. 전 미국의 외교정책 같은
걸 다루고 싶어요."

"흑인 가정들은 모계 중심으로 지낼 수밖에 없어요. 흑인 여성들이 좀 물
러나서 남성들이 나설 수 있게 해야 해요."

"우리가 지원하고 있는 멕시코 출신 운동가들 단체가 여자들을 좀 험하
게 다루긴 해요. 하지만 그들 문화가 원래 그런 걸요."

"누가 여성 모임 따위에 들겠어? 난 한 번도 든 적 없어. 너는?"

(뽐내며) "편집장이 그러는데, 내가 글을 남자같이 쓴대."

지금 생각해 보면, 당시 나는 체제 순응주의자는 아니었던 것 같다. 나는 미혼이며 직업이 있었고, 피부색이 다른 친구들을 가지고 있었다. 나는 기본적으로 전통적인 여자 역할과는 거리가 먼 생활을 하고 있었다. 체제 순응적이지 않은 성격을 노골적으로 드러내지는 않았지만 말이다. 그런데 내가 전통적인 여성상에 어울리지 않았다는 사실 때문에 더더욱 나는 전통적인 견해를 계속 표명해야 할 필요가 있었고, 사회에서 말하는 대로 행동하지 않는 데 대해 가해지는 처벌을 피하려면 가능한 한 지배적인 규범에 잘 맞는 것처럼 보일 필요가 있었다. 그래서 나는 교묘함과 논리와 유머로 체제순응주의로 가장하는 법을 배웠다. 가끔은 나 스스로도 내가 그런 사람이라고 믿었다.

여성운동이 없다면 나는 아직도 내 실제 모습을 숨기고 살고 있을 것이다. 그러나 여성운동은 자기 자신에 대한 여성들의 생각을 엄청나게 바꾸어 놓았고 나도 그 대단한 변화의 물결에 휩쓸리지 않을 수 없었다. 페미니즘은 하나의 계시처럼 여성들을 흔들어 놓았고 여성들이 어두운 방에서 벗어나 밝은 햇빛 속으로 나아가게 했다.

처음에는 내가 알아낸 것이 나만의 생각인 줄 알았다. 그러나 그것은 수많은 여자들이 발견한 것과 똑같은 것이었다. 매우 단순화해서 말하자면 이런 것이다. 여성은 출산능력이 있다는 주요한 차이 외에는 남성과 다를 바 없는 인간이다. 우리는 모든 인간의 꿈과 능력과 약점을 공유하고 있다. 하지만 임신과 여타 신체적 차이들이 우리를 하등 집단으로 만들고, 그 사실이 그에 따른 노동 분업을 시키는 데 사용된다. (신체적 차이가 이용되는 것은 인종차별의 경우에도 마찬가지다. 하지만 여성차별은 인종차별에 비해 덜 폭력적이긴 하지만 훨씬 더 광범위하다.) 이러한 노동분업은 비록 의식되지는 않더라도 남성의 사회적, 경제적 이득을 위해 지속된다.

페미니스트적인 자각이 싹트자, 다른 반응이 잇달아 일어났다. 그것도 많은 여성들에게 공통되는 과정이었다. 첫째로 내 삶의 경험을 마침내 이해할 수 있게 되었고 그것이 그렇게 단순명쾌하게 해석될 수 있다는 사실에 놀랐다. 전에는 왜 그런 해석을 할 수 없었는지가 이해되지 않을 정도였다. 둘째, 이 새로운 관점이 내 주위의 전반적인 체제와 얼마나 많이 다른 것인지를 깨달았다. 사람들에게 그런 엄청난 변화에 대해 진지하게 생각해 보도록 하는 것은 말할 것도 없고(특히 남자들에게 그렇게 하기가 어려웠지만 남자들만 그런 것은 아니었다), 나의 페미니스트적 자각에 대해 조금이라도 설명하려는 것이 얼마나 힘든 일인지 알게 되었다.

그렇지만 나는 설명하려고 애썼다. (여)신은 여자들이 노력하고 있다는 것을 아실 것이다. 우리의 막힌 상상력을 회복시키기 위해, 부차적인 역할을 하는 존재라고 여겨져온 다른 집단들과 비교하는 방법을 사용하기도 하고, 불공평함을 보여주는 사실과 통계 수치를 끝없이 제시하는 방법을 사용하기도 한다. 그런 증거를 가지고 정보 검색 기계가 된 듯한 느낌이 들 정도로 계속해서 이야기를 풀어나간다. 우리는 뒤집어 보기라는 장치도 자주 사용한다. (내가 서두에서 이야기한, 페미니스트가 되기 이전의 내 발언이 모두 매우 논리적인 것이라고 생각하는 남자가 있다면 그에게 "여성" 대신 "남성"을 넣어 각 문장을 읽어보게 하라. 나 대신 그 남자 자신을 집어넣어 읽게 하고 그가 어떤 느낌을 받는지 보라. '내 일은 결혼과 상충되지 않아요.' "멕시코 출신들이 남자들을 좀 험하게 다루긴 해요…" 그러면 이해할 수 있을 것이다.)

우리는 여성문제를 이해시키기 위해 논리도 사용한다. 예를 들어 여성이 자녀의 출산과 수유를 위해 일년을 보내야 한다면 그 아이가 다 클 때까지 여성이 양육에 대한 일차적 책임을 져야 한다. 이것이 남성의 논리다. 그런 논리는 자녀 양육만이 여자가 할 일이라고 주장하면서 여자들이 다른 종류의 일을 하지 못하게 한다. 그래서 아예 아이 낳기를 기피하는 경향을 만든다. 아이에게는 양쪽 부모가 있고 그러므로 양쪽 다 동등하게 양육의 책임을 가져야 한다는 것이 더 논리적이지 않은가? 아버지는 어머니의 임신 기간을 보상해 주기 위해 아이를 보살피는 시간의 반 '이상'을 책임져야 하지 않겠는가? 논리는 주장하는 사람의 관점에 따라 달라진다.

여성문제를 설명하려는 이러한 노력은 가끔 성공을 거두기도 한다. 하지만 여성은 널리 통용되는 현대어를 하고 있고 남성은 고대어로 이야기하고 있다는 느낌을 갖게 될 때가 더 많다. 전자의 경우든, 후자의 경우든 즐거운 반응이든 괴로운 반응이든, 거기서 얻는 보람은 대단히 크다. 그러한 반응들이 자매애를 만들어내기 때문이다.

첫 번째 경우에 우리는 잘못된 인식을 떨쳐버리고 자기를 발견하는 기쁨을 함께 나눈다. 이런 생각을 주는 사람이나 받는 사람이나 모두 큰 기쁨을 느낄 수 있다.

두 번째 경우, 이전에 지적이고 진보적이라고 생각하던 남자들과 이야기하면서 여성문제에 관한 사실과 주장을 아무리 많이 늘어놓아도 남자들을 이해시킬 수 없을 때, 우리는 또 다른 단순한 진실을 발견한다. 같은 말을 했을 때, 여자들은 금방 이해한다는 것이다. 남자들과 농담을 하고, 경험을 공유할 수도 있고, 남자들은 잘 알지 못하는 모욕적인 경험과 상황에 대해 자세히 설명해줄 수도 있다. 그러나 그걸 이해하는 사람은 여자들뿐이다.

여성들간의 이러한 깊은 교감이 지닌 독특한 특징은 모든 종류의 장벽을 뛰어넘는다는 것이다. 나이, 경제적 형편, 세상 경험, 인종, 문화 등 남성사회 또는 남녀사회에서라면 절대 넘을 수 없는 높은 장벽이 여자들 사이에서는 아무런 문제도 되지 않는다.

일전에 미주리 주에서 개최된 어떤 여성모임에 참석한 적이 있다. 그 모임의 참석자들은 조그만 마을에서 온 가정주부들과 그 마을 근처 대학에서 온 여대생들로 구성되어 있었다. 주부들은 한결같이 손목까지 오는 흰 장갑을 끼고 있었고, 말끝마다 '제국주의'와 '억압'을 내뱉는 여대생들은 가죽 부츠를 신고 있었다. 이들이 한데 모인 이유는 유아원 때문이었지만, 너무나도 다른 사람들이 참석했기 때문에 도저히 어떤 결론을 낼 가망이 없어 보였다. 하지만 부츠를 신은 여대생 하나가 어떤 젊은 남자교수에 대한 이야기를 시작하자 상황이 달라졌다. 여대생들의 말에 따르면 그는 대학내 급진파들의 지도자였는데, 여학생들이 등사기를 밀지 않겠다는 것은 대의를 저버리는 일이라고 말했다. 그리고 유아원에 대해서 그는 여성들이 남성들의 일자리를 빼앗아서 미국 전체의 문화가 점점 '여성화'되고 있다고 개탄했다.

"꼭 우리 남편처럼 말하네요."

흰 장갑을 낀 아주머니 한 사람이 말했다.

"남편은 나더러 자기가 지지하는 공화당을 위해 빵을 구워서 집집마다 방문하라고 했어요."

여성들은 이제 감을 잡기 시작했다. 여대생들과 가정 주부들 모두 하인이나 어린아이처럼 취급받고 있다는 점에서 다를 바가 없었던 것이다. 모임이 진행되는 동안 그들은 자신들이 공감하는 여타의 주제들(예를 들면 질 오르가즘의 신화)에 대해 토론하고 매주 정기적인 모임 계획을 세웠다. "남자들은 우리가 자기들을 위해 존재하는 사람인 걸로 생각해요. 우리가 자기를 발견하려면 여자들끼리 만나는 수 밖에 없어요." 흰 장갑을 낀 어느 가정주부의 말이었다.

여성의 삶에 대한 공감이 이루어지면 인종장벽도 큰 문제가 안 된다. 알라바마 주 흑인 가정부 조합을 만든 여성들이 마련한 어느 모임에서 어느 백인 가정주부가 내게 흔히 페미니즘으로 이르는 길이라고 부르는 '의식화 그룹' 혹은 '이야기 모임'이란 게 뭐냐고 물었다. 나는 다음과 같이 설명했다. 백인이든 흑인이든 남성들의 경우에는 술집이나 클럽 등 자기들끼리만 모이는 장소가 있다. 하지만 여자들은 집과 가족에 고립되어 다른 여자들을 만나기 힘들다. 하지만 우리도 우리만의 공간이 필요하다. 이야기모임이 바로 그런 우리만의 자유로운 장소 역할을 한다. 또한 이야기모임은 서로의 이야기를 솔직하게 털어놓고 서로를 의지하며 자매애를 기를 수 있는 공간이기도 하다.

내가 가정 주부들의 고립감에 대해 이야기하면서 우리가 주부이자 어머니로서 만족감을 느끼지 못한다면 틀림없이 무언가 문제가 있는 게 아니겠냐고 말하자, 그 품위 있는 여성의 뺨 위로 눈물이 흘러내리기 시작했다. 우리 모두 그 광경을 보고 깜짝 놀랐다. 특히 흑인 여성들은 이 백인 여성이 눈물을 흘리는 것을 보고 동병상련의 감정을 느끼는 것 같았다.

"당신 마음 이해해요."

어느 흑인 여성이 그녀의 어깨를 감싸며 위로의 말을 건넸다.

"자기 집 부엌에 있든 남의 집에서 가정부 노릇을 하든 여자들이 사람 취급을 못 받긴 마찬가진가 봐요. 집안일은 일도 아니라고 생각하거든요."

그 모임의 결과, 흑인 가정부들을 지원하는 백인 주부들의 집단이 조직되었다. 백인 여성들은 가정부들의 생계비를 보장하는 임금을 남편에게서 받아내고, 흑인 가정부들이 임금 인상에 반대하는 당국과 싸우는 것을 도와주기로 했다. 그런 지원 집단이 없었다면 가정부들의 작고 용감한 조합은 살아남지 못했을 것이다.

페미니즘을 모르던 시절, 나는 흑인 가정이 너무 모계 중심이라는 주장을 곧이곧대로 받아들였다. 하지만 이제 나는 많은 흑인 여성들이 그런 주장에 대해 분개하는 이유를 이해하고 있다. 백인 사회학자들의 그런 주장은 백인의 가부장적 생활양식에 비해 흑인 집단의 생활방식이 열등하다고 느끼게 만들려는 것이다.

"혁명가들을 위해 빵 굽는 일을 해야 한다면, 그건 내 혁명이 아니에요. 흑인 남성과 흑인 여성은 함께 일해야 해요. 흑인의 절반만을 위한 흑인해방은 흑인해방이 될 수 없어요."

시카고 출신 어느 흑인 여성 시인의 말이다. 실제로 어떤 흑인 여성들은 지금의 현실을 살아내려면 흑인 여성이 강해질 수밖에 없다고 주장한다. 흑인 여성이 너무 거세다는 비판은 결국 흑인의 절반을 저임금과 무능력 상태로 묶어놓고 흑인 남성들의 고통을 흑인 여성들 탓으로 돌리려는 저의를 품고 있는 것이라고 의심하는 것이다. 물론 그 고통의 실제 원인은 백인들의 인종차별 때문이다.

예전에 내가 갖고 있었던 남성우월주의적 편견을 생각해 보면, 그 편견 안에는 여성에 대한 경멸, 심지어 나 자신에 대한 경멸이 밑바닥에 깔려 있었던 것 같다. 이것이야말로 사회에서 하등인간 취급을 받는 사람들이 겪는 가장 가혹한 처벌이라 할 수 있다. 사회는 우리를 세뇌하여 우리 스스로 열등하다고 믿게 만든다. 설사 우리가 사회에서 어느 정도 성공한다 해도 자신은 다른 여자들과는 '다르다'고 생각하고 여자들과 어울리지 않으려 한다. 열등한 집단이 아닌 우월한 집단과 동일시하려 하는 것이다. 사실 예전에 내가 여성 모임에 합류하지 않았던 것도 그런 이유였던 것 같다. 우리는 사무실의 유일한 여성이기를 바라며, 동네에서 유일한 흑인 가정이기를, 그리고 클럽에서 유일한 유태인이기를 바라는 것이다.

남자 흉내를 내면서 허비한 나의 지난날을 돌아보니 고통스럽기 그지없다. 남자처럼 글을 쓰고, 남자들에게 얼마나 인정받는가에 따라 나와 다른 여자들을 평가하던 시절이었다. 인간관계에 있어서나 정치판에서나 직장에서나 모두 마찬가지였다. 그건 다 큰 여자들이 남편의 지위를 놓고 서로 경쟁하는 것과 같은 꼴이다. 주인의 재산과 지위가 자기 정체성을 결정한다고 생각하는 하인들과 다를 게 없다.

여성들이 자신을 존중할 줄 모르는 것은 여성들 서로를 끌어내리며 자매애를 가로막는 가장 큰 장애물이기도 하다. 사회의 기대에 순응하는 여성들은 순응하지 않는 여성들을 경계한다. 그들은 속으로 '저 시끄럽고 여자답지 못한 여자들이 우리 모두에게 해를 끼칠 거야'라고 생각한다. 사회에 순응하지 않는다는 사실을 감추고 있는 여성들은 경계심이 더 크다. 왜냐하면 그들은 잃을 게 더 많기 때문이다.

기성체제는 자신에게 도전하는 모든 사람들을 처벌하여 체제를 유지하려 한다. 특히 여성들의 저항은 가장 근본적인 사회 구조에 타격을 가하는 것이기 때문에 그에 대한 처벌은 철저하다. 성역할 구분은 기존 질서의 가장 기초적인 부분이기 때문이다. 그것은 인구의 절반에게 직장이나 전쟁에서 먼저 나서야 한다고 믿게 하고 다른 절반에게는 무임금이나 저임금 노동으로 봉사해야 한다고 믿게 만든다.

사실상 백인 남자들의 처벌 방식 중 가장 많이 애용되는 것은 조롱과 인신공격이다. 자기 주장이 강한 여자가 미모를 가지고 있거나 젊다면, 뒤에 든든한 남자가 있을 것이라고 여겨진다. 그런 여성이 성공하면 아마 남자 상사와 잠자리를 같이 했을 거라고 판단한다. 만약 늙은 여성이나, 남성의 기준으로 볼 때 매력적이지 않은 여성이 힘있는 행동을 하면, 남자들의 관심을 끌지 못해 복수하는 거라고 말한다. 남성의 부속물이 아닌 완전히 성숙한 한 사람의 인간으로 행동하는 여성은 더러운 농담의 밥이 된다. 조롱은 기성 체제를 수호하는 자들이 사용하는 첫 번째 무기이고 더 심한 공격이 그 다음에 이어진다. 그런 여성에게는 더욱 더 자매애가 필요하다.

위에서 말한 것은 모두 미리 알고 조심하라는 뜻에서 이야기한 것이다. 이런 것에 위축될 필요는 없다. 저항으로 잃는 것보다 얻는 것이 더 많기 때문이다. 내 경우는 이제 분노를 인정하고 그것을 건설적으로 이용할 수 있게 되었다. 예전에는 분노를 눌러 두었다가 그것이 곪아 죄책감으로 덧나기도 했고, 분노를 모아 두었다가 자기파괴적으로 한꺼번에 폭발시키기도 했다.

내가 만난 용감한 여성들은 인류의 가능성을 확장시키면서 역사상 선례 없는 일을 해나가는 선구자들이며, 상처 입는 것을 두려워하지 않는 용기를 가지고 있다. 나는 그들의 용기를 보면서 말로 표현할 수 없을 만큼 큰 감동을 받았다.

나는 이제 더 이상 내가 보잘 것 없는 사람이라고 생각하지 않는다. 많은 여자들의 문제인 자존감 결여가 나에게는 그런 생각으로 나타났었다. (나는 여자기 때문에 남성의 기준에 맞지 않았다. 남성이 유일한 표준이라면 당연히 나는 중요한 인물이 될 수 없다.) 그런데 내가 나 자신을 비하하는 생각을 버리게 됐다는 것은 내가 예전에 비해 다른 사람들의 평가나 인정을 필요로 하지 않게 되었다는 의미이고, 고전적인 주장에 의해 마음 상하는 일이 적어졌다는 의미이다. (성적인 접근을 시도하는 남자들이 흔히 사용하는 "네가 날 좋아하지 않는다면 너는 진짜 여자가 아니다."라는 주장이나, 협박을 하나의 예술이라고 이해하는 사람들이 사용하는 "네가 날 좋아하지 않는다면 너는 다른 사람들과 관계를 맺지 못할 거야."라는 주장이 그런 고전적인 주장이다.)

나는 남자들을 나와 동등한 존재로 다룰 수 있게 되었고 그렇기 때문에 비로소 개별적인 인간으로서 남자들을 좋아할 수 있게 되었다.

나는 정치라는 것이 유기체적이라는 것을 알게 되었다. 그리고 마침내 내가 왜 이유를 알 수 없는 채로 여러 해 동안 "주변적"인 집단들의 주장을 지지해 왔는지 이해하게 되었다. 나도 주변적인 집단에 속해 있었기 때문이었던 것이다. 그리고 최소한 인종이나 성, 그 밖의 다른 차이를 이유로 태어날 때부터 하등 계급에 속하는 일이 없는 사회를 만들기 위해서는 그런 집단들이 연대해야 한다는 것도 알게 되었다.

나는 더 이상 내 자신을 낯설게 느끼지 않으며 여자들 집단에 속해 있는 것을 어색해하지도 않는다. 나는 여성인 내 자신에 대해 편안함을 느낀다.

나는 내 곁에 자매들이 있다는 것을 발견하고 감동을 받는 중이다.

나는 내가 누구인가를 알아내기 시작하고 있다. 이제 막 시작한 것이다.

—1972년

나는 플레이보이 클럽의 바니걸이었다

"바니걸이란
「플레이보이」의 플레이메이트처럼 아름답고 사랑스럽고
…… 우리는 모든 능력을 동원하여
당신들(바니걸들)을 미국에서 가장 선망받는 인물로 만들 것이며,
세상에서 가장 화려하고 재미있는 곳에서 일하도록 도울 것입니다."
나는 마지막으로 내 바니걸 의상을 반납했다.
금발머리가 이렇게 말했다.
"잘 가, 친구. 다음 번에는 좀더 좋은 데서 만나자구."

나는 기사를 쓰기 위해 커다란 다이어리와 다음과 같은 문안이 적힌 광고지를 챙겼다.

• 아가씨들에게
문: 플레이보이 클럽의 바니걸들은 멋진 직장에서 유명인사들을 만나면서 최고 수준의 대우를 받습니까?
답: 네, 그렇습니다.
이제 매력적인 젊은 아가씨들은 호화로운 뉴욕 플레이보이 클럽에서 주당 이삼백 달러를 벌면서 쇼비즈니스계의 매혹적인 분위기를 즐길 수 있습니다. 또 각국의 플레이보이 클럽을 돌면서 전 세계를 여행할

수도 있습니다. 서빙을 하든, 스냅사진을 찍든, 출입문 접대를 하든, 플레이보이 클럽은 찬란한 무대고 바니걸들은 그 무대의 스타들입니다.

- 「타임」, 「뉴스위크」, 「패전트」 등 수많은 언론에서 바니걸들의 매력과 아름다움을 찬양하고 있습니다. 에드 설리반은 플레이보이 클럽이 '가장 훌륭한 쇼비즈니스'라고 말했습니다. 이제 플레이보이 클럽은 뉴욕에서 가장 붐비는 곳이 되었습니다.
- 아름답고 자신감 있는 21~24세의 여성이라면 누구나 지원할 수 있습니다. 혼인 여부는 상관 없습니다. 물론 초보자도 환영합니다.
- 1월 26일과 27일 오전 10시에서 3시까지로 예정된 특별면접에 직접 응모하십시오. 수영복이나 타이즈 지참요.

플레이보이 클럽

이스트 59번가 5번지 PL2-3100

1월 24일 목요일

나는 매리 캐더린 옥스란 가짜 이름을 지었다. 조상들이 용서하시길! 그 이름은 친척 중 한 사람의 이름이었다. 사실 나도 그 이름을 사용할 권리쯤은 있었다. 그리고 그 이름은 너무나 평범해서 가짜같이 보이지 않았다.

1월 25일 금요일

매리의 배경을 만들어내느라 오후를 다 보냈다. 그녀는 내 아파트에서 내 전화를 사용하고 나와 같은 치수의 옷을 입는다. 다만 나이는 나보다 네 살 적다(나는 바니걸의 나이 제한에 걸렸다). 매리는 생일도 나와 같고, 출신 고등학교와 대학교도 같다. 하지만 매리는 학구파는 아니다. 그녀는 한 동안 유럽 여행을 했다. 돈은 별로 없었지만 런던에서 잠시 웨이트리스로, 파리에서는 호스티스 댄서로, 제네바에서는 비서로 일하면서 해변 등지를 기웃거리며 돌아다닐 정도의 돈을 벌었다. 지난 해에 뉴욕으로 돌아와 비서로 잠깐 일했다. 세 명의 친구들이 그녀더러 바니걸이 돼보라고 강력하게 추천했다. 일단 그녀를 알게 되면 누구나 그녀를 사랑하게 될 것이다.

내일이 바로 그날이다. 매리는 이제 노트 속의 인간이 아니라 실제 세계의 사람이 된다. 나는 그녀에게 타이즈를 사주기 위해 밖으로 나갔다.

1월 26일 토요일

나는 내가 가진 옷 중 가장 희극적인 옷을 입고, 타이즈를 가방에 넣어 플레이보이 클럽으로 향했다. 건물을 찾기는 아주 쉬웠다. 옛날에 그 자리에 있던 우아한 빌딩과 화랑은 온데간데 없고 유리로 지어져 번쩍거리는 건물이 자리를 차지하고 있었다. 건물 안에는 오렌지빛 카페트가 깔려 있고 나선형의 계단이 있었는데, 밖에서도 잘 보였다. 전체적으로 경쾌하고 멋진 곳이었다.

내가 클럽 안으로 들어가자 사설 경비원인 듯한 중년 남자가 미소를 지으며 손짓했다.

"여기예요, 바니, 바니, 바니."

그는 왼쪽의 유리문을 가리켰다.

"면접을 볼 거면 지하 플레이메이트 바로 가세요."

클럽 내부는 아주 밝아서 닫혀 있는지 비어 있는지 금방 구분하기 힘들었다. 계단을 내려가자 미스 세이가 맞아주었다. 그녀는 어두운 바 한켠의 책상 앞에 앉아 있었는데, 서른 살 정도 되어 보이고 몸매는 호리호리했다.

"바니걸이 되려고 왔지요?"

미스 세이는 쾌활하게 물었다.

"저기 앉아서 이 서류를 쓰세요. 아, 코트는 벗으시구요."

테이블 두 개에는 이미 아가씨들이 자리를 잡고 연필로 무언가를 적고 있었다. 나는 이제까지 면접을 볼 때마다 지원자가 얼마나 많은지 둘러보곤 했다. 그런데 여기는 세 명뿐이었다. "코트를 벗어요."라고 미스 세이가 다시 한 번 말했다. 내가 코트를 벗기 시작하자 그녀는 만족스럽다는 듯이 나를 바라보았다. 두 아가씨들 중 하나가 일어나서 책상 앞으로 왔다. 하이힐이 경쾌한 소리를 냈다. 그녀가 물었다.

"가슴 크기는 브래지어를 한 걸로 적어요, 안 한 걸로 적어요?"

"브래지어를 착용한 크기예요."라고 미스 세이가 말했다.

"전 안 했을 때가 더 큰걸요."

"좋아요. 그럼 안 할 때 사이즈로 하세요."

미스 세이가 피곤하다는 듯 대꾸했다. 그때 다른 두 아가씨들이 계단을 내려왔다. 화장기 없이 깨끗한 얼굴이었다.

"바니걸 때문에 오셨죠?"

미스 세이가 물었다.

"아뇨, 전 아니에요." 라고 한 아가씨가 대답했다. 하지만 다른 아가씨는 카드를 집어들었다. 머리가 길고 로퍼를 신은 걸로 봐서 대학생 같았다.

지원서 양식은 간단했다. 주소, 전화번호, 신체 사이즈, 나이, 예전 직장 등을 쓰면 되는 거였다. 나는 지원서를 작성한 후 '플레이보이 클럽의 바니가 되자' 라는 제목의 선전책자를 보면서 시간을 보냈다. 그 책은 대부분 사진으로 채워져 있었다. 미국 전역에서 선발된 바니걸들이 플레이보이 클럽의 사장이자 『플레이보이』의 발행인 겸 편집장인 휴 헤프너를 둘러싸고 있는 단체 사진도 있었다. 또 어떤 사진에는 바니걸이 토니 커티스를 대접하고 있는 모습 아래, '플레이보이' 라는 제목의 영화에 출연할 예정인 플레이보이 클럽의 고객이라고 씌어 있었다. 또 다른 사진에서는 '플레이보이의 전국 방송망 TV 쇼'에 출연한 두 바니걸들이 휴 헤프너와 함께 웃고 있었다. '바니걸들이 참여하는 사회봉사 프로젝트의 일환으로' 바니걸들이 참전용사 병원에 『플레이보이』지를 배포하는 사진도 있었고, 금발의 바니걸이 '친절한 개인상담'을 하는 귀부인 바니 마더 앞에 서 있는 사진도 있었다. 마지막 페이지에는 비키니를 입은 아가씨가 요트 위에서 바니 깃발을 흔드는 사진이 있었다. 그리고 "당신이 바니걸이 된다면, 당신의 세계는 재미와 즐거움 그리고 흥분으로 가득 찰 것입니다."라고 적혀 있었다. 바니걸의 주당 평균 소득이 200달러라는 문장과 함께.

내가 지원서와 선전책자를 살펴보고 있을 때, 또 다른 아가씨가 계단을 내려왔다. 그녀는 파란 테의 안경을 쓰고 몸에 비해 작아 보이는 코트를 입고 있었다. 그녀는 미스 세이에게 열여덟 살짜리도 클럽에서 일할 수 있냐고 걱정스럽게 물었다.

"물론이에요. 하지만 밤 열두 시 이후에는 일할 수 없어요."

미스 세이는 그 아가씨에게 지원서를 준 다음, 그녀의 통통한 다리를 쳐다보고선 코트를 벗으라는 말은 하지 않았다. 또 두 아가씨가 들어왔는데, 한 명은 밝은 분홍색 바지를 입고 있었고 다른 하나는 진홍색 바지 차림이었다.

"여기 대단한데?"

분홍 바지가 말했다.

"여기보단 시카고에 있는 헤프너의 집이 더 대단할걸."

진홍색 바지가 말했다. 미스 세이는 동의한다는 듯 그들을 바라보았다.

"전 전화가 없어요. 저희 삼촌 전화번호를 써도 될까요? 삼촌이 브루클린에 살고 있거든요."

파란 테 안경이 말했다.

"상관없어요."

미스 세이가 짧게 대답한 후 나를 불렀다. 그녀는 책상 앞에서 1미터쯤 떨어진 곳을 가리키면서 나더러 거기에 서보라고 했다. 나는 그렇게 했다.

미스 세이는 내게 정말 스물네 살이냐고 물었다.

"나이가 좀 많은 편이군요."

내가 자격이 되느냐고 묻자 그녀는 고개를 끄덕였다.

"전 정말 바니걸이 되고 싶어요. 학교에 있는 잡지에서 기사를 읽었거든요……. 저희 삼촌은 하루 종일 집에 없는데, 대신 제가 집에서 전화를 기다릴게요."

파란 테가 다시 말했다.

"그렇게 하세요."

미스 세이는 짧게 대답하곤 나를 바라보며 덧붙였다.

"수요일 6시 30분으로 약속을 정하지요. 서비스룸 입구로 와서 6층으로 올라가세요. 그리고 미스 버기스를 찾으세요. 그 사람이 바니 마더거든요."

나는 그렇게 하겠다고 했다. 그런데 갑자기 그녀가 물었다.

"혹시 전에 여기 응모한 적 없나요? 바로 어제 매리 옥스란 아가씨가 왔었던 것 같은데?"

나는 깜짝 놀랐다. 매리 옥스가 어떻게 내 노트에서 튀어나올 수 있었을까? 나는 잠깐 동안 피그말리온[1]을 떠올렸다. 아니면 또 다른 매리 옥스가 있었던가? 그럴 수 있다. 하지만 진짜로 그런 이름의 아가씨가 어제 여기 왔을 가능성은 거의 없다. 나는 맞받아치기로 결심했다.

"그것 참 이상하군요. 착각하셨겠지요."

미스 세이는 어깨를 으쓱하더니 내게 수영복이나 타이즈를 가지고 수요일에 오라고 말했다.

---

1) 고대 그리스 신화에 나오는 인물. 자신이 조각한 아름다운 여인 조각상을 사랑하여 신들에게 그 조각상이 사람이 되게 해 달라고 기도했다. 신들이 그 소원을 들어주어 피그말리온은 그녀와 결혼했다.

"제가 전화해도 되나요?"

파란 테 안경이 물었다.

"아뇨. 우리가 하지요."

미스 세이가 말했다. 나는 클럽을 나오면서 내가 얼마나 오랫동안 매리 옥스로 행세할 수 있을까 생각했다. 그들이 내가 매리 옥스가 아니란 걸 알아챌까? 아니, 벌써 탄로가 난 걸까? 반 블록쯤 걸어갔을 때쯤 아까의 여대생 둘을 만났다. 그들은 어떤 건물에 기대어 팔짱을 끼고 웃고 있었다. 그 모습을 보니 갑자기 기분이 좋아졌다. 하지만 브루클린에 사는 삼촌 집에서 전화를 기다리고 있을 파란 테 안경의 아가씨만은 왠지 잘 잊혀지지 않았다.

1월 30일 수요일

나는 정확히 여섯 시 삼십 분에 클럽에 도착했다. 장사가 잘 되는 듯했다. 손님들이 클럽 안에 들어가기 위해 줄을 서 있었고, 행인들이 길을 가기 어려울 정도로 건물 앞이 붐볐다. 잘 생긴 푸에르토리코계 엘리베이터 보이가 즐거운 표정으로 나를 엘리베이터 안으로 밀어 넣었다. 그 안에는 제복을 입은 흑인 짐꾼 두 명과 중년의 손님들 다섯 명, 잘 차려입은 바니걸 두 명, 밍크 코트를 입은 나이 지긋한 뚱뚱한 부인이 있었다. 엘리베이터가 6층에 멈춰섰다.

"여기서 내려야 하나요?"

밍크 코트를 입은 부인이 물었다.

"맞습니다. 바니걸이 되고 싶다면요."

엘리베이터보이의 대답에 모두들 웃음을 터뜨렸다.

나는 주위를 둘러보았다. 희미한 불빛 아래 부드러운 카펫을 밟고 죽 걸어가니 페인트칠이 되어 있지 않고 전구 하나로 조명을 유지하고 있는 곳이 나왔다. 그곳에는 ' ㅏ니즈'라는 글씨가 적혀 있는 문이 있었는데, 자세히 보니 'ㅂ'이 있던 흔적이 남아 있었다. 그 밑에는 마분지를 아무렇게나 찢어 붙인 종이 위에 "노크해 주세요! 협조 바랍니다!"라고 씌어 있었다. 그 문을 지나 사람들로 붐비는 밝은 홀로 들어갔다.

아가씨 두 명이 나를 스치고 지나갔다. 그 중 한 명은 달랑 비키니 팬티 하나만 입고 있었다. 다른 아가씨는 망사로 된 검정 타이즈와 자주색 새틴 하이힐 차림이었다. 그들은 내 오른쪽에 있는 조그만 탈의실로 뛰어들어가더니, 이름을 부르자 의상을 골라 나왔다. 나는 의상 담당자에게 미스 버기스를 찾는다고 말했다.

"어쩌나. 미스 버기스는 방금 결혼 선물을 받고 떠났는데."

그때 아가씨 네 명이 뛰어들어와 옷과 칼라, 커프스, 꼬리 등을 찾았다. 그들은 모두 타이즈와 하이힐을 신고 있었는데 허리 위로는 아무것도 입지 않고 있었다. 그 중 하나는 '금주의 바니걸'이라고 씌인 게시판을 보고 있었다.

나는 좁은 홀의 반대편으로 갔다. 문을 열자 금속제 라커와 의상 테이블들이 줄지어 있는 커다란 의상실이 나왔다. 거울에는 쪽지가 여러 개 붙어 있었다. "토요일 밤 지하층에서 일할 사람 없어요?", "수요일 워싱턴 스퀘어 마을에서 멋진 파티를 열 계획. 바니걸은 모두 환영." 등이었다. 선반에는 화장품이 널려 있었고, 세 명의 아가씨가 정신을 집중해서 화장을 고치고 있었다. 그 모습은 마치 코러스걸들의 의상실을 그린 만화 같았다.

검은 새틴으로 된 바니걸 의상을 입고 짙은 빨강머리에 피부가 아주 흰 아가씨가 내게 등을 돌리고 가만히 서 있었다. 나는 그게 등의 지퍼를 올려 달라는 뜻이라는 걸 깨달았다. 나는 몇 분 동안이나 기를 써서 겨우 지퍼를 올렸다. 그녀는 몸집이 크고 약간 억세 보이는 아가씨였는데, 고맙다는 말을 할 때의 목소리는 마치 아기 같았다. 주디 홀리데이도 그보다 더 연약한 목소리를 낼 수 없을 것이다. 나는 그녀에게 미스 버기스는 어디 있냐고 물었다.

"아, 바니 마더는 사무실에 있어요."

그 아가씨는 유리창이 달린 나무문을 가리키며 대답했다.

"하지만 이제 쉐랄리가 새로운 바니 마더에요."

유리창 너머로 아가씨 두 명이 보였다. 하나는 금발이고 다른 하나는 짙은 갈색머리였다. 둘 다 20대 초반으로, 선전책자에 바니 마더로 나온 나이든 부인과는 전혀 닮은 게 없었다.

아기 목소리 아가씨는 다시 지퍼를 몇 번 올렸다 내렸다 하더니, "이건 내 옷이 아니잖아. 어쩐지 잘 안 들어간다 했어."라고 말했다. 그녀는 손가락을 딱딱 튕기면서 콧노래를 부르며 사라졌다.

갈색머리 아가씨가 사무실에서 나와 자기가 바니 마더 쉐랄리라고 말했다. 나는 그럴 줄 알았다고 대답했다.

"지난 달 클럽 개장 무렵에 나도 바니걸로 일했죠. 이제부터 미스 버기스 대신 일하기로 했어요."

그녀는 베이지색 스리피스를 입어 보고 있는 금발머리 쪽을 돌아다보았다. 나는 그 옷이 결혼 선물일 거라고 짐작했다.

"잠깐 기다려야 되겠네요, 아가씨."

쉐랄리가 말했고, 나는 앉아서 기다릴 수 밖에 없었다. 일곱 시까지 나는 아가씨 세 명이 머리를 솜사탕 모양으로 다듬고, 다른 네 명의 아가씨들이 가슴에 크리넥스를 집어넣는 광경을 구경했다. 그 다음 15분 동안은 바니걸이 되겠다는 아가씨 두 명과 이야기했다. 그 중 하나는 댄서였고 다른 하나는 파트 타임으로 일하는 모델이었다. 7시 30분, 바니걸 하나가 약혼 반지가 들어있는 옷을 세탁소에 보내버렸다며 울고 불고 난리를 쳤다. 7시 40분쯤에는 미스 세이가 사무실에 나타나서 "이제 매리밖에 안 남았어요."

라고 말하고 나갔다. 여덟 시가 될 때까지 나는 그녀가 매니저에게 내 신원을 확인하고 있지는 않을까 하는 생각에 가슴이 조렸다. 8시 15분, 마침내 나는 안으로 불려 들어갔다. 쉐랄리가 지원서를 검토하는 동안 나는 그저 기다리기만 했다.

"아가씨는 스물네 살로는 보이지 않는군요."

아이구, 탄로났구나. 머리카락이 한올 한올 곤두서는 듯했다.

"더 어려 보여요."

나는 믿지 못하겠다는 듯 미소지었다. 그녀는 폴라로이드 사진을 몇 장 찍었다.

"그냥 기록을 위해서 남기는 거죠."

나는 어렵게 쥐어짜낸 내 과거 이야기를 늘어놓았지만 그녀는 별 관심이 없었다.

"우린 아가씨들의 과거에 대해서는 알 필요가 없어요. 바니걸 이미지에 맞기만 하면 돼요."

의상 담당 여자가 내게 옷을 벗으라고 말하고는 내 치수의 바니걸 의상을 찾기 시작했다. 그때 한 아가씨가 한 손에 의상을 들고 뛰어들어왔다. 그녀는 마치 부상당한 병사처럼 애절하게 의상 담당 여자를 찾았다.

"메딕! 재채기를 했더니 지퍼가 망가져 버렸어요!"

"이번 주에 벌써 세 번째야."

의상 담당 여자가 화난 듯이 말하자, 그 아가씨는 미안하다고, 잘못했다고 말하고는 다른 옷을 집어들고 나갔다.

정말 재채기 한 번에 옷이 망가지냐고 내가 물었더니, 의상 담당자가 "물론이에요. 그래서 감기에 걸린 아가씨들은 교체시키죠."라고 대답했다.

그녀는 내게 하늘색 새틴 원피스를 주었다. 옷이 너무 작아 지퍼를 올릴 때 살이 지퍼에 낄 정도였다. 그녀는 다시 지퍼를 올릴 테니까 숨을 들이쉬라고 말했다. 겨우 지퍼를 올린 후, 그녀는 나를 이모저모 뜯어보았다. 옷은 엉덩이 옆쪽이 너무 많이 파여 있어서 엉치뼈가 다 드러나 보였다. 허리는 너무 조여서 〈바람과 함께 사라지다〉에 나오는 스칼렛 오하라 꼴이었고, 상체에 붙은 살이란 살은 모두 가슴 쪽으로 밀어올려진 모양이었다. 허리를 굽혔다간 큰일날 것 같았다.

"괜찮은데."

의상 담당이 말했다. 그리고는 드라이클리닝 백에 들어있던 것을 전부 내 옷에 붙였다. 내 머리에는 파란 새틴 머리띠와 바니의 귀가 붙었고, 엉덩이에는 포도알만한 동그랗고 하얀 장식이 달렸다.

"됐어요. 이제 하이힐을 신고 쉐랄리에게 가봐요."

거울을 보니 웬 바니걸 하나가 나를 바라보고 있었다.

"어머, 정말 귀여워요. 벽에 붙어서서 예쁘게 웃어봐요."

쉐랄리는 사진을 몇 장 찍었다.

아기 목소리의 빨강머리가 들어와서 아직도 몸에 맞는 옷을 못 찾았다며 수선을 떨었다. 자주색 새틴 의상을 입은 조그만 금발 아가씨는 꼬리를 벗어던지고 책상 위에 앉아 말했다.

"저, 저는 벌점을 받는 건 괜찮아요. 벌써 5점이나 받았지만요. 하지만 특근을 해서 점수를 올릴 수는 없나요?"

쉐랄리는 기분 나쁘다는 표정으로 미스 버기스를 쳐다보았다. 그리고 이렇게 말했다.

"새로 온 애들은 시카고에서 오면 특별대우를 받아야 한다고 생각하나 보지? 선배들이 교육을 제대로 안 시키는 모양이야."

"걔들은 제가 가르칠 테니 옷 좀 구해줘요."

아기 목소리가 말했다. 나는 옷을 다 입고 주위의 이야기를 듣고 있었다.

"담뱃불을 붙여준 것뿐인데 그 남자가 30달러를 줬어."

"몸을 구부리고 옷 속에 몸을 집어넣어."

"몰라, 그 남자는 마그네시아인가 뭔가를 만든대."

"사람들이 그런 비닐봉지로 자살하는 거 모르니?"

"그런데 그 바보가 레이스 커튼이란 걸 주문하지 않겠니. 레이스 커튼이란 거 들어봤어?"

"내가 바니걸의 꼬리가 석면이라고 했더니, 글쎄 불을 붙여서 직접 확인해 보려고 하잖아!"

"지난 주에는 팁으로 겨우 30달러 벌었어, 내 참."

쉐랄리가 사무실 안으로 날 불렀다.

"그러니까, 바니걸이 되고 싶단 말이죠?"

"네, 무척 되고 싶어요."

내가 얼른 대답하자, 그녀는 잠시 뜸을 들이다가 이렇게 말했다.

"그렇다면…… 당신은 이제부터 바니걸이에요."

난 깜짝 놀랐다. 면접과 신원 조사 따위가 더 있을 줄 알았기 때문이다.

"내일 세 시에 와요. 옷도 맞춰야 하고 작성할 서류도 많아요."

나는 미소를 지었다. 바보같이 우쭐한 기분도 들었다.

계단을 내려와 5번가로 향했다. 나는 이제 바니걸이다!

1월 31일 목요일

이제 두 벌의 바니걸 의상이 생겼다. 하나는 오렌지색 새틴이고 다른 하나는 감청색이다. 색깔과 질감은 운동복 카탈로그에 나오는 것과 비슷했다. 나는 조끼 부분이 제작되는 동안 맨발에 비키니 팬티만 입고 시멘트 바닥 위에서 기다리고 있었다. 의상 담당 여자가 조그만 목욕 가운을 줬다.

"새로 온 바니걸이 감기에 걸리면 곤란하지."

나는 그녀에게 비키니 팬티가 보일 정도로 엉덩이 옆쪽이 짧지는 않았으면 좋겠다고 부탁했다. 전날 내가 입었던 옷은 사진으로 본 것보다 훨씬 짧았기 때문이다. 그러자 그녀는 웃으며 말했다.

"그걸 짧다고 하다니, 정말 짧은 걸 못 본 모양이군."

바니걸들이 입는 옷들은 가슴을 제외하고는 모든 부위가 실제 치수보다 2인치 적게 바느질되어 있다.

"어떻게든 옷에 몸을 집어넣어요. 남들도 다 그렇게 하니까. 그리고 팁은 가슴에 달린 금고에 집어넣어요."

그때, 분칠을 하고 녹색 옷을 입은 검은머리 바니걸 하나가 문 앞으로 다가왔다.

"내 꼬리가 자꾸 흘러내려요."

그녀는 손가락으로 꼬리를 올리면서 말했다.

"바보 같은 손님들이 자꾸 잡아당겨서 그래요."

의상 담당이 그녀에게 옷핀을 집어주며 말했다.

"꼬리를 새 걸로 가는 게 좋을 거야. 그렇게 낡은 걸 달고 돌아다니다가는 벌점을 받을걸."

여러 아가씨들이 들어와서 의상을 찾았다. 그들은 모두 카운터에 연결된 노트에 사인을 하고 옷을 들고 나갔다. 빌딩 밖으로는 의상을 가지고 나갈 수 없으며 다림질과 세탁 비용으로 하루에 2.5달러를 지불해야 한다고 했다. 또 바니걸이 줄이 나간 스타킹을 신다간 벌점을 받을 수도 있기 때문에 5달러를 내고 검은 스타킹을 사야 된다고 했다. 의상 담당은 내 옷 색깔과 같은 천의 견본들을 주며 그 색깔에 어울리는 신발을 신으라고 말했다. 나는 신발값도 내야 되냐고 물었다.

"무슨 소리야? 여기서는 뭐든지 돈을 내야 돼. 3인치 이하의 하이힐은 신지 마. 그랬다간 벌점을 받을 테니까."

나는 옷을 입고 바니 마더의 방으로 갔다. 쉐랄리는 책상에 앉아 있었다.

핀으로 머리를 뒤로 묶고 있으니까 꼭 열여덟 살짜리 소녀처럼 보였다. 그녀는 내게 '바니걸 지원서'라고 쓰인 커다란 분홍색 서류와 오렌지색으로 '플레이보이 클럽'이란 글자가 새겨진 고동색 플라스틱 서류가방을 주었다. 그 가방에는 여성의 나체가 조각되어 있었다.

"이게 바로 바니걸 바이블이에요. 이번 주 내내 이걸 열심히 읽고 잘 익히도록 해요.".

지원서는 네 쪽이나 됐다. 이력에 대한 대부분의 질문들은 내가 미리 준비해둔 것이었지만 어떤 질문은 예상 밖의 것이었다. 예를 들어보자. "플레이보이 클럽 회원과 데이트한 적이 있습니까? 있다면 그 사람의 이름을 쓰시오." 물론 '아니오'다. "어떤 특정한 회원과 데이트할 계획이 있습니까?" '아니오.'

나는 사회보장번호는 쓰지 않고 비워두었다. 위층의 본부 사무실로 올라가 그 지원서를 미스 세이에게 전해 주었다. 시멘트 바닥으로 된 그 방에는 책상들이 잔뜩 들어차 있었는데, 인력 관리자인 미스 세이는 구석진 곳에 있었다. 그녀는 지원서를 훑어보더니 폴라로이드 사진을 몇 장 더 찍었다. 그러고는 이렇게 말했다.

"내일까지 사회보장번호를 알아오세요."

'어떻게 해야 하지?'

나는 조금 걱정이 됐다. 푸른색 양복에 검은 셔츠와 흰 넥타이를 한 뚱뚱한 남자가 자기 뒤에 서 있는 통통한 아가씨를 가리키면서 말했다.

"로마 씨가 이 아가씨를 데려다 주라고 하셔서요. 이 아가씨를 좀 잘봐주셨으면 좋겠어요."

그러자 미스 세이가 대답했다.

"특별한 개인적 추천의 경우에는 당장 면접을 합니다."

그녀가 쉐랄리에게 신호를 보내자, 쉐랄리가 아가씨를 아래로 데려갔다.

뚱뚱한 남자는 안도한 표정이었다. 붉은머리의 여자와 두 남자가 들어왔다. 하지만 미스 세이는 그들에게 잠깐 기다리라고 했다. 둘 중 좀더 젊은 남자가 미소를 지으며 붉은머리의 턱을 가볍게 치면서 말했다.

"걱정할 거 하나도 없어, 아가씨."

그녀는 꼴사납다는 듯이 그를 바라보곤 담배를 피워 물었다.

나는 소득세 관계 서류와 점심 식권, 그 식권에 대한 영수증, 지원서 양식, 보험 양식, 플레이보이 클럽인터내셔널의 광고, 편집 등을 위해 사용할지도 모르는 사진들에 서명했다. 걱정스런 눈빛을 한 젊은 남자가 미스 세이에게 와서, 지하실에서 일하고 있는 두 남자가 그만두려 한다는 소식을 전했다. 그들은 원래 75달러를 받고 엿새를 일하는 것으로 알고 있었는데 60달러에 닷새 일하게 된다는 사실을 알고는 그만두겠다고 한다는 것이었다. 그들은 부양할 가족이 있기 때문에 화가 나 있다고 했다. 그녀는 딱 부러지게 말했다.

"나한테는 결정권이 없어요. 저는 로마 씨의 결정을 수행할 뿐이에요."

미스 세이는 나의 고용계약서에다 폴라로이드 사진들을 첨부하고 스케줄을 알려주었다.

"내일은 래리 매튜 살롱에서 메이크업 지도를 받아야 하고, 주말에는 바니걸 바이블 공부가 있어요. 그리고 월요일에는 신체검사를 받아야 하니까 클럽 전속 의사에게 가도록 해요, 종합검사예요."

그녀는 내 앞으로 몸을 구부리며 확실하게 강조했다. 그리고 계속 이렇게 말했다.

"월요일 오후에는 바니 마더 강의와 바니 파더 강의가 있고, 화요일에는 바니 스쿨에 나가야 해요. 수요일에는 현장 실습이 있구요."

나는 내 주치의에게 검사를 받아도 되냐고 물었다.

"안 돼요. 특별 신체검사는 우리 클럽 전속 의사에게 받은 것만 허용돼요. 바니걸들은 모두 그렇게 합니다."

마지막으로 미스 세이는 매리 옥스의 출생 기록을 플레이보이 클럽으로 보내달라는 요청이 들어있는 서류에 사인하라고 했다. 나는 미시간 주가 매리 옥스가 실제로 존재하지 않는다는 사실을 알 때까지 시간이 좀 걸리기를 기대하면서 사인했다. 그녀는 계속해서 이렇게 말했다.

"댁의 출생증명서가 필요해요. 그게 없으면 고용할 수가 없거든요."

나는 집에다 속달로 증명서를 보내달라고 전화하겠다고 말했다.

물론 나이가 증명되기 전까지는 늦은 시간에 술시중을 할 수 없다. 왜 그 생각은 못했을까? 하여튼 매리의 미래는 짧아질 것 같다. 그러나 아직은 바니 스쿨을 통과하기 위해 노력해야 한다.

2월 1일 금요일

오늘은 웨스트사이드 호텔에 있는 24시간 미용실인 래리 매튜 살롱에서 가짜 속눈썹을 붙이기로 되어 있었다. 미용사가 매니큐어 가위로 눈썹을 손질하면서 어느 아가씨를 가리키며 방금 클럽에서 해고당한 바니걸이라고 알려 주었다. 그녀는 일급 회원의 데이트 요구를 거절했기 때문에 해고 당했다고 한다. 나는 고객들과 데이트하는 게 금지사항인 줄 알았다고 말했다.

"하지만 일급 회원일 경우는 다르죠. 그들은 클럽 운영에 관련된 사람들이거나 기자들, 아니면 거물들이거든요."

나는 그렇다고 해고까지 한 건 너무하다고 말했다. 그러자 그녀는 조금 생각하더니 덧붙였다.

"저 아가씨가 그 남자에게 혼자 손장난이나 하라고 했다더군요."

바니걸에겐 25% 할인 혜택이 있었는데도 눈썹 손질과 립스틱을 조금 발라준 대가로 8.14달러나 내야 했다. 얼굴이 창백해 보인다는 이유로 해고

당하는 아가씨들이 있다는 이야기를 들었지만 진한 립스틱은 거절했다. 매튜 사장은 바니걸들에게 독점적으로 메이크업을 해주면서 얼마나 버는 걸까? 이 수지맞는 장사에 뛰어들고 싶어하는 미용실들이 많을 것 같았다.

집으로 돌아와 눈썹 길이를 재보니 가장 짧은 부분이 4분의 3인치나 된다. 클럽에서 누가 나를 알아보지 않을까 하는 걱정은 할 필요가 없겠구나.

2월 3일 일요일

바니걸 바이블, 공식 명칭인 '플레이보이 클럽 바니 교본'을 통해 많은 것을 알게 되었다. 서론 "당신은 이 나라의 젊은 여성이 가질 수 있는 최고의 직장을 구했습니다."부터 부록 "사이드카설탕을 넣은 얼음과 라임으로 만든 칵테일"까지 매우 명료하게 정리되어 있었다. 바이블에는 바니걸의 역할이 매우 생생하게 묘사되어 있었다. 예를 들자면,

당신은 「플레이보이」의 독자들이 실제로 「플레이보이」의 사람들과 접촉하는 유일한 매개체입니다. …… 우리 사업은 바니걸들이 이 잡지의 개성을 얼마나 잘 표현하는가에 달려있습니다. …… 바니걸들이 클럽을 위해 정상업무의 일부로서 개인의 매력을 충분히 발휘해주기를 바랍니다. …… 바니걸들은 클럽의 주류 판매를 촉진시켜 바니걸들의 수입을 더욱 증대시킬 수 있다는 것을 명심하십시오. …… 주류 판매의 핵심은 고객과의 접촉입니다 …… 그들은 특히 친구처럼 대하는 당신의 태도에 반응을 보일 것입니다 …… 당신이 (고객의) 의견을 존중한다는 것을 느끼도록 해야합니다.

각 테이블에서 노력을 많이 하는 바니걸에게 혜택을 주기 위해 인센티브 시스템이 도입되었습니다. 고객당 평균 주류 판매량이 가장 높은 바니걸이 우승자가 됩니다. 전체 주류 판매 수입에 따라 상금도 주어질 것입니다.

고객들과의 데이트를 거절하거나 자기 성(姓)을 가르쳐 주지 않고도 고객을 '친구처럼' 대하고 '즐겁게' 해 주는 데에는 한계가 있다. 교본에는 분명히 바니걸들이 고객이건 고용자건 클럽에서 만난 누구와도 데이트를 해선 안 된다고 적혀 있다. 심지어 윌마크 서비스 시스템이라는 사립탐정 회사의 직원들이 감시하고 있다고까지 씌어 있다("물론 당신은 윌마크 서비스의 직원이 체크하고 있다는 것을 눈치채지는 못할 겁니다."). 그 이유에 대한 설명은 매우 명료하다.

"남자들은 엘리자베스 테일러와 함께 있게 되면 매우 흥분합니다. 하지만 그것은 그들이 리즈에게 수작을 걸 수 없다는 것을 알기 때문입니다. 만약 그들이 리즈와 친해질 수 있다고 생각한다면, 그녀를 둘러싸고 있던 신비로운 분위기는 금방 사라져버릴 것입니다. 바니걸들의 경우도 마찬가지입니다."

휴 헤프너가 윌마크에게 보낸 편지에는 더욱 분명한 이유가 설명되어 있다.

"언제건 우리의 고용인들이 어떤 식으로든 매춘에 관련된다면 우리 클럽의 영업 허가가 취소될 위기에 놓일 것입니다."

윌마크의 직원들은 신분을 숨기고 클럽의 남자 직원들에게 "아가씨들 중 누구와 '친밀한' 밤을 보낼 수 있는지"를 물어보곤 한다. 그리고 만약 그 직원이 뚜쟁이 노릇을 하면 윌마크는 당장 클럽에 그 사실을 보고한다. 휴 헤프너는 "우리는 바니걸들을 상품화하는 것을 철저하게 반대합니다. 그리고 항상 그런 일이 일어나지 않도록 조심하고 있습니다."라고 말한다.

바니걸들이 주의해야 할 것은 이것만이 아니었다. 윌마크에서 파견된 직원들은 바니걸들의 하이힐이 너무 낮지 않은지, 스타킹에 줄이 가지 않았는지, 보석이나 속옷이 적당한 것인지, 귀걸이의 모양이 이상하지 않은지, 의상이 더럽지나 않은지, 이름표는 부착하고 있는지, 꼬리의 모양이 제대로 되었는지 등을 검사한다. 또 쇼가 진행될 때 바니들이 공연에 적절하게 반응하는지도 살핀다. 예를 들어 코미디가 진행될 때 적절한 순간에 웃는지까지. 즉 월마크가 빅 브라더처럼 항상 감시하고 있는 것이다.

바니걸들은 항상 즐겁고 쾌활하게 보여야 한다("즐겁고 행복한 일을 생각하십시오 …… 당신의 가장 중요한 상품은 좋은 성격입니다."). 모든 격정거리에도 불구하고, 즉 갖가지 벌점에 신경쓰지 말고 행복해지란 뜻이다. 헝클어진 머리카락, 지저분한 손톱, 잘못된 화장 등은 각각 벌점 5점감이다. 실장 이름을 퍼스트 네임으로 부르는 일, 화장 약속시간을 어기는 일, 바니걸룸에서 음식을 먹는 행위는 최초 적발시 벌점 10점, 두 번째는 20점, 세 번째 적발되면 해고된다. 대체 근무자 없는 결근이 세 번이면 해고당할 뿐 아니라 전 지역 플레이보이 클럽의 블랙리스트에 오른다. 지각은 1분당 벌점 1점이고, 실장의 지시를 어기면 15점 벌점을 받아야 한다. 바니걸 테이블에는 "벌점당 벌금 액수는 각 클럽 지부 총지배인이 결정합니다."라고 씌어 있었다.

전체적인 구조를 파악하게 한 다음에는 구체적인 일에 대해 설명하고 있었다. 출입문 바니걸들은 고객을 맞이하고 회원증을 확인한다. 사진사 바니걸들은 폴라로이드 카메라로 사진을 찍는다. 담배 바니걸은 담배를 팔 때 플레이보이 라이터를 끼워 팔아야 한다. 휴대품 보관소 바니걸은 물표를 받고 물건을 내주는 일을 한다. 선물 코너 바니걸은 플레이보이 상품들을 판매한다. 이동 선물 상점의 바니걸은 플레이보이 상품들이 든 바구니를 들고 돌아다닌다. 테이블 바니걸은 13매 분량의 주류 종류를 모두 기억해야 한다.

바니걸이 되려면 가슴에 솜을 집어넣는 것 이상의 일을 해야 한다. 특히 주의사항 523항은 다음과 같다.

"종업원들은 (일급) 회원의 친밀한 초청을 받을 경우 클럽의 시설을 이용할 수 있다."

메이크업을 해줬던 미용실 직원이 귀띔했던 사람들이 그런 회원들일까?

2월 4일 월요일 아침

오전 11시, 근처 호텔 내에 사무실을 가지고 있는 플레이보이 전속 의사를 만나러 갔다(의사와의 약속을 어기면 벌점 20점.). 간호사가 내게 병력기록표를 작성하라고 했다.

"내진도 한다는 거 알고 계시죠? 미스 세이에게 바니걸들에게 이야기하라고 했는데."

나는 알고 있지만 그런 게 왜 필요한지 모르겠다고 대답했다.

"다 아가씨를 위해서예요."

간호사는 퉁명스럽게 대답하고는 약상자, 저울, 산부인과용 테이블이 있는 좁은 검사실로 나를 데려갔다. 나는 가운을 걸치고 의사를 기다렸다. 최근에 나는 옷 벗는 것과 기다리는 것, 또 옷 벗고 기다리는 것을 아주 자주 하는 것 같다.

간호사가 의사를 데리고 돌아왔다. 의사는 아기 피부같이 뽀얀 피부를 가진 뚱뚱한 남자로, 60대같아 보였다.

"바니걸이 되고 싶단 말이지? 난 방금 마이애미에서 돌아왔어요. 거기 클럽도 멋지고 바니걸들도 아주 예쁘더군요."

나는 그에게 전국을 돌아다니면서 클럽 전속 의사로 일하는지 물어보려는데 그가 바니걸 생활이 마음에 드냐고 물으면서 내 말을 가로막았다.

"비서 생활보다는 재미있죠."

그가 내 등을 두드려보고 숨소리에 귀를 기울이는 동안, 나는 뉴욕에 있는 모든 클럽의 바니걸들이 여기 왔다 갔겠지 하고 생각했다.

"바니걸들은 모두 이런 일을 싫어하죠."

의사는 이렇게 말하면서 내 팔에서 피를 뽑았다. 매독 검사를 하기 위한 것이었다.

"성병 검사까지 받아야 한다는 건 약간 기분이 나쁜데요."

"바보 같은 소리 말아요. 모든 종업원이 다 받는 거예요. 클럽의 직원들은 모두 깨끗하다는 걸 알게 될 거예요."

나는 다른 직원들이 깨끗하다는 것은 나와는 아무 상관 없는 일이라고 말하고, 이런 검사는 받지 않겠다고 했다. 잠시 침묵이 흘렀다. 그는 날더러 서보라고 했다. 다리가 곧은지 보겠다는 것이었다.

"좋아요. 검사 받을게요. 그런데 내진도 받아야 하나요? 뉴욕시의 여종업원들은 다 이런 검사를 받나요?"

"도대체 뭐가 걱정이에요? 이 검사는 공짜고, 게다가 모두 다 좋자고 하는 건데요."

"어떻게 좋단 말이죠?"

그러자 그는 참지 못하고 흥분하기 시작했다.

"이봐요, 이런 일에 괜한 고집을 피우는 아가씨들한테는 뭔가 문제가 있다는 게 내 생각이오."

그는 의미심장하게 잠시 침묵했다. 나 역시 침묵했다. 여기서 이 모든 검사를 받을까, 아니면 저항할까? 그런데 무엇에 저항한단 말이지?

대기실로 돌아오자 간호사는 내가 예비검사를 통과했다고 적힌 쪽지를 주며 미스 세이에게 보이라고 말했다. 내가 코트를 걸치는 동안, 간호사는 실험실에 전화를 걸어 혈액 샘플과 표본 하나를 가져가라고 했다. 왜 이런 검사가 필요할까? 왜 소변 검사는 하지 않을까? 소변 검사야말로 가장 많이 하는 검사가 아닌가?

"다 당신을 보호하기 위한 거예요."

간호사가 딱딱한 어투로 말했다.

"그리고 어쨌거나 클럽에서 비용을 부담하잖아요."

로비로 돌아와서 보건부에 전화를 걸었다. 나는 뉴욕시에서 웨이트리스로 일하려면 매독 검사를 받아야 하냐고 물었다. 아니라는 대답이었다. 그렇다면 어떤 종류의 신체검사가 요구되냐고 물었더니 아무 검사도 필요 없다는 대답이 돌아왔다.

2월 4일 월요일 오후

바니 마더의 강의는 쉐랄리의 조그만 사무실에서 그녀와 일상적이고 간단한 대화를 나누는 것이었다. 학생은 나 말고도 일곱 명이 더 있었다. 그중 두 명은 바니걸 의상을 입고 있었다. 내가 처음 플레이보이 클럽에 갔을 때 만난 텍사스에서 온 금발의 파트타임 모델도 있었고, 마술사의 조수역을 했다는 머리가 길고 키가 큰 아가씨, 체크무늬 옷을 입은 고지식하게 생긴 아가씨 그리고 코트를 절대 벗지 않는 갈색머리의 예쁜 아가씨 등이 있었다.

쉐랄리의 이야기는 대부분 바니걸 바이블에 있는 것이었지만 몇 가지는 새로운 것이었다.

1. 뉴욕시의 최소임금 규정 때문에 주 40시간 근무에 50달러의 주급을 받게 된다. 팁이 30달러를 넘지 않을 때는 팁의 반을 클럽이 가져가고, 30달러부터 60달러까지는 25%, 그보다 많을 때는 5%를 가져간다. 그러자 의상을 입고 있는 바니걸 하나가 신경질을 부렸다.

"반을 몽땅 가져가겠다는 거잖아! 하루에 30달러 이상 팁을 받는 애가 어디 있어!"

2. 현금으로 받은 팁은 우리가 가져도 된다. 하지만 팁을 현금으로 줄 것을 요구하는 낌새를 조금이라도 내비친다면 해고감이다.

3. "평균 주류 판매량이 무슨 뜻인지는 설명 안 해도 아시겠죠?"

쉐랄리는 평균 주류 판매량은 고객 1인당 술 주문량이라고 설명했다.

"아가씨들의 서비스가 좋으면 주문을 더 많이 받게 되고 상점賞點이 올라가죠. 상점 100은 25달러에 해당해요."

4. 근무가 끝난 후 남편이나 남자친구를 만날 때는 클럽에서 두 블럭 이상 떨어진 곳에서 만나야 한다. 우리가 다른 남자를 만나는 모습을 고객들에게 보여선 안 된다.

5. 라커에 돈을 넣어두어서는 안 된다. 최근에 아가씨 두 명이 도둑질을 하다가 해고됐다.

6. 뉴욕의 특별한 문제 때문에 바니걸들이 벌점에 해당하는 돈을 낼 수는 없다. 따라서 벌점은 상점으로만 상쇄된다.

"상점 100이 25달러라면 상점으로 벌점을 상쇄하나 벌점 때문에 돈을 내나 마찬가지 아니에요?"

내가 질문했더니 쉐랄리는 그렇지 않다고 답했다.

7. 일급 회원에게는 특별 대우를 해야 한다. 예를 들면 일급 회원이 전화와 메모지, 펜 등을 갖다달라고 하면 즉시 갖다주어야 한다. 플레이보이 인터내셔널은 그들에게서 많은 돈을 뽑아내기 때문이다. 일급 회원들은 클럽의 중역, 언론계의 거물들이다. 그들에게 우리 이름을 가르쳐주거나, 옆자리에서 시중을 들거나 밖에서 데이트를 할 수도 있다. 그러자 마술사 조수가 그들과 데이트해야 하는 의무가 있느냐고 물었다. 쉐랄리는 "물론 그럴 의무는 없어요."라고 대답했다. 그러자 그 아가씨는 이렇게 말했다.

"일급 회원에게 내 이름을 알려주지 않았다고 실장이 화를 냈어요. 난 내가 결혼을 했기 때문이라고 설명했지만, 실장은 어쨌거나 이름은 알려줘야 했다고 우겼어요."

쉐랄리는 그 실장이 말한 건 그런 의미가 아닐 거라고 하면서, "하기 싫은 일을 할 필요는 전혀 없어요."라고 말했다.

8. 시카고에서는 휴 헤프너의 집에서 플레이보이 클럽 홍보 파티가 열리는 것처럼, 뉴욕에서는 빅 로운즈의 아파트에서 홍보 파티를 연다. "로운즈 씨는 예전에 클럽을 운영했었죠. 지금은 잡지 편집에 관여하고 있어요."라고 쉐랄리가 설명했다. 우리가 그런 파티에 참석할 때는 남자를 동반해서는 안 된다. "남편도 안 돼요?"라고 마술사의 조수가 물었으나 "남자는 절대 안 됩니다."라는 대답을 들었다.

"하지만 가고 싶지 않으면 당연히 안 가도 되지요."

쉐랄리가 마지막으로 덧붙였다.

우리는 모두 바니 파더의 강의를 듣기 위해 VIP룸으로 향했다. 그런데 쉐랄리의 사무실 문 앞에 서 있던 바니걸 하나가 "글로리아!"라고 외쳤다. 나는 그 자리에 얼어붙고 말았다. 잠시 후 내 옆에 앉아 있던 바니걸이 대답하기 전까지, 그 시간이 내게는 너무나 길게 느껴졌다. 그 후부터 나는 매리라고 부를 때만 대답하는 데 익숙해졌다. 이제 글로리아를 부르는 소리에는 대답하지 않는다.

바니 파더는 없었다. 대신 재즈 음악을 배경으로 녹음된 목소리와 슬라이드 화면이 그의 강의를 대신했다. 전반부의 내용은 바니걸에 대한 일반적인 것과, 어떤 고객이 바니걸과 '더 친해지려고' 하면 "죄송하지만 손님, 바니걸에게 손대시면 곤란합니다."라고 대답하라는 것이었다. 후반부의 강의는 '칵테일 바니'라는 제목을 달고 있었는데, 받침 접시를 놓는 방법, 수표를 처리하는 방법, 테이블 위에 술을 놓는 방법 등을 가르쳤다. 녹음된 목소리는 슬라이드와 맞지 않았고 방은 추웠다. 나는 머리가 아파왔다.

쉐랄리가 내게 미스 세이가 보자고 한다고 전했다. 가슴이 철렁 내려앉았다.

본부 사무실은 전과 마찬가지로 형광등이 환하게 켜져 있었고 혼란스러워 보였다. 하지만 미스 세이가 있는 자리만은 조용했다. 그녀는 내가 건물을 들락날락하려면 신분증이 필요할 거라고 했다. 나는 의사에게 받은 쪽지를 건네주고, 나의 진짜 사회보장번호를 댔다. 그리고 신분증은 잃어버렸다고 했다. 그녀는 약간 미심쩍어하는 듯했지만 번호는 받아 적었다.

나는 아침에 병원에서 궁금했던 점에 대해 물어보고 싶었지만 우선은 참기로 했다. 생각해보니 그렇게 하면 그녀가 잊어버린 내 출생증명서를 기억해낼 것 같았다. 나는 그녀에게 가슴 엑스레이 사진만 빼고는 제출해야 할 서류를 모두 냈다고 말하고 그 자리를 떠났다. 머리가 잘 돌아가는 미스 세이는 틀림없이 조만간 내 꼬리를 잡을 것이다. 하지만 들통나기 전까지는 버틸 것이다.

2월 5일 화요일 오후

오늘 정오, 나는 무료 엑스레이 사진을 찍기 위해 보건소 앞에 줄을 서 있었다. 그 동안 끊임없이 "플라밍고에는 체리, 오렌지, 라임이 들어가고, 미스트에는 레몬, 런던 닥스에는 코디얼이 들어간다."고 중얼거리며 칵테일 이름을 외웠다. 세 시에는 이런 술 이름들과 고동색 플라스틱 서류가방에 들어있던 몇 가지 인쇄물 내용에 대한 시험을 봐야 했다.

쉐랄리에게 엑스레이 사진을 찍었음을 보고하러 가자, 그녀는 뭔가 다급한 일이 있는 듯 나를 반갑게 맞았다.

"아, 잘 왔어요. 정말 급해요."

그녀는 휴대품 보관소에서 오후 일곱 시 삼십 분부터 다음 날 오전 네 시까지 일할 21세 이상의 여성이 필요하다고 말했다.

"당신이 할 수 있겠어요?"

물론 난 할 수 있다고 대답했다. 그녀는 무척 기뻐하며 아주 쉬운 일이라고 말했다. 내 옷에 맞는 색깔의 구두가 아직 준비되지 않았지만 검은 구두를 신어도 된다고 말했다. 나는 일곱 시까지 화장을 마치고 그곳에 가기만 하면 됐다. 나는 놀라는 한편 또 의기양양해졌다. 최소한 하룻밤 동안은 '현장'에 갈 수 있게 되었으니 말이다. 물론 미스 세이를 성공적으로 피할수 있어야 가능하겠지만.

시험은 61개의 짧은 질문들로 이루어져 있었다. 쉐랄리가 질문을 크게 읽으면 우리 여덟 명은 진지하게 답을 휘갈겼다. 텍사스에서 온 모델은 입을 약간 벌린 채 어쩔 줄 모르는 표정을 하고 있었다. 글로리아라는 이름의 바니걸은 손가락을 깨물고 있었다. 나는 시험을 너무 잘 보면 곤란할 것 같아서 일부러 여섯 문제에 틀린 답을 썼다. 우리는 서로 답안지를 바꾸어 점수를 매기고 결과를 발표했다.

아홉 개를 틀린 내가 최고점이었고, 열 개를 틀린 마술사의 조수가 두 번째였다. 그리고 대부분은 열네 문제 이상을 틀렸다. 텍사스 아가씨는 거의 서른 개나 틀렸다. 바니걸을 뽑는 기준이 첫째가 외모, 둘째가 성격, 셋째가 능력이라고 했는데 첫 번째 기준이 역시 가장 중요한 것이었음이 밝혀졌다.

우리는 맨 꼭대기층으로 올라갔다. 쉐랄리는 비어 있는 테이블에 우리를 앉혀놓고는 술에 대한 질문을 하기 시작했다.

"플라이쉬만즈는?"

"진입니다."

"뱃 식스티나인은?"

"그 부분은 아직 못 외웠어요."

텍사스 아가씨가 말했다.

"스카치 위스키예요."

예쁘장한 갈색머리가 말했다.

"쿠르브와지에는?"

"아, 그건 외웠어요. 그러니까…… 코냑이에요!"

글로리아가 말했다.

"파이퍼 하이드시크는?"

금발머리는 대답하지 못했다.

"샴페인이란 술 몰라요?"

쉐랄리가 물었다.

"처음 듣는데요."

"샴페인은 진저 에일과 비슷한 거예요. 다만 엄청나게 비쌀 뿐이죠."라고 쉐랄리가 알려줬다.

이렇게 시험이 계속되는 동안 텍사스 아가씨를 빼고는 모두들 그럭저럭 대답을 했다. 그러자 쉐랄리는 그 텍사스 아가씨를 집중적으로 교육시키기 시작했다. 그때 키가 아주 크고 창백해 보이는 흑인 아가씨가 와서 교육 담당 바니걸이라고 자신을 소개했다. 그녀는 유명 패션모델처럼 날씬했는데 무척 아름다웠다.

"저 여자가 이 클럽에서 제일 나이 많은 바니걸이야. 모두들 좋아하지."

글로리아가 말했다.

"남자들은 흑인 바니걸들을 초콜릿 바니라고 불러."

다른 아가씨가 이렇게 말하며 키득키득 웃었다.

우리는 한 시간 동안 바니걸의 자세(엉덩이 한쪽 옆을 내미는 자세)와 바니 각도(술을 테이블을 놓을 때의 자세)를 배웠다. 또 서빙할 때 하는 말도 배웠다.

"안녕하세요, 손님. 저는 당신의 바니걸 매리입니다. 회원증 좀 보여주시겠습니까? 감사합니다. 이제 주문해주시겠습니까?"

다르게 말해서는 안 된다. 나는 그런 식으로 모두 똑같이 말한다면 고객들이 싫증을 낼 거라고 생각했다.

"그 외에 필요한 건 없으세요, 존스 씨?"

"감사합니다, 존스 씨. 또 찾아주세요."

내 머리가 프로그래밍되는 듯한 느낌이 들었다.

집으로 온 나는 화장을 하고 속눈썹을 달았다. 클럽에 도착할 때쯤이면 클럽 사무소의 문은 닫혀 있을 것이다. 미스 세이가 나를 방해할 수 없다. 나는 최소한 하룻밤은 '고객 접촉'을 할 수 있는 것이다.

2월 5일 화요일 저녁

바니걸 룸은 복잡하기 그지없었다. 청색 바니걸 의상에 몸을 억지로 밀어넣고 의상실 여자의 도움으로 지퍼를 올렸다. 가슴에 솜을 집어넣는 것은 내가 직접 해야 했다. 조그만 칼라와 보우 타이, 커프스 버튼, 플레이보이 커프스 링크 따위도 달았다. 이름표는 다리 위로 깊이 파인 옷의 오른쪽 옆구리 밑에 달려 있었다. 방침이 바뀌어서 이름표를 왼쪽에서 오른쪽으로 바꿔 달아야 한다고 했다. 의상 담당이 내게 바니걸 재킷을 갖다주었다. 바깥 온도가 영하였고 나는 문 바로 옆에서 일해야 하기 때문이었다. 재킷은 어깨에만 살짝 걸쳐질 정도로 짧은 가짜 모피 옷이었다. 가슴이 가려지지 않도록 만들어져 있었다.

나는 안으로 들어가 바니 마더 쉐랄리에게 검사를 받았다.

"정말 멋져요."

그녀는 나를 칭찬한 후, 돈은 항상 지니고 있으라고 충고해주었다.

"어젯밤에 또 아가씨 두 명이 도둑질을 했어요."

그리고 로비 관리자에게 내가 돈을 얼마나 가지고 있는지 정확히 말하라고 했다. 그렇게 하지 않으면 내가 팁을 훔쳤다고 생각할지도 모른다는 것이다. 그녀의 설명에 따르면, 테이블 바니걸은 현금으로 주는 팁을 가져도 되지만, 휴대품 보관소의 바니걸은 팁을 가질 수 없다. 그리고 여덟 시간 근무에 12달러 받는다. 나는 하루에 12달러를 번다면 광고에 나와 있는 주당 200~300달러란 말은 틀린 것 아니냐고 물었다.

"하지만 계속 휴대품 보관소에서만 일할 건 아니잖아요. 테이블 바니걸로 일하기 시작하면 평균 수입이 그 정도라는 걸 알게 될 거예요."

나는 마지막으로 거울을 들여다보았다. 4분의 3인치나 되는 속눈썹을 붙이고, 푸른색 새틴으로 된 귀를 달고, 튀어나올 듯한 가슴을 가진 이상한 모습이었다. 나는 쉐랄리에게 가슴에 솜을 이렇게나 많이 집어넣어야 하냐고 물었다.

"물론이지요. 바니걸들은 가슴이 빵빵해야지요."

엘리베이터가 2층 홀에서 멈춰섰다. 드디어 내가 플레이보이 클럽에 공식적으로 데뷔하는 것이다. 그곳은 매우 혼잡하고 시끄럽고 어두웠다. 여러 명의 남자들이 단체로 온 듯 양복깃에 이름표를 달고 서 있었다. 그 중 한 명이 경기장을 떠나는 미식축구 선수들이 하듯 내 어깨에 팔을 둘렀다.

"여기 내 바니걸이 있네."

"죄송하지만 손님, 바니걸에게 손대시면 곤란합니다."

내가 교육받은 대로 말하자, 그의 일행 중 한 명이 웃으면서 말했다.

"세상에, 이 바니걸이 뭐라고 하는지 좀 들어봐!"

그러고는 내 꼬리를 한 번 툭 치고 다른 곳으로 사라졌다.

내 머릿속에서는 바니걸 바이블에 나오는 문장들이 맴을 돌고 있었다. 나는 홀과 로비 사이에 있는 나선형 계단을 내려갔다. 2층과 거리를 가르는 것은 유리창 한 장뿐이었다. 거리에서 보면 내부가 훤히 보였다. 고객들과 바니걸들은 살아있는 창문 장식인 셈이었다. 나는 로비 관리자에게 보고했다.

"안녕하세요, 바니 매리. 별 일 없어요?"

나는 내가 15달러를 지니고 있다고 말했다.

"기억해둘게요."

그가 짧게 대답했다. 휴대품 보관소 바니걸들이 줄을 서서 가슴에 돈을 숨겼는지 검사를 받는 모습을 상상하자 기분이 나빠졌다.

참을성 없는 남자들이 보관소를 겹겹이 둘러싸고 있었다. 시스템을 정비하기 위해 시카고에서 왔다는 금발머리 보관소장 바니걸은 내게, 보관증을 받고 카운터 뒤에 있는 두 명의 남자 종업원들에게 그 번호를 불러주라고 시켰다. 한 대머리 손님은 "아가씨 전화번호를 가르쳐주면 내 번호를 알려주지."라고 말하며 수작을 걸었다.

코트와 목도리, 모자들을 챙기는 일을 한 시간쯤 한 후에, 시카고에서 온 바니걸이 내게 코트의 깃이나 모자에 핀을 꽂는 방법을 설명했다. 그리고 다음과 같은 틀에 박힌 말도 가르쳐 주었다. "감사합니다, 손님. 보관증 받으십시오." "아래층 오른쪽으로 가시면 안내 바니걸이 있습니다." "죄송합니다만 저희는 여자 손님 코트는 보관해드리지 않습니다."(보관소가 혼잡하지 않고 모피 코트만 아니면 여자들도 보관소를 이용할 수 있다.). 그녀는 팁은 모두 벽에 달린 상자에 집어넣어야 한다는 점을 강조했다. 팁을 받으면 고맙다는 표정으로 미소지어야 하지만, 클럽에서 팁을 챙긴다는 말을 해서는 안 된다. 그녀는 다른 쪽 보관소로 가고 스위스 출신 육체파 바니걸을 불러서 자기 대신 내 옆에서 일하게 했다.

우리는 조금씩 들어오는 손님들을 맞으며 이야기를 조금 나눴다. 나는 또 누군가 나를 아는 사람이 들어와서 날 알아보고 "글로리아!"라고 부르지 않을까 걱정되기 시작했다. 소문에 따르면 신문 기자 한 명과 잡지 기자한 명이 바니걸로 위장취업하려다가 실패했다고 한다. 그게 사실이라면 관리가 엄격할 게 틀림없다. 내가 들통난다면 클럽이 어떻게 대응할지에 대해 나는 크게 걱정하고 있었다. 만약 누군가 날 아는 사람이 들어온다면 나는 "사람을 잘못 보셨겠지요."라고 말하고 일이 잘 되기를 바라는 수밖에 없을 것이다.

저녁 시간이 되자 사람들이 몰려들기 시작했다. 금방 스무 명쯤의 사람들이 줄을 섰다. 우리는 굉장히 빠른 속도로 일했지만 코트들이 들어오기도 하고 나가기도 해서 매우 혼란스러웠다. 어떤 손님은 모자를 잃어버렸다고 투덜댔고, 어떤 손님은 벌써 10분이나 기다리고 있다고 소리를 질러댔다. "플레이보이 클럽 밖에 사람들이 줄을 서 있는 이유는 모두 코트를 맡기는 데 시간이 너무 오래 걸려서야."라고 한 손님이 말했다. 파란 실크 옷을 입은 어떤 남자는 내 꼬리를 잡아당기려 했다. 나는 잽싸게 몸을 빼내고 앞머리가 벗겨진 어떤 손님에게 코트를 건네주었다. 그 손님이 코트를 입으려다 실수로 내 몸을 팔로 감싸게 됐다. 그러자 남자 종업원이 스페인 억양으로 "손대지 말아요!"라고 외쳤고, 그 손님은 "입 닥쳐!"라고 대꾸했다. 밍크 목도리를 걸친 부인 세 명이 남편들을 기다리고 있었다. 나는 그들이 스위스 출신 바니걸과 나를 자신들과 비교하면서 차가운 눈으로 노려보는 걸 느꼈다. 하지만 그들이 우리를 부러워하는 것 같지는 않았다. 반대편 벽에 걸린 카메라를 통해 우리의 모습을 볼 수 있었다. 홍보 자료에는 이렇게 설명되어 있었다.

"폐쇄 회로 텔레비전 카메라를 통해 손님 여러분의 도착이 클럽 전체에 알려집니다."

나는 알몸으로 군중 사이를 걸어다니는 악몽을 꾸는 듯한 느낌에 사로잡혔다. 옷이 있는 곳까지 가는 길은 유리로 된 계단뿐인 악몽같았다. 남자들이 코트를 들고 몰려오기 시작해서 나는 남자 종업원에게 표가 더 필요하다고 말했다.

"걱정 말아요. 곧 익숙해질 거예요."라고 그는 친절하게 말했다. 나는 다시 내가 이곳에 온 원래의 목적을 자각했다. 스위스에서 온 바니걸에게 이 일이 마음에 드냐고 물어보았다. 그녀는 별로라고 대답하며 어깨를 으쓱했다. 그녀는 "난 전에 항공사에서 일했는데 그때도 어디든 한 번 가보고 나면 곧 시들해졌죠."라고 덧붙였다.

어떤 남자가 자기 코트를 달라고 했다. 돌아보니 내가 잘 아는 사람이 둘이나 있었다. 하나는 어느 텔레비전 방송국의 고위 간부와 그의 아내였다. 나는 고개를 숙이고 보관증을 받아, 남자 종업원이 코트를 찾을 때까지 등을 돌리고 있었다. 하지만 그에게 코트를 돌려줄 때 얼굴을 쳐다봐야만 했다. 방송국 간부는 나를 똑바로 보면서 50센트를 주고는 나가버렸다. 그의 아내도 나를 알아보지 못했다. 바니걸 의상을 입고 있으면 사람 취급을 받지 못하는 것 같아서 우울했지만, 그 일은 하나의 승리이기도 했다. 나는 승리감에 취해서 조그맣고 수줍어 보이는 남자에게 푸른색의 긴 목도리를 둘러주면서 예일 대학 출신이 아니냐고 물었다. 그러자 그는 가면무도회에서 누가 자신을 알아보기라도 한 것처럼 놀라워했다.

클럽 안에는 시계가 없었다. 그래서 남자 종업원에서 몇 시냐고 물었더니, 한 시라고 했다. 쉬지 않고 다섯 시간을 일한 것이다. 마분지에 핀을 꽂는 일을 계속 하다 보니 손가락이 패이고 매우 쓰렸다. 게다가 무거운 코트 때문에 팔도 아팠다. 손님들이 문을 열고 들어올 때마다 찬바람이 들어와서 온몸이 얼어붙는 듯했고, 3인치나 되는 구두 때문에 죽을 맛이었다. 나는 시카고에서 온 바니걸에게 좀 쉬어도 되냐고 물어봤다.

"좋아요. 식사 시간 30분 주겠어요. 하지만 그 이상은 안 돼요."

바니룸에서 나와 홀 아래쪽으로 가면 종업원 라운지가 있었다. 거기서 하루에 한 끼를 얻어먹을 수 있었다. 나는 금속제의 접는 의자를 테이블 가까이로 최대한 당긴 다음 신발을 벗고 앉았다. 내 옆에는 회색 유니폼을 입은 흑인 남자 두 명이 앉아 있었는데, 내 부은 발을 보고 동정하는 눈빛을 보냈다. 그 중 하나는 젊고 아주 잘생긴 사람이었고, 다른 하나는 머리가 희끗희끗한 중년이었다. 클럽에 있는 다른 종업원들과 마찬가지로 그들도 외모로 선택된 사람들 같았다. 중년 남자가 내게 발 밑으로 병을 굴리면 좀 낫다고 일러주었다. 나는 그들에게 무슨 일을 하냐고 물었다.

"우린 쓰레기 담당이오. 듣기에는 별로 안 좋지만 아가씨들이 하는 일보다야 쉽죠."

젊은 남자가 이렇게 대답했다. 그들은 내게 뭐라도 좀 먹어둬야 한다고 말했다. 자기들이 먹는 쇠고기 스튜를 가리키면서 이렇게 말했다.

"금요일에는 생선이 나오죠. 하지만 다른 날은 항상 쇠고기 스튜예요."

"맨날 똑같지. 다만 맛이 점점 없어질 뿐이지."

늙은 남자는 바니걸들이 외모를 자랑하는 것이 보기 좋기는 하지만 바니걸들이 불쌍해 보일 때가 많다고 말했다. 그는 내게 발을 조심하라고 말하고 연속 근무는 피하라고 충고했다.

아래층으로 내려와서 코트를 받은 손님들을 분류해 보았다. 몇몇의 십대 커플들을 제외하면 주로 중년의 사업가로 보이는 사람들이었다. 여성을 동반한 사람들은 전체의 반에 조금 못 미쳤고, 나머지는 떼로 몰려와 회사 경비를 쓰는 남자들이었다. 클럽에서 내는 광고물을 보면 말쑥하게 차려입은 젊고 늘씬한 도시 남자들이 세련된 옷차림의 날씬한 여자들을 동반하고 있다. 그런 여자들은 우리의 짙은 화장과 솜을 채워 넣은 옷을 보고 놀란 표정을 짓는다. 하지만 그런 클럽 광고물에 나오는 스타일의 사람은 딱 네 명뿐이었다. 사업가의 아내들은 우리를 보고 자신과 비교하지 않았다. 다만 남편이 우리에게 반할까 봐 당황한 표정으로 옆으로 물러나 있을 뿐이었다. 우리를 사물로 대하지 않고 사람으로 대하는 손님들, 그러니까 우리를 보고 미소를 짓거나 고개를 끄덕이는 남자나 여자는 극히 드물었다(그날 밤 그런 사람은 열 명 정도였다).

스위스 출신 바니걸이 쉬러 갔다. 그러자 남자 종업원 한 사람이 내게 와서 친절한 척했다. 그는 내가 팁을 모두 상자에 집어넣는다고 바보같다고 했다. 팁은 모두 현금이고, 만약 우리가 그 돈을 슬쩍하지 않으면 돈 세는 사람이 가져갈 게 뻔하다는 거였다. 나는 클럽측에서 내 옷 속을 조사할 텐데 팁을 가져간 게 탄로나면 해고될 게 아니냐고 물었다. 그러자 그는 몸수색은 아주 가끔만 한다고 말했다. 그러면서 내게 이런 제안을 했다.

"그럼 당신이 나한테 돈을 주고 밖에서 우리 둘이 나누면 되지 않겠어?"

발은 아프고, 손가락은 모자 밴드를 만지느라 끈적끈적해졌고, 옷이 몸에 꽉 끼어서 온몸이 쑤셨다. 클럽에서는 진짜로 꼬박 여덟 시간 동안 근무를 하게 했다. 나는 그의 제안을 받아들일까 하는 마음이 들 정도로 화가 나 있었다. 하지만 도둑질을 해서 해고되고 싶지는 않았다. 나는 신참이라서 그럴 용기가 없다고 말했다. 그러자 그가 코웃음을 쳤다.

"곧 하게 될 거야. 지난 주만 해도 이 보관소에 들어온 팁이 천만 달러야. 근데 우리가 얼마나 받는지는 당신도 잘 알잖아."

시각이 네 시에 가까워졌다. 퇴근 시간이다.

로비 관리자가 우리에게 와서 오늘 손님은 이천 명이었다고 말했다. 내가 "정말 많네요."라고 말하자, 그는 그 두 배는 돼야 한다고 대꾸했다.

바니룸으로 돌아와 의상을 반납하고 가만히 앉아 있었다. 너무 피곤해서 움직일 수가 없었다. 옷이 너무 꼭 끼어서 가슴 주위에는 톱니모양이 새겨졌고, 등에는 지퍼 때문에 채찍을 맞은 것처럼 줄무늬가 생겼다. 나는 나처럼 꼼짝않고 앉아 있는 바니걸에게 옷이 너무 조인다고 불평했다. 그녀도 맞장구쳤다.

"맞아. 어떤 애들은 무릎 위로는 감각이 없다고 해. 내 생각엔 옷이 신경을 압박하는 거 같아."

거리는 텅 비어 있었다. 택시 하나가 종업원 출구 앞에 서 있었다. 운전사가 창 밖으로 1달러를 내밀면서 말했다.

"여기다가 4달러만 더 얹어주면 되겠지?"

나는 대꾸하지 않고 그냥 걸었다.

"뭐가 문제야? 넌 거기서 일하잖아?"

화가 났는지 운전사가 소리를 질렀다.

거리에 서리가 내려 번쩍이고 있었다. 아파트 어귀에 도착해서 보니, 길가에 엔진 소리를 내며 서 있는 영국제 회색 차가 보였다. 운전석에 앉아 있는 여자는 담배를 문 채 거리를 내다보고 있었다. 그녀는 내게 미소를 지었고 나도 미소로 응답했다. 그녀는 몸을 파는 여자같아 보였다. 하지만 나보다는 그녀가 더 정직하게 돈을 버는 것 같았다.

2월 6일 수요일

오후 두 시로 예정된 테이블 바니걸 교육을 위해 서둘러 클럽으로 향했다. 내가 옷을 갈아입고 있을 때, 어떤 바니걸이 「레오 셜즈 쇼 가이드」라는 주간지를 큰 소리로 읽어주었다.

"여기 나온 것 좀 봐. '천여 명의 아가씨들이 클럽에 들어가려고 면접 시험을 봤지만, 현재 125명만이 여기서 일하고 있습니다. 하지만 매일같이 고객들이 줄을 잇는 플레이보이 클럽의 사업이 더욱 번창하여, 50명의 바니걸을 더 모집하게 되었습니다.'" 나는 현장에서 필요한 바니걸은 103명뿐이라고 쉘랄리가 말하는 것을 들은 적이 있었다. 나는 그 바니걸에게 "진짜로 50명이 더 필요할까?" 하고 물었다. 그녀는 아마 그럴 거라고 대답했다. 왜냐하면 처음에 140명쯤 있었는데 벌써 50명이나 이 일을 그만두었으니까 말이다.

다른 바니걸이 이의를 제기했다.

"난 20명이 해고됐고 40명 이상이 그만뒀다고 들었어. 하지만 내 생각엔 그 수가 더 될 것 같아. 왜냐하면 지금 우리가 약 100명 정도인데 그 중에는 신참들이 많거든."

나는 그냥 궁금해서 그런다고 하면서 몇 명이나 나갔는지 미스 세이에게 물어봐야겠다고 말했다.

"쓸데없는 짓 하지 마. 여기선 아무도 그런 걸 말해주지 않는다구."

누군가가 나를 말렸다.

나는 신문을 집어들고 계속 읽기 시작했다.

"기자가 보기에, 바니걸들은 한 지붕 아래서 볼 수 있는 여자들 중 가장 아름다운 아가씨들이다. 대부분은 좋은 집안에서 자라 고등교육을 받았다. 그들은 레스토랑 서비스 업계상 최고의 훈련을 받는다 …… 수입은 비슷한 직종에 비해 세 배에서 열 배 정도 많다. 평균 수입은 주당 200달러에서 300달러 사이이다. 바니걸들은 가장 매혹적인 사람들을 만나며 일을 한다……."

그 기사는 클럽의 주소와 바니걸 응모 요령을 알려주는 것으로 끝을 맺었다.

"200에서 300달러라고?"

어떤 바니걸이 투덜거렸다.

"난 이번 주에 108달러 벌었어. 제일 많이 번 애가 고작 145달러라구."

나는 그 아가씨에게 테이블에서 일하지 않느냐고 물었다. 그녀는 그렇다고 대답하면서 이렇게 말했다.

"다음 번에 레오 셜이 여기 오면 도대체 그런 숫자가 어떻게 나왔냐고 물어봐야겠어."

"조심해, 그 사람 일급회원이잖아."

신문을 읽어주던 바니걸이 주의를 줬다.

쉐랄리가 나를 사무실로 불렀다. 그녀는 아직도 새벽 네 시까지 일할 수 있는 '21세 이상'을 급하게 구하고 있었다. 또 휴대품 보관소 일을 해야 하나? 나는 고민했다. 내가 아직 출생증명서를 제출하지 않았다는 걸 미스 세이가 기억해내기 전에 일할 수 있는 또 한 번의 기회다. 하지만 나는 여섯 시까지 테이블 바니걸 교육을 받고 일곱 시 반부터 정규 업무에 들어갈 예정이었다. 내 발은 아직도 퉁퉁 부어 있어서 3인치 하이힐을 겨우 신고 있었다. 허리에는 바니걸 의상이 더 이상 내 살을 파고 들어오지 않도록 붕대를 두르고 있었다. '아직은 발각되지 않았으니 앞으로도 일할 기회가 더 있겠지.'라고 생각하면서 나는 지금 너무 피곤하니 다른 사람을 알아보라고 말했다.

"찾아볼게. 하지만 만약 못 찾으면 그 때는 매리만 믿어요."

그녀는 아쉽다는 듯 그렇게 말하고 황급히 사라졌다.

쉐랄리는 엘리베이터를 타고 2층으로 가서 나선형 계단으로 향했다. 많은 사람들이 안을 들여다보고 있는 대낮에 바니걸 복장을 하고 계단을 내려가자니 웬지 현실감이 나지 않았다. 아래에는 실장 한 사람이 나를 기다리고 있었다. 그는 거리의 사람들을 가리키면서 말했다.

"위로 올라갔다가 다시 내려와. 쟤들한테 선심 한 번 쓰라구."

바니걸 바이블에 따르면, 실장의 명령을 거역하면 자동적으로 벌점 15점을 받게 된다. 난 거짓말을 했다.

"저기요, 지금 일급회원한테 가는 길인데 벌써 늦었단 말이에요."

"알았어, 가봐. 잘해봐."

그는 싱긋 웃었다.

나는 계단을 내려가 플레이메이트바로 들어갔다. 교육을 받으러 왔다고 보고해야 하기 때문이었다. 내가 처음 면접을 보러 왔을 때만 해도 그 곳은 어둠침침하고 텅 비어 있었는데, 이제는 점심시간의 손님들로 붐비고 있었다. 벽에는 『플레이보이』에 실린 세미누드 사진이 화사한 색깔로 빛나고 있었다.

나는 바 끝에 있는 서비스 지역에서 받침접시와 플레이보이 라이터 그리고 바니걸 교본에 있는 모든 것들을 다루는 법을 배웠다. 트레이너 바니걸은 내게 계산서들을 주면서 자기가 테이블을 돌 테니 따라오라고 말했다. 그녀는 각각의 테이블로 가서는 "이번에 새로 들어온 바니걸 매리입니다. 지금 교육중이에요."라고 말했다. 어떤 손님 둘은 자기들이 시키는 대로만 한다면 모든 게 잘 될 거라면서, 제일 먼저 할 일은 심술맞게 생긴 이 트레이너를 떼 버리는 거라고 말했다.

"저런 건달들한테는 신경쓸 것 없어요. 오후 내내 빈둥거리면서 잘난 척하는 족속들이니까."

트레이너 바니걸이 이렇게 이죽거렸다. 나는 혹시 그들이 윌마크 탐정회사에서 온 사람들일지도 모르지 않냐고 물었다. 그러자 그녀가 이렇게 말했다.

"어림없는 소리. 윌마크 사람들은 딱 보면 티가 나요. 그 사람들은 두 잔 이상은 절대 안 마시거든요."

그녀는 자기가 담당하는 테이블 중 비어 있는 테이블 두 개를 가리키면서, 그 자리에 손님이 오면 내가 시중을 들라고 했다. 내가 처음으로 맞은 손님은 둘은 플라스틱 서류 가방을 들고 옷깃에는 재향군인 뱃지를 달고 있었다. 나는 그들에게 다가가 아주 자신있는 목소리로 교본에 있는 말을 그대로 했다.

"안녕하십니까, 손님. 저는 당신의 바니걸 매리입니다."

그 다음에 손님들 앞에 냅킨을 놓고 (실장은 냅킨이 놓여 있는가를 보고 그 고객이 서비스를 받고 있는지 아닌지 파악한다), 눈을 똑바로 쳐다보면서(서빙을 할 땐 고객 한 사람 한 사람과 눈을 마주쳐야 한다) 말했다.

"회원증을 보여주시겠습니까?"

그들은 아스터 호텔의 방 열쇠와 함께 회원증을 꺼내 보였다. 나는 회원증을 확인한 뒤 계산서를 적기 시작했다.

"한번 시도는 해보지."

그 때 둘 중 한 명이 테이블을 치면서 호쾌하게 말했다.

"당연하지."

다른 하나가 맞장구쳤다.

"아가씨 주소를 우리한테 가르쳐줄 수 없다는 건 잘 알아. 하지만 우리 주소를 기억해둬서 나쁠 건 없지."

나는 바에 가서 유리잔에 얼음을 넣은 다음, 장식은 어떻게 하냐고 물었다.

"직접 해야지, 딴 방법 있어요?"

바텐더가 시큰둥하게 대답했다. 나는 각각의 술잔에 오렌지를 한 조각씩 넣고, 큰 통을 뒤져서 체리 두 알을 찾아냈다. 그러고 나서 받침접시에 술잔을 얹어 재향군인들에게로 갔다.

"아가씨 결혼은 했나?"

테이블을 두드리던 쪽이 물었다. 나는 안 했다고 대답했다.

"거 잘 됐군. 나는 결혼했으니 말이야."

나는 오른쪽 옆구리를 테이블 쪽으로 내밀고 무릎을 굽히고 몸을 약간 뒤로 쏠리게 해서 바니걸 각도를 만들었다. 그리고 술잔을 냅킨 위에 정확하게 놓았다. 바보가 된 기분이었다.

"잘 하는데."

나의 트레이너 바니걸이 조그맣게 속삭였다. 그리고 "제이 앤 비 하나, 씨씨 하나, 마티니 두 잔!"이라고 바텐더에게 소리쳤다.

그 후에도 나는 세 그룹의 손님을 더 맞았다. 그 중 둘이 내게 집에 데려다주겠다고 했고, 하나는 내 사진이 바에 붙어 있냐고 물었다.

재향군인들은 내게 팁으로 1달러를 주었다. 나는 고맙다고 말하면서 그들이 첫손님이었다고 덧붙였다. 그러자 테이블을 치던 남자가 이번에는 자기 친구의 팔을 치면서 시끄럽게 웃어댔다.

"이 아가씨는 처녀 바니걸이야!"

그는 눈물까지 흘려가며 요란스럽게 웃었다.

트레이닝 종료 시각인 여섯 시가 되었을 때, 나는 계산서를 모두 트레이너 바니걸에게 가지고 갔다. 계산서에 포함된 팁은 모두 그녀 몫이었다. 아마 트레이닝에 대한 보상인 것 같았다. 내가 재향군인들에게 1달러를 받았다고 말했더니, 그녀는 그냥 가지라고 관대하게 말했다. 나는 다른 바니걸들이 하듯 그 돈을 '금고'에 쑤셔 넣고 위층으로 올라갔다.

내가 플라스틱 세탁 가방을 펼치고 있을 때 미스 세이가 바니룸으로 들어왔다. 그녀가 거기 들어온 건 처음 있는 일이었다. 내 신분이 드디어 발각된 걸까? 그녀는 내가 휴대품 보관소에서 일했다는 사실은 모를 것이다. 하지만 내일 저녁 여덟 시부터 자정까지 술을 날라야 한다는 건 알고 있을 것이다. 내가 잔뜩 긴장하고 있는데, 미스 세이가 내 옆으로 와서 상냥하게 말했다.

"열심히 하는군요. 아가씨가 아주 잘 하고 있다고 들었어요."

안심한 나는 용기를 내서 그녀가 처음 면접에서 말했던 '또 다른 매리 옥스'에 대해 물어보았다.

"다른 매리 옥스라니, 그게 누구지?"

미스 세이는 무슨 소린지 모르겠다는 듯 무심히 바니 마더 사무실로 사라졌다.

집으로 돌아왔을 때 쉐랄리에게 전화가 왔다. 휴대품 보관소에서 일할 다른 바니걸을 찾았다는 소식이었다. 계속 행운이 따르고 있다.

2월 7일 목요일

오늘밤에는 바니룸에 한 시간 일찍 가서 다른 바니걸들에 대해 알아볼 생각이었다. 신문에서는 바니걸 중에는 여대생, 배우, 예술가가 있고 심지어 언어학자도 있다고 했다. 나는 내 옆에서 옷을 갈아입고 있는 바니걸에게 언어학자 바니걸에 대해 들어본 적이 있냐고 물었다. 그러자 그녀는 외국에서 온 바니걸 몇이 VIP실에서 일하고 있다고 말했다('VIP실의 VIP는 아주 중요한 플레이보이를 의미'한다고 바니걸 바이블에 씌어 있다). VIP실의 바니걸들은 저녁 시간과 심야 특식 시간에 일하면서 외국어를 할 때의 억양으로 영어를 한다고 했다. 거기서 일하면 돈을 많이 벌까?

"많이 못 벌어. 거긴 자리가 50개밖에 안 되고, 게다가 저녁 식사만 하는 곳이어서 회전이 느리거든. 차라리 술을 나르면서 금방 왔다 금방 가는 건달들 팁을 받는 게 낫지."

나는 여대생 바니걸도 있냐고 물어봤다.

"있어. 세 명인가 네 명이 주중에는 수업을 듣고 주말에만 근무한대."

그들은 어떻게 수입 좋은 주말에만 일할 수 있을까?

"마음만 먹으면 뭐든 할 수 있는 애들이 있어. 우리같은 애들이나 점심시간 서빙이나 휴대품 보관소 같은 힘든 일을 맡는 거지. 그런 애들은 대부분 시카고에서 온 아가씨들이거나 관리자들 쪽에 줄이 있는 애들이야."

그러면 고참일수록 우대하는 게 아니란 말인가?

"당연히 아니지. 고참 서열제가 아니잖아. 우리한테도 '여러분들은 모두 똑같은 대우를 받습니다.' 라고 하잖아."

나는 그녀에게 바니걸이 되기 전에는 뭘 했냐고 물었다.

"뭐, 별로 하는 일은 없었고 어쩌다 가끔 모델 일을 했어."

그렇다면 맨 처음 바니걸이 될 때는 무슨 생각을 하고 있었을까?

"처음에는 돈을 좀 모아서 정식으로 사진 테스트를 받아 진짜 모델이 될 생각이었지."

그런데?

"이 짓을 석달쯤 하고 나니까 결혼해야겠다는 생각이 들어. 전에는 남자를 거들떠보지도 않았는데, 지금 생각에는 남자란 것도 그리 나쁘지 않은 것 같아."

탈의실 테이블 반대편으로 가자 바니걸 네 명이 도너츠와 코코아를 먹고 있었다("바니룸에서 음식을 먹으면 벌점 5점"). 나는 신참 바니걸이라고 내 소개를 했다. 서로 이름을 말하고 나자 그녀들이 내게 도너츠를 권했다. 나는 다시 여대생 바니걸에 대해 물어봤다.

"몇 명 있어. 난 며칠 전 사진 공부를 한다는 애를 만난 적이 있어."

한 아가씨가 이렇게 말했다. 나는 그들에게 전에는 무슨 일을 했고 앞으로 무얼 하고 싶은지 물었다. 그 중 세 명은 광고 모델이 되고 싶었다고 말했고, 다른 한 사람은 그저 돈을 몇 푼이라도 벌어 보려고 이 일을 한다고 했다. 그녀는 기혼자였다. 그들은 나에 대해서도 물었다. 나는 지원서에 써 넣었던 이야기를 반복했다. 바니걸들에게는 별로 특별한 이야기가 아니었다. 웨이트리스로 일했고(이건 사실이다. 대학 다닐 때 일이긴 하지만), 나이트클럽에서도 일했고, 직업 댄서가 되려고 한 적도 있으며(이것도 사실이다. 아주 어릴 때 일이긴 하지만), 최근에는 비서로 일했다(사실이 아니다. 하지만 내가 꾸며낼 수 있는 직업이 그것밖에 없었다)고 말했다.

"참 여러 가지 일을 했네. 근데 타자칠 줄 안다면서 왜 바니걸 같은 일을 해?"

나는 클럽에 관한 기사들을 보면 바니걸이 멋지게만 표현돼 있어서 이 일이 굉장히 좋은 줄 알았다고 말했다. 그리고 최근에 보도된 플레이보이 클럽 뉴스를 읽어줬다.

"바니걸은 맵시를 가꾸면서 돈도 번다. 바니걸은 비서의 평균 임금보다 두 배나 많은 돈을 쉽게 벌 수 있다 …… 그리고 연예계로 스카우트되는 기회를 잡을 수도 있다. 많은 바니걸이 현재 영화, 나이트클럽, 모델계 등에서 활약하고 있다……."

글을 다 읽고 나자, 모두들 침묵했다. 잠시 침묵이 흐른 뒤, 누군가가 말을 꺼냈다.

"그건 아마 극소수의 바니걸 이야기일 거야."

다른 바니걸 하나는 1년 전에 시카고의 바니걸들이 「플레이보이」 표지에 나온 적이 있으며, 올해에도 곧 바니걸 하나가 표지에 등장할 거라고 말했다.

"그렇겠지. 하지만 그건 바니걸이 부족하니까 유인하려 그러는 거라구."

또 다른 바니걸이 말했다.

시곗바늘이 여덟 시에 가까워지고 있었다. 이제 나는 밝은 오렌지색 의상을 입고(감청색 의상보다는 편했다) 리빙룸에서 술을 날라야 한다.

전에 보았던 트레이너 바니걸을 다시 만났다. 하지만 이번에는 내 구역이 따로 정해져 있었다. 테이블 바니걸 한 명이 나타나지 않았기 때문이었다.

"들었는지 모르겠는데, 바니걸 하나가 교통사고를 당했어. 그래서 이렇게 된 거야."

트레이너 바니걸이 이렇게 말했다. 내가 맡은 테이블들은 '만화 코너'에 있었다. 만화 코너란 「플레이보이」에 나오는 만화들이 걸려 있는 구석을 말하는 것이다. 거긴 바에서 가장 먼데다가 계단이 네 개나 있어서 모두들 서빙하기 어렵다고 생각하는 곳이다. 술을 나를 땐 왼쪽 손바닥에 조그맣고 둥근 쟁반을 받쳐들고 몸이 최대한 흔들리지 않게 걷는 바니걸 테크닉을 지켜야 했다. 보기에는 간단하지만, 한 시간 동안 얼음조각과 술이 가득 찬 병, 대여섯 개의 술잔을 올려놓은 쟁반을 들고 다니다 보면, 왼팔이 떨리고 손가락의 피가 아래쪽으로 쏠리게 된다.

게다가 나는 아직 무보수로 일하고 있었다. 나는 트레이너 바니걸에게 그 점에 대해 불평했지만, 그녀는 내 말에 근거가 없다고 대답했다. 그리곤 12월 클럽 개장 때 고용된 바니걸들은 3주 동안 무보수로 교육받아야 한다고 설명했다.

나는 많은 걸 배웠다. 스물두 명의 고객을 상대했고, 술을 두 잔 엎질렀고(한 잔은 나에게, 한 잔은 손님에게), 손님에게 두 번 유혹을 받았다. 또 피아노 바의 악사에게 '플레이보이 테마곡'이란 노래를 배웠다. 다음이 가사의 일부분이다.

만약 남자친구가 플레이보이라면
그를 조금만 풀어주세요.
예쁜 여자를 쳐다보느라
눈동자를 이리저리 굴린다면
당신의 남자는 사랑스런 멍청이
다른 남자들과 똑같은 놈일 뿐이죠.
그러니 당신이 너무 달아오른다면
그가 플레이보이란 걸 기억해요.
남자를 계속 흥분하게 만드는 여자만이
남자를 붙잡을 수 있죠.
그 남자가 점잖지 못한 짓을 하면
상냥하게 뿌리쳐요.
짓궂은 장난을 완전히 그만두게 하지는 말아요.

월마크 탐정 사무소 사람들의 여러 가지 임무 중 하나는 매일 밤 쇼가 시작될 때와 끝날 때 이 테마곡이 제대로 연주되는지 확인하는 거였다.

2월 8일 금요일

테이블 바니걸로서의 첫날 일을 완벽하게 마쳤다. 발이 미칠 지경으로 아팠다. 발이 너무 부어서 운동화도 못 신을 지경이었다. 평발이 되면 어쩌나 하는 걱정까지 됐다. 그래도 그 기나긴 밤의 기억이 두서 없이 떠오르기 시작했다.

기억 하나.

어젯밤보다 두 배나 오랫동안, 즉 일곱 시 삼십 분부터 오전 네 시까지 쉬지 않고 만화 코너의 모든 테이블을 맡아서 일했다. 무거운 쟁반을 들고 한 시간당 열여섯 번 이상씩(그 다음부터는 세는 걸 잊어버렸다) 바와 테이블 사이를 왔다갔다했다. 그러는 동안 손님과 부딪쳐 얼음 탄 술 세례를 받아야 했고, 저녁 내내 올리브 두 알밖에 못 먹었다. 왜 나는 당장 이 짓을 그만두지 않는 걸까? 나도 모르겠다.

기억 둘.

리빙룸의 바텐더는 거의 예술가였다. 빠르고 우아하고 정확하고 조용했다. 그는 거의 혼자 힘으로 그 곳이 잘 돌아가게 하고 있었다.

"지난 주에 야근 수당과 보너스를 합해서 180달러를 받았어요. 그래도 그게 바텐더로서는 이 집에서 제일 많이 버는 거예요."라고 그가 말했다. 그에게 왜 그만두지 않느냐고 물었더니 곧 그만둘 거라고 대답했다.

기억 셋.

종업원들은 손님들의 탁자에서 쓸어온 것을 한 상에 펼쳐놓고 함께 먹었다. 우리는 하나의 거대한 가족같다.

기억 넷.

팁으로 현금 29달러 85센트를 받았다. 전부 1달러 지폐거나 동전이었다. 그 진절머리나는 옷을 입고 일한 대가다. 지난 밤 사이 몸무게가 5파운드나 줄었다.

2월 9일 토요일

발은 평발이 되지는 않았지만, 빙수 구두를 신고 발 전문 치료사를 찾아가야 했다. 치료사는 내가 너무 오랫동안 하이힐을 신고 있어서 힘줄이 걸리게 된 것이라고 말했다. "그런 일을 하면 조금이라도 발이 커질 수밖에 없어요."라고 그가 말했다.

오늘밤에도 리빙룸에서 일해야 한다. 하지만 이번에는 바 바로 옆자리다. 내 사이즈보다 세 치수 더 큰 신발을 빌려 신고, 의상 안에는 붕대로 갈비뼈를 감싸고, 조수요원들에게 접시 운반을 도와달라고 해서 그날밤을 겨우 넘길 수 있었다. 그 대가로 다음과 같은 정보를 얻을 수 있었다.

1. '플레이메이트'가 된 적이 있는 바니걸, 다시 말해 「플레이보이」에 사진이 실린 적이 있는 바니걸은 다른 바니걸보다 하루에 5달러를 더 받는다. 그들은 손님들에게 "저는 당신의 바니걸 누구입니다."라고 말하는 대신 "저는 당신의 플레이메이트 누구입니다."라고 말해야 한다. 고객이 요구할 때는 사진에 사인도 해줘야 한다.

2. 플레이보이 클럽은 이제 대중에게도 개방되고 있는데, 회원제 클럽인 줄 알고 회원증을 산 뉴욕 사람들이 불만을 터뜨렸다. 휴 헤프너는 그들을 달래기 위해 편지를 썼다. 그는 "비회원들은 단 한 번만 사용할 수 있는 일시적 입장권만을 살 수 있으며, 서빙을 받기 전에 술값을 미리 현금으로 지

불해야 한다."고 썼다. 그런데 헤프너의 지시와는 달리, 바니걸들은 술을 마신 '후'에 현금을 받으라고 교육받는다. 그리고 술을 한 잔 마실 때마다 매번 돈을 치르게 하라고 배운다. 하지만 그렇게 하는 바니걸들은 별로 없다. 대부분의 바니걸은 회원이건 비회원이건 똑같은 방법으로 접대한다. 사실 바니걸들은 비회원들을 더 좋아한다. 그들은 청구서상의 팁보다 현금 팁을 잘 주기 때문이다.

3. 바니걸들과 조수는 애증 관계를 맺고 있다. 좋은 조수는 바니걸이 맡은 테이블을 빨리 청소해서 새로운 손님을 받을 수 있게 함으로써 도움을 준다. 나쁜 조수는 팁을 몰래 챙기고는 손님이 팁을 안 주고 갔다고 거짓말을 한다. 그래서 바니걸들은 클럽 밖에서라면 상대도 하지 않을 조수들에게 아부하는 데 많은 시간을 보낸다. 묘한 관계이긴 하지만 친한 관계이기도 하다. 여자들이 미용사와 친해지는 것과 비슷하다. 서로 무슨 이야기든 다 하는 사이가 되는 것이다.

4. 많은 바니걸들은 비닐백으로 가슴을 채우는 것이 대단히 위험하다고 생각한다. 비닐백을 끼고 있으면 땀을 많이 흘리게 되고, 결과적으로 체중이 줄기 때문이다. 그래서 크리넥스나 탈지면을 선호한다.

5. 배를 채우는 방법: 손님 테이블에서 음식을 슬쩍해서(들키면 즉시 해고될 위험이 있다) 주방에 숨긴다. 그리고 지나칠 때마다 한 입씩 먹는다. 종업원 식당에 가서 스튜를 먹는 사람은 거의 없다.

2월 10일 일요일

새벽 네 시에 집으로 돌아왔다. 하지만 오전 열한 시까지는 홍보용 사진을 찍으러 다시 가야 한다. 그것 때문에 나는 처음으로 분개했다(사진을 찍으러 가지 않으면 벌점이 25점이라고 했기 때문이다). 잠에서 깨어 밖으로 나가니 기분이 좋아졌다. 사흘만에 대낮을 맞았던 것이다.

『플레이보이』의 사진사는 우리를 로비 반대편에 있는 휘어진 난간에 세웠다. 우리는 모두 한 번씩 "치즈." 하고 웃어야 했다. 다리를 뻗고 계단에 앉아 있는 모습이나 난간에 손을 기대고 서 있는 모습, 접시를 높이 들고 계단을 내려오는 사진을 찍었다.

나는 사진사에게 무엇에 쓸 사진이냐고 물었다.

"나도 몰라요. 그냥 시카고에서 급히 시켜서 하는 거예요."라고 그가 대답했다. 그는 당연한 일이라는 듯 신참 바니걸들에게 모든 사진을 공개하는 데 동의한다는 사인을 하라고 했다. 나는 우리 사진이 플레이보이 클럽 홍보자료에 실리는지 아니면 『플레이보이』에 나가는지 물었다. 아무도 몰랐다.

플레이메이트 바의 어둠 속에서 나를 부르는 목소리가 들렸다. 미스 세이였다. 그녀는 내가 처음 그녀를 봤을 때 바니걸 지망생들을 기다리던 바로 그 책상에 앉아 있었다. 사진사가 녹음기를 틀어도 괜찮냐고 물었다. 그녀는 "매리가 피아노를 치는 건 어때요?"라고 말했다. 그러고는 내게 "매리, 피아노 잘 치죠?"라고 물었다. 나는 아니라고 대답했다.

"면접 때 분명히 피아노 잘 친다고 했잖아요."

그녀는 완강하게 말했다.

갑자기 다른 매리 옥스가 생각났다. 내 머리 구르는 소리가 들리는 것 같았다. 나는 대단히 유능해 보이는 미스 세이가 조수들 이름을 몇 번씩이나 잘못 부르는 것을 들었다. 그녀는 사람들을 잘 구분하지 못하는 것이다. 나는 드디어 누가 날 알아보는 일이 있기 전까지는 언제까지라도 플레이보이 클럽에서 일할 수 있다는 것을 깨달았다.

클럽 밖으로 나와서 내가 얼마나 더 여기서 일해야 할지를 생각했다. 만약 매리의 진짜 신분이 들통나지 않는다면, 언젠가는 매리 스스로 이 일을 그만둬야 한다. 하지만 가장 어려운 주말 근무는 끝났다. 이번 주의 바니걸

스케줄에 따르면 매일 네 시간씩 점심 근무만 하면 된다. 팁이 적어서 바니걸들이 그리 선호하는 자리는 아니지만 다른 바니걸들과 이야기할 기회는 늘어난다.

나는 매리를 금요일까지는 살려두기로 했다.

2월 11일 월요일

오늘 『메트로폴리탄 투데이』에 난 기사가 바니룸의 화젯거리였다. 전직 바니걸 두 명이 팁을 갈취하고 수입을 과장 광고했다는 이유로 클럽을 상대로 소송을 제기했다는 기사였다. 그 중 한 명은 기자들에게 자신이 소송을 낸 직후에 살해 협박을 받았다고 말했다.

"필리스 샌즈는 내가 아는 애야."

어떤 바니걸이 말했다.

"하지만 협박을 받았다는 베시 맥밀런은 잘 모르겠어."

그녀는 사진을 꼼꼼히 들여다보고는 이렇게 말했다.

"홍보용 사진으로는 좋군."

그 바니걸들이 협박받았다는 건 꾸며낸 이야기라는 걸까?

"누가 알겠어?" 하며 그녀는 어깨를 으쓱했다.

"클럽에서 팁의 절반을 가져간다는 사실을 그 애가 몰랐을 수도 있고 기대한 것보다 수입이 좋지 않았을 수도 있지. 또 어쩌면 남자친구를 시켜 자길 협박하게 해서 신문에 이름이 났을 수도 있는 거야. 알 게 뭐야?"

나는 아래층의 플레이룸으로 가서 점심시간 준비를 하기 시작했다. 그리고 거기서 일하는 여섯 명의 바니걸 중 세 명을 만났다. 한 명은 중국인이었고 다른 한 명은 가슴이 커서 솜을 집어넣을 필요가 없다는 바니걸이었다. 마지막 한 명은 첫날, 바니룸에서 만났던 아기 목소리의 빨강머리였다. 실장이 우리 각각의 위치를 정해줬고, 우리는 무대 앞에 앉아 손님이 오기를 기다렸다. 가슴 큰 바니걸이 시카고에 있을 때는 지금보다 팁을 더 많이 받았다는 이야기를 했다.

"거기 사람들은 더 멍청해. 우리랑 같이 나갈 수 있다고 생각하게 만들기 쉽다는 얘기야. 그러면 팁을 더 많이 주거든."

"마이애미 클럽은 형편없어. 한 번은 바니걸들이 모두 주급을 올려주지 않으면 모두 그만두겠다고 했더니, 그렇게 하래. 더 뽑으면 된다나."

아기 목소리가 말했다.

"너희들이 속은 거야."라고 내가 말했다.

"맞아. 진짜로 우리가 한꺼번에 그만둔다면 클럽에서는 엄청 손해를 보게 될 거야. 지들이라고 별 수 있겠어?"

머리카락이 검고 체구가 조그만 바니걸이 이렇게 맞장구를 쳤다.

"다른 클럽에서 애들을 데려올걸. 우린 이길 수 없어."

풀죽은 아기 목소리였다.

무대 중앙에는 피아노가 있었다. 아기 목소리가 피아노 앞에 앉아 스피커에서 흘러나오고 있는 재즈곡을 치는 시늉을 했다. 그러자 긴 갈색머리 바니걸이 일어나서 스트립쇼를 할 때의 몸짓을 시작했다.

"예전에 클럽에서 날더러 플레이메이트가 되라고 한 적이 있어. 하지만 지금은 너무 말라서 안 돼."

그녀가 말했다. 검은머리 바니걸이 그녀에게 그건 아무 문제도 안 된다고 말했다. 신체 부분은 대리 모델을 쓰기 때문에 상관없다는 거였다. 그러면서 자기가 가슴 모델만 하는 아가씨를 알고 있다고 했다. 나는 사진 수정으로도 어느 정도는 고칠 수 있다고 말했다.

"어쨌든 대리 모델을 쓰는 건 사실이야. 여자들은 대부분 가슴이 짝짝이거든."

스트립을 하고 있던 바니걸이 말했다.

"가슴이 짝짝이라네……."

아기 목소리 바니걸이 이렇게 노래부르며 자기도 스트립쇼를 하기 시작했다. 그녀는 보우타이와 칼라, 커프스를 무대 밖으로 벗어던졌다. 그럴 때마다 전문가다운 동작을 보여줬다.

"그만해, 아가씨들."

실장이 얼음같이 차가운 목소리로 말했다.

"그만둬!"

세 명의 중년 손님들이 희미한 현관 불빛 속으로 들어오고 있었다.

"건달들이 들어오는군."

짜증난다는 듯 아기 목소리가 말했다.

점심시간 네 시간 동안 접시를 들고 다니는 일은 내 발 상태를 더 악화시키지는 않았지만, (실장이 로스트 비프 킹이라 부르는) 로스트 비프를 층층이 쌓은 접시들은 술잔이 가득한 쟁반보다 훨씬 무거웠다. 손님들은 모두 남자였다. 저녁 시간에 눈에 띄던 데이트족과 부부는 하나도 보이지 않았다. 그 중 한 남자가 자신은 어떤 보험회사의 부사장인데 돈을 줄 테니 자기 호텔에서 여는 파티에 참석해주지 않겠느냐고 몇 번이나 물었다. 다른 남자는 마티니를 네 잔째 비우더니 내 목에 대고 입김을 내뿜었다. 내가 몸을 빼니까 이 남자가 하는 말.

"내가 뭣 때문에 여기 온 줄 알아? 로스트 비프 먹으러?"

세 시가 되어 마지막 테이블을 치운 후에, 나는 바니룸으로 갔다. 의상담당이 나를 불러세웠다.

"아가씨, 오늘 입은 옷은 좀 커 보이는데."

그녀 말이 맞았다. 왜냐하면 옷을 맞춘 후 지난 며칠 동안 몸무게가 10파운드나 줄었기 때문이다. 그래서 좋은 점은 타이트한 거들이 이제야 처음으로 불편하게 느껴지지 않는다는 거였다. 그녀는 내 옷에서 줄일 부분을 핀으로 표시하고 날더러 옷을 벗으라고 했다. 그리고 이렇게 말했다.

"내일 오면 옷이 맞을 거예요. 양쪽을 2인치씩 줄여놓을 테니까요."

나는 라커에서 「플레이보이 클럽 뉴스」를 꺼내 큰 소리로 읽었다.

"플레이보이 클럽의 세계는 흥겨운 오락, 아름다운 아가씨들, 재미있는 플레이보이로 가득 차 있습니다. 이 곳은 매일 파티가 벌어지는 집과 같습니다. 명랑한 바니걸들은 자신도 손님으로 초대받았다고 느낍니다."

옆에 있던 바니걸이 키득거렸다.

"파티 좋아하시네." 하고 아기 목소리가 빈정거렸다. 나는 계속 읽었다.

"바니걸은 손님들과 밖에서 만날 수는 없습니다." 나는 윌마크 사람들이 정말로 바니걸이 손님과 만나는지 감시하냐고 물었다. 아기 목소리는 곰곰 생각하더니 아니라고 대답했다.

"하지만 한번은 어떤 바니걸이 일 끝나고 만나자는 말을 듣고 200달러를 받았다가 걸린 적이 있어."

아기 목소리가 경멸 섞인 목소리로 덧붙였다. "그 애가 뭘 몰라서 그런 거야. 세상에 멍청이나 윌마크의 탐정이 아니라면 일을 보기 전에 돈을 주는 놈은 없거든."

2월 12일 화요일

오늘 바니걸 학교에서 사건 두 명의 아가씨가 '플레이 룸'에 합류했다. 한 사람은 글로리아였고 다른 사람은 마술사의 조수였다는 아가씨다. 나는 로스트 비프를 서빙하는 법과 똑같아 보이는 레어, 미디엄, 웰던을 손님들에게 다르다고 설득하는 법에 대해 설명했다.

이 날은 링컨 탄생일이어서 손님이 적었다. 가슴 큰 바니걸은 나이든 사람들이 돈을 잘 주기 때문에 좋다고 말했다. "다른 바니걸 둘과 함께 클럽에서 만난 늙은이와 그 친구들과 밖에서 만났는데, 글쎄 100달러 짜리 수

표를 주지 뭐야. 그저 내가 좋다고 말야."

또 그녀는 플레이보이사의 중역 한 사람이 옷을 사라면서 자기한테 700 달러를 줬다고 했다.

"그 때 나한테 500달러가 있었거든. 그래서 돈을 합쳐서 1200달러짜리 드레스를 샀지. 그 옷을 입고 그 남자와 함께 파티에 갔어."

검은머리 바니걸이 시카고에 있을 때부터 그 남자를 알고 있다고 말했다.

"다른 사람들은 몰라?" 가슴 큰 바니걸이 물었다.

그러자 검은 머리 바니걸이 침울한 목소리로 말했다.

"우린 지난 3주 동안 이 미친 짓을 하고 있었어. 힘든 일이야. 이 일이 돈이 안 된다는 걸 진작 알았어야 했는데."

"모두 이 일로 돈을 벌 수 있을 거라고 생각하지만 사실은 그렇지 않지."

가슴 큰 바니걸이 위로하듯이 말했다. 그리고 그들은 그 중역의 넓은 아파트와 비싼 가구, 그리고 낭만적인 분위기에 대해 떠들기 시작했다. 그 남자가 마치 대단한 예술가인 것처럼 들렸다.

가슴 큰 바니걸이 서빙을 하러 떠나자 검은머리 바니걸은 경멸 어린 눈초리로 그녀의 뒷모습을 노려보았다.

"그치가 옷을 사라고 700달러나 주었다는 얘기는 못 믿겠어. 그 놈은 절대로 누구한테 돈을 줄 인간이 아니야."

그녀가 자신있게 말했다.

2월 13일 수요일

바니걸들이 가슴에 넣는 물건들에 관한 비공식적 목록을 작성했다.

1. 크리넥스
2. 비닐로 된 세탁 주머니

3. 탈지면

4. 바니걸 꼬리 자른 것

5. 기포 고무

6. 양모

7. 코텍스

8. 실크 스파크

9. 운동 양말

나는 우리가 일급 회원들뿐 아니라 그들이 소개하는 사람들과도 데이트할 수 있다는 것도 알게 되었다. 또 빅 로운즈 씨의 파티에서 만나는 사람 누구하고나 데이트할 수 있다. 하지만 나는 취재를 위해 그런 일을 하기는 싫다.

2월 15일 금요일

금요일이기 때문에 플레이룸은 점심때부터 마시기 시작하는 손님들로 가득 차 있었다. 나는 로스트 비프와 금요일에만 나오는 송어 요리를 들고 여기저기를 돌아다녔다. 글로리아는 컵이 잔뜩 담긴 쟁반을 들고 주전자에 커피를 따르면서 내게 말했다.

"우리가 뭔지 알아? 웨이트리스야!"

그래서 나는 "노조라도 만드는 게 어떨까?"라고 말했다.

"노조는 돈을 뺏아갈 뿐이야. 연장근무도 못하게 할걸."

아기 목소리가 말했다.

마술사의 조수는 내 바로 옆 테이블에서 서빙을 하고 있었는데, '여성의 육체가 매력적으로 부각되도록 세심하게 디자인되었다'는 우리의 의상 때문에 땀을 빼고 있었다. 그녀는 바니걸 바이블에 씌어 있는 것처럼, 일 잘

하는 웨이트리스가 아니라 '마치 우아한 안주인처럼' 행동하기 위해 무진 애를 쓰고 있었다. 하지만 클럽 측에서 우리에게 아주 매혹적인 모습을 요구하더라도 우리 상황으로는 도저히 그럴 수 없는 때가 가끔 있었다.

오늘이 마지막 근무라는 게 그나마 위안이 되었다. 아직 바깥에 태양이 훤히 세상을 비치고 있는 시간에 깜깜한 실내에서 손님들에게 꼬리를 잡히고 추근거림을 당하는 건 정말 기분 나빴다.

나는 사무실에 가서 미스 쉘랄리에게 어머니가 아파서 집에 가봐야겠다고 거짓말을 했다. 그녀는 낙심한 듯했다. "지금 바니걸이 얼마나 모자라는데!"라고 말하며 언제 돌아올 수 있냐고 물었다. 나는 잘 모르겠지만 전화하겠다고 대답했다. 그러자 그녀는 내게 첫 주 봉급을 주었다. '리빙 룸'에서 이틀 밤을 일한 대가로 35.90달러를 받았다. 나는 물품 보관소에서 일한 날을 계산되지 않았다고 말했다. 그러자 그녀가 대답했다.

"훈련 기간에는 보수가 지급되지 않아요."

그건 훈련이 아니었다고 내가 항의하자 그녀는 자신 없는 표정으로 회계과 직원에게 말해 보겠다고만 했다.

2월 21일 목요일

일을 그만둔 지 거의 1주일이 지났다. 나는 쉘랄리에게 전화를 걸어 앞으로는 바니걸 일을 하지 않을 계획이니 내 물건을 가지러 가겠다고 말했다. 그녀는 하룻밤만 더 플레이메이트바에서 일해달라고 부탁했다. 새로운 걸 더 알아낼 수 있을까 하는 생각에 나는 그러겠다고 말해버렸다.

2월 22일 금요일

하지만 그 전과 똑같았다.

실장: "여기가 네 담당이야. 4인용 테이블 둘과 2인용 테이블 세 개."

고객: "당신이 내 바니걸이라고? 그럼 우리 집에 같이 갈 수 있겠네."

바텐더: "클럽측에서는 술 한 잔의 양을 계속 바꾸고 있어. 늘렸다 줄였다 늘렸다 줄였다…… 미치겠어."

바니걸: "롤로 콜라의 비밀 파티에서 일했더니 여섯 개들이 팩을 주더라. 정말 대단한 거래 아냐?"

고객: "나는 뉴요커 호텔 625호실에 묵고 있어. 기억해둬."

어떤 남자: "여자아이가 풀잎이라면 남자애들은 뭘까?"

바니걸: "음…… 잔디 깎는 기계?"

어떤 남자: "틀렸어. 메뚜기야."

주방에 걸린 글귀: 여기는 당신의 집입니다. 싱크대에 커피 찌꺼기를 버리지 마시오.

남자 직원: "아가씨, 돈이 가슴에서 삐져나오고 있어."

바니걸: "그 사람은 진짜 신사야. 자기랑 잤든 안 잤든 모든 여자한테 똑같이 대하거든."

새벽 네 시가 되었다. 나는 바니룸으로 가서 옷을 갈아입었다. 바니룸엔 예쁜 금발머리 하나가 의자를 나란히 붙이고 그 위에 누워 자고 있었다. 그녀는 플레이메이트 바에서 여덟 시간 동안 정규 근무를 하고도 다른 바니걸의 점심 근무를 대신하기로 한 것이었다. 그 사이에 집에 돌아갈 시간이 없어 거기서 자고 있는 중이었다. 나는 그녀에게 왜 그렇게 무리를 하느냐고 물었다.

"왜긴? 돈 때문이지 뭐. 지난 주에는 200달러나 벌었어."

마침내 플레이보이 클럽이 약속한 수입을 버는 바니걸을 최초로 만난 것이다. 최저선이긴 하지만 말이다. 물론 그건 그녀가 밤낮을 가리지 않고 일한 결과였다.

쉐랄리의 사무실 벽에는 플레이보이 클럽 개장이 예정된 도시들(피츠버그, 보스턴, 달라스, 워싱턴 DC)이 적혀 있고, '바니걸이란' 이라는 제목의 인쇄물이 붙어 있었다.

거기에는 이렇게 적혀 있었다.

"바니걸이란 「플레이보이」의 플레이메이트처럼 아름답고 사랑스럽고…… 우리는 모든 능력을 동원하여 당신들(바니걸들)을 미국에서 가장 선망받는 인물로 만들 것이며, 세상에서 가장 재미있고 화려한 곳에서 일하도록 도울 것입니다."

나는 마지막으로 내 바니걸 의상을 반납했다. 금발머리가 이렇게 말했다. "잘 가, 친구. 다음 번에는 좀더 좋은 데서 만나자구."

후기

이 글을 쓰기 위해 플레이보이 클럽의 바니걸로 며칠 일한 후 나타난 단기적인 결과는 다음과 같다.

1. 휴 헤프너가 내게 장문의 편지를 보냈다. 그는 내가 쓴 기사를 보고 플레이보이 클럽에 약간의 변화를 줬다고 밝혔다.

"입사 전 신체검사에 대한 당신의 비판을 받아들여 그것을 폐지했습니다."(그는 신체검사의 의도는 좋은 것이었는데, 내 기사를 비롯해 많은 사람들이 "오해를 하고 의구심을 가진다"고 덧붙였다). 또 그는 자신의 플레이보이 철학을 구구절절 늘어놓았다. 하지만 세 쪽에 이르는 편지의 대부분은 자신이 내 기사에 조금도 개의치 않는다는 것을 강조하고 있었다.

2. 플레이보이 클럽이 내 기사를 실었던 신문사와 나에게 백만 달러짜리 명예훼손 소송을 걸었다. 그 신문사는 지금은 사라지고 없는 뉴욕의 조그만 신문사였는데 뉴욕 플레이보이 클럽의 지배인이 마피아와 연계되어 있

다는 기사도 실은 적이 있었다. 그 기사에 내 이야기가 인용되어 있는 것도 아니지만 겁을 주려고 나도 끼워 넣어 소송을 제기한 것 같다. 법정에서 증언하는 동안 많은 위협을 받았다. 결국 나는 그 사건과 관련이 없다는 판결이 나왔다. 동료 기자들은 내게 가해진 위협은 기자를 괴롭히기 위한 상투적인 수법이라고 말했다.

3. 뉴욕주 주류면허청을 위해 증언을 했다. 내가 바니걸 교육을 받을 때 본 인쇄물에 대한 것이었다. 그 증언은 플레이보이 클럽을 기소하기 위한 증거로 채택됐다.

플레이보이 클럽은 주류일반판매면허를 가지고 있으면서도 회원제 클럽이라고 광고한 데 대해 기소되었던 것이다. 주류면허청은 클럽을 상대로 한 형사, 민사 소송에서 내 증언을 토대로 삼았다. 법률가들은 다른 바니걸들은 서빙 요령을 적은 종이를 확인하는 간단한 질문에도 증언하지 않으려 했다고 말했다. 정의가 승리하는 식의 많은 법정 영화를 본 나는 증언을 수락했다. 플레이보이 클럽 측의 변호사들은 대질 신문 동안 나를 거짓말장이이자 도덕적으로 타락한 여자로 몰아붙였다. 그제서야 다른 바니걸들이 증언을 거부한 이유를 알 것 같았다. 하여튼 결국 플레이보이 클럽은 주류일반판매면허를 계속 유지할 수 있었다.

4. 플레이보이 클럽의 내부 사정을 아주 잘 아는 듯한 어떤 남자한테서 몇 주 동안 음란전화와 협박전화를 받아야 했다.

5. 내가 바니걸이었다는 이유 때문에 중요한 취재거리 몇 건을 놓쳐버렸다. 그때 내가 왜 바니걸 생활을 했는지는 전혀 고려되지 않았다.

이 글로 인한 장기적인 결과는 다음과 같다.

1. 너무 높은 구두를 신고 장시간 접시를 나른 결과 발이 영구적으로 반

사이즈나 커져버렸다.

2. 20년이 지난 후 뉴저지 주는 플레이보이 엔터프라이즈 사가 아틀란틱 시티에서 카지노를 운영하겠다고 제출한 영업허가 신청을 받아들이지 않았다. 그 회사의 창립자이고 대주주인 휴 헤프너와의 관계를 끊기 전까지는 허가할 수 없다고 했다. 플레이보이 클럽의 뉴욕주 주류면허 문제가 그 이유 중의 하나였다는 말을 들으니 기분이 좋았다.

3. 『플레이보이』지는 아직도 여러 바니걸들의 벗은 사진들 사이에 나의 바니걸 시절 사진을 싣고 있다. 1983년도에는 내 사진과 함께 내 기사 덕분에 "바니걸 지원자가 몰려들었다"는 설명까지 붙여 놓았다. 1984년에는 만찬 자리에서 찍힌 사진이 실렸다. 손을 높이 뻗고 있어서 드레스가 흘러내려 한쪽 가슴 일부분이 드러난 모습이었다. 미즈여성재단의 기금 마련을 위한 자리였고 내 오십 회 생일 파티이기도 했다. 『플레이보이』는 절대 잊지 않고 있다.

4. 지난 30년 동안 전직, 현직 바니걸들로부터 때때로 전화가 왔다. 그들은 열악한 근무조건과 그들이 받는 성적 요구에 대한 이야기를 털어놓았다. 처음 몇 년 간 전화를 한 사람들은 내가 그 기사를 실명으로 발표했다는 데 대해 놀라워했다. 그 중 한 사람은 바니걸들을 성적으로 이용하는 데 항의를 하자 "얼굴에 산을 뿌리겠다"는 협박을 받았다고 했다. 다른 여성은 바니걸 노동조합을 만들려 하다가 그런 협박을 받았다고 했다. 그리고 모두 전화번호부에 내 이름이 올라 있다고 놀라워했다. 나는 결국에는 전화번호를 바꾸어야 했다.

5. 1984년, 이 기사가 텔레비전 드라마로 만들어졌다. 내 역할을 맡은 배우는 당시 무명이었던 커스티 앨리였다. 〈바니 이야기〉라는 제목은 형편없었지만, 좋은 드라마였다. 연출자인 캐런 아서가 여자 출연자들이 단지 연습만 같이 하는 것이 아니라 서로를 잘 이해할 수 있도록 했기 때문이었다.

그리고 텔레비전에서 거의 다루지 않았던 소재기 때문이기도 했다. 시카고 플레이보이 출신인 전직 바니걸이 전문가 자문 역할을 자청하기도 했다. 그녀는 마약으로 망가지는 어린 여자들을 많이 보았기 때문에 바니걸들의 무대 뒤 실제 모습을 보여주는 일에 도움을 주고 싶어했다. 그녀는 협박전화가 걸려온다고 말하면서도 촬영장에 계속 붙어 있었다. 촬영 세트는 뉴욕 플레이보이 클럽과 똑같이 만든 것이었다. 휴 헤프너는 자신이 소유한 방송국을 이용하여 ABC가 이 드라마를 만들지 못하게 압력을 가했다고 한다. 그러나 그 드라마는 4년 동안이나 ABC의 전파를 탔다. 작년에 우리 동네 찻집에 있던 젊은 여성은 그 드라마를 보고 아주 많은 걸 느꼈다고 말했다. 그녀의 남자친구도 그 드라마를 보고 그녀가 웨이트리스로서 겪어야 하는 고충에 대해 이해하게 되었다고 했다. 그 말에 나는 보람을 느꼈다.

6. 모든 여자들이 바니걸과 같다는 것을 깨달았다. 페미니즘이 내 인생에 자리잡은 후로는 이 기사를 썼던 걸 더 이상 후회하지 않게 되었다. 텔레비전 드라마 덕분에 많은 여자들과 연결될 수 있어서 기뻤다. 그들은 페미니즘 책이나 잡지는 한 권도 보지 않을지 모르지만 현실의 노동 조건을 다룬 보기 드문 그 드라마에 좋은 반응을 나타냈고 같은 처지의 여자들끼리 서로를 지지해 주었다.

—1995년

옮긴이의 말

이 책은 미국의 대표적인 여성운동가 글로리아 스타이넘의 『Outrageous Acts and Everyday Rebellions』라는 책을 완역해 두 권으로 엮은 것 중 하나이다. 이 책의 일부는 1999년에 곽동훈 씨가 번역하여 『여성망명정부에 대한 공상』이라는 제목으로 출판된 바 있는데, 원서에서 보강된 부분은 보충하고 빠진 글들을 모두 채워넣어서 새로이 완역본으로 내게 되었다. 곽동훈 씨의 이전 번역본에서 도움을 받았다는 사실과 그에 대한 감사를 여기에 밝혀야 할 것 같다.

이 책에 실린 「남자가 월경을 한다면」이나 「여성망명정부에 대한 공상」 같은 글에는 많은 사람들에게 획기적인 영감을 준 새로운 상상이 담겨 있다. 여성의 몸, 시간, 언어에 관한 예리한 통찰과 관찰도 있다. 그 중에서도 이 책을 옮기면서 내게 가장 인상적이었던 부분은 저자 개인의 성장 과정, 운동의 경험과 기록이었다.

사실 나는 글로리아 스타이넘에 대해 아주 피상적으로만 알고 있을 뿐이었다. 페미니스트 잡지 「미즈」를 만든 사람으로 미국의 스타 페미니스트라는 것 정도만 알고 있었고, 얼마 전 환갑이 다 된 나이에 처음으로 결혼을 한다는 짧은 외신과 그의 예쁜 얼굴이 제법 크게 실린 사진을 보고 약간 당황스러움을 느끼기도 했다. 예쁜 여자에 대한 불신감에, 대중적으로 인기를 얻은 사람은 분명 얼음같고 칼날같기보다는 뭔가 들쩍지근한(관점에 따라서는, 구린) 구석이 있을 것이라고 막연히 생각하고 있었던 것 같다.

그런데 나는 이 예쁜 여자가 쓴 글을 읽는 동안 그의 인간적인 매력(이것이야말로 들쩍지근한 표현이시만)을 감지할 수 있었고 그가 지닌 힘에 감염되어갔다. 아니, 감전되는 것 같았다.

저자는 곳곳에서 솔직하면서도 분석적인 자기 이야기를 들려주고 있는데, 이야기 속의 저자는 어릴 때부터 말 잘 하고 나서기 좋아하는 적극적인 여성하고는 거리가 먼 것이었다. 글로리아 스타이넘이 자신에 대한 이야기에서 순순히 밝히고 있는 사실은 오히려 그 반대다. 많은 사람들 앞에서 이야기하는 데 대해 공포에 가까운 두려움을 가지고 있었고 훈련된 숙녀다움은 분쟁과 갈등 상황을 무서워하게 만들었다는 것이다. 훌륭한 사람들의 이야기에서 이런 평범한 약점을 발견하고 기뻐하는 것이 나만의 악취미인지 인지상정인지는 모르겠지만, 그런 수줍은 여자가 당찬 여성운동가로 성장해나가는 과정을 듣는 것은 단지 위안 삼을 이야기가 아니라 가슴 뿌듯한 일이다. 저자는 동료 여성운동가들을 만나면서, 그리고 자기 경험을 통해 여성 의식과 여성운동가의 자질을 키워나갔으므로, 다른 여성들에 대해서도 열린 마음으로 바라볼 수 있는 모양이다(다섯 명의 여자에 대한 글에서 그런 자매애가 특히 잘 드러난다). 그래서인지 사실 그에게서 얼음이나 칼날같은 원칙, 급진성은 느껴지지 않는다. 모든 사람의 변화 가능성을 인정하는 포용과 느긋한 기다림 같은 것이 느껴진다.

이 책을 옮기면서 시큰하고 찡하고 눈물이 핑 도는 순간이 글마다 최소한 한 번씩은 있었다. 물론 코, 가슴, 눈에서 말이다. (무릎이나 어깨는 그보다 더 자주 시큰거렸다.) 예를 들면, 무슨 기념 행사에서 제일 좋은 옷을 풀 먹여서 차려입고 나온 듯한 한 할머니가 저자에게 다가와서 "내 마음 속 이야기를 해줘서 고맙다는 이야기를 하러 왔다."고 속삭였다는 일화가 그랬고, 대학 동창회 퍼레이드에서 여성운동 이슈를 적은 플래카드를 들고 행진하는데 젊은 흑인 학생들이 주먹을 치켜올리며 인사하더라는 대목에서도 그랬다. 나는 그게 깃발을 들고 거리에 나설 때와 비슷한 기분이라고 생각했는데, 나중에 읽은 글에서 그 찌릿하면서도 힘찬 기분의 정확한 이름을 알게 되었다. 그것을 "세상에 영향을 미치고 있다는 만족감"이라고 저자는 표현하고 있다. 또는 함께 세상에 영향을 미칠 수 있는 다른 여자들을 만났다는 반가움일 것이다.

『Outrageous Acts and Everyday Rebellions』가 나뉘어 번역된 또 다른 책, 『글로리아 스타이넘의 저항의 나날』에 실린 「변화의 강물을 거슬러 헤엄쳐 가기」라는 글에는 세상에 영향을 미치는 방법들이 아주 상세히 나와 있다. 대중매체나 정치가들에게 항의 편지나 칭찬 편지 보내기, 사회 정의를 위해 수입의 일부를 기부하기, 여성 의사나 건축가 등 여성 전문가를 찾고 일을 맡기기 등 신념을 일상 생활에 반영하는 여러 가지 실천 방법이 제시되어 있다. 나는 그런 작고 멋진 실천을 통해 세상에 영향을 미칠 수 있다는 생각만으로도 강렬한 행복감을 가질 수 있었다. 독자 여러분도 여자들의 손에서 손으로 전해지는 전기와 같은 찌릿하고 힘찬 행복감을 이 책에서 얻어가시기를.

2001년 12월
양이현정